农民专业合作社的规范运行与可持续发展

NONGMIN ZHUANYE HEZUOSHE DE
GUIFAN YUNXING YU KECHIXU FAZHAN

黄胜忠　著

中国社会科学出版社

图书在版编目(CIP)数据

农民专业合作社的规范运行与可持续发展 / 黄胜忠著 . —北京：中国社会科学出版社，2014.7（2018.9 重印）

ISBN 978-7-5161-4803-7

Ⅰ.①农… Ⅱ.①黄… Ⅲ.①农业合作社-专业合作社-经营管理-研究-中国②农业合作社-专业合作社-可持续性发展-研究-中国

Ⅳ.①F321.42

中国版本图书馆 CIP 数据核字（2014）第 211298 号

出 版 人	赵剑英
责任编辑	任　明
责任校对	张依婧
责任印制	李寡寡

出　　版	中国社会科学出版社
社　　址	北京鼓楼西大街甲 158 号
邮　　编	100720
网　　址	http：//www.csspw.cn
发 行 部	010-84083685
门 市 部	010-84029450
经　　销	新华书店及其他书店

印刷装订	北京君升印刷有限公司
版　　次	2014 年 7 月第 1 版
印　　次	2018 年 9 月第 2 次印刷

开　　本	710×1000　1/16
印　　张	17
插　　页	2
字　　数	279 千字
定　　价	80.00 元

目　录

第一章

绪　　论

第一节　研究背景

在世界上绝大多数国家，家庭经营制度都是农业生产经营的基本制度。对欧洲的德国、丹麦，美洲的美国、巴西，亚洲的印度、印度尼西亚等国的考察发现，无论是经济发达的国家，还是发展中国家，农民合作社在各国农业发展中都具有举足轻重的地位，是各国农村经济社会发展的重要组织载体。简言之，在世界范围内各国的农业基本经营制度具有趋同性，也就是说，"家庭经营+农民合作社"是各国通行的基本经营制度。

近年来，农民专业合作社在全国各地呈现快速发展的态势。农业部农经统计数据显示，截至 2015 年年底，已经登记注册的农民专业合作社达到 1137632 个。在组织类型上，除了以农产品生产、加工和销售为主的农民专业合作社外，各地还涌现出了丰富多样的其他形式，例如，土地股份合作社、社区股份合作社、资金互助合作社、农机合作社、手工业合作社、劳务合作社、乡村旅游合作社、综合性合作社等。由于农民专业合作社为成员提供了农资供应、产品销售、市场信息、技术交流等各类服务，部分地解决了农户分散小生产与大市场的对接问题，在农民增收、农业增效、农村发展方面发挥了很好的作用，人们日益认识到农民专业合作社的价值，政府积极鼓励和支持农民专业合作社发展，大力发展农民专业合作社已经成为社会各界的共识（黄胜忠，2007）。

实践表明，农民专业合作社作为"民有，民管，民受益"的社会经济组织，在解决"三农"问题上发挥着不可替代的重要作用。在农村经济社会发展中，农民专业合作社日益成为引导农民发展生产和增加收入，教育农民，繁荣乡村文化，连接政府与农民的有效组织载体作用（黄胜忠，2007）。《中华人民共和国农民专业合作社法》（简称《农民专业合作社法》）的实施以来，在各类主体的积极参与下，全国农民专业合作社正进入规范发展的新阶段。

第二节　研究目标

作为引领农民参与市场竞争的现代农业经营组织，农民专业合作社已经被广泛引入农业各产业，并且在创新农业经营体制、健全农业社会化服务体系、完善农村商品流通体系、带动农民增收致富等多个方面展现积极效应。当然，在农民专业合作社快速发展的进程中，许多问题也逐渐暴露出来：现有合作社普遍规模小、结构松散、竞争力弱、带动力不强；部分合作社农民主体性不充分、股权结构不合理、决策机制不健全、分配机制不完善；多数合作社经营不稳定、生存困难、发展能力有限。因此，如何促进农民专业合作社的规范运行与可持续发展，已成为社会各界高度关注的问题，也是本研究的现实出发点。

无论是为了总结近些年来各地农民专业合作社的发展历程，还是为了给我国农民专业合作社发展提供经验借鉴，都亟须回答下列一系列事实上已经影响了我国发展农民专业合作社和提高农业组织化程度的问题：①在市场化、国际化背景下，作为一种经济组织，农民专业合作社本质规定性是什么？②农民专业合作社的成员资源、成员关系及参与行为具有什么特征？③在农产品供应链背景下，农民专业合作社的经营行为具有什么特点？应如何处理好农民专业合作社与农产品供应链中其他主体之间的关系？④如何使农民专业合作社内部制度安排兼顾效率与公平？现代农民专业合作社的形式或治理结构究竟是怎样的？⑤如何认识和评价农民专业合作社的运行规范？⑥如何认识和评价农民专业合作社的可持续发展？等等。

由于参与主体在资源禀赋、利益偏好和角色作用等方面存在显著差异，中国的农民合作社从一开始就是异质性成员间的合作（黄胜忠，2007）。与此同时，中国农民合作社从一开始就通过各种关系嵌入到农村社会经济环境之中，并通过多重嵌入性与外部环境进行相关资源和信息的交换。一般而言，清晰地辨析成员异质性，合理地利用网络嵌入性有利于农民合作社有效增强凝聚力，充分利用和整合内外部资源，提升市场竞争和服务带动能力，实现规范运行与可持续发展。近年来，针对农民专业合作社发展的成员异质性、环境及约束的研究日益受到关注，但围绕成员异质性、不同环境及约束因素如何影响农民合作社的经营行为、制度安排以及可持续发展能力的理论与实证研究仍然很匮乏。

本研究立足于中国农民合作社发展的客观现实，构建了"成员异质性和网络嵌入性——经营战略（制度安排）——规范运行与可持续发展能力"的模型架构，总结并提炼成员异质性和网络嵌入性影响农民合作社发展的内在机制。具体而言，研究的目标在于：

（1）厘清农民专业合作社的发展状况、变迁及其动因。

（2）辨识农民专业合作社发展过程中客观存在的成员异质性和网络嵌入性现象、特征与层次结构，为挖掘成员异质性和网络嵌入性对农民专业合作社发展的影响提供前提与依据。

（3）剖析成员异质性、网络嵌入性对农民专业合作社经营战略和制度安排的影响，挖掘成员异质性和不同的网络嵌入性对农民专业合作社发展的作用机制，提炼成员异质性和网络嵌入性影响农民专业合作社运行的内在机制。

（4）探索成员异质性和网络嵌入性背景下农民专业合作社绩效的差异及其成因，提炼影响农民专业合作社规范运行与可持续发展的可管理的关键要素，揭示影响农民专业合作社发展的深层次原因。

（5）总结和提炼促进农民专业合作社规范运行以及可持续发展的政策措施。

第三节　研究内容

本研究的写作结构和内容安排如下：

第一章"绪论"，主要介绍本研究的研究背景、研究目标、研究内容和研究方法。

第二章"相关理论综述"，主要包括合作社理论述评、嵌入性理论综述、利益相关者理论综述、组织可持续发展理论综述，为本研究提供理论基础。

第三章 "农民专业合作社的发展与变迁"，主要讨论中国农民专业合作社的发展状况、变迁及其动因。

第四章 "农民专业合作社的形成逻辑、边界与本质"，主要应用利益相关者理论将农民专业合作社的形成逻辑、所有权与经营边界统一在同一个框架下进行解释，进而讨论其本质。

第五章 "成员异质性、社会交换与参与行为"，主要讨论农民专业合作社的参与主体与资源禀赋、成员之间的社会交换关系以及成员的参与行为。

第六章 "农民专业合作社的经营行为"，主要讨论农民专业合作社的集群网络嵌入与成长能力提升、农民专业合作社的产销对接、农超对接运行模式、质量控制机制及其对组织绩效的影响、组织间的联合与合作、农民专业合作社的经营效率评价。

第七章 "农民专业合作社的运行机制"，主要探讨农民专业合作社的成员选择与激励机制、土地承包经营入股与多要素合作、非货币财产出资与产品交易定价、产权结构与治理机制、风险分担与利益分配机制。

第八章 "农民专业合作社运行规范与可持续发展能力评价"，主要研究农民专业合作社运行规范的评价，农民专业合作可持续发展的基本内涵、影响因素及作用机制，进一步通过层次分析法研究农民专业合作社可持续发展的评价指标。

第九章 "农民专业合作社运行与发展的监管政策"，主要讨论规范农民专业合作社运行的监管政策。

第四节　研究方法

在研究方法上，本研究遵循问题导向，规范分析与实证分析有机结合，主要采用了以下研究方法。

一　案例研究方法

本研究采用根植于资料的实地研究方法，辅以案例研究方法，以笔者长期跟踪的 100 多家农民专业合作社为分析对象，一方面运用实地研究方法，厘清真实的问题，提出研究假设；另一方面在案例研究的基础上，将初始理论返回到原始资料进行验证，力图揭示农民专业合作社的内部组织结构和运作机制。通过案例研究方法，将农民专业合作社的发展从过程视角而不仅仅是量变加以审视，同时考虑农民专业合作社发展内部情况的时间维度，更重要的是，能将不同成长路径对农民专业合作社结果影响差异所忽略的、与农民专业合作社成长息息相关的重要因素——环境纳入考虑。

二　行为博弈方法

本研究运用博弈论的有关方法，研究成员异质性和网络嵌入性影响农民专业合作社运行的内在机制。针对农民专业合作社发展过程中异质性成员间（核心成员与普通成员）、合作社与农产品供应链成员间、合作社与政府间、合作社与村社集体组织间的各种交换行为、互惠行为、有限策略选择以及学习过程等进行数理化分析，探讨农民专业合作社及其成员在各种博弈策略下如何行动，从而深入挖掘成员异质性和网络嵌入性的作用机制。

三　定量分析方法

本研究采用定量方法，分析农民专业合作社的产品质量控制机制对组织绩效的影响，基于德尔菲法和层次分析法构建农民专业合作社运行规范评价指标体系以及农民专业合作社可持续发展能力评价指标体系。在变量量表开发阶段，在深度访谈的基础上对访谈内容采用了语意分析方法进行归纳总结，同时运用关键事件技术、因子分析、信度分析、专家咨询等方法，构建可操作量表并检验其信度。在理论检验阶段，运用了有序概率模型验证理论假设并明确概括研究结论，衡量有关理论、观点和假说的正确性。

第二章

相关理论综述

第一节　合作社理论

关于合作社的研究历史悠久、成果丰硕。总的来看，主流的合作社研究主要是在新古典理论、委托代理理论、交易成本理论和博弈理论这四个理论框架下展开的。有关研究在内容上经历了一个从寻求其存在合理性解释，到对其组织制度进行深入剖析，再走向关注在新的经济社会技术条件下其市场行为和内部结构的应对和调整的过程。近年来，越来越多的学者吸纳了新制度经济学、博弈论、组织理论等研究成果，采用实证方法研究合作社的内部制度安排及其效率以及变革态势，研究领域涉及合作社的组织结构变迁、治理机制改善、融资模式创新、经济效应测算、在农村社区发展中的角色等多个方面。与农民专业合作社发展的实践相伴随，国内有关农民合作社研究在不断丰富和完善。早期，学者们的研究侧重重温合作思想与理论，论证我国发展合作社的必要性、发展思路，合作社立法等方面。近年来，学界对农民专业合作社的发展现状、制度特征、存在问题、政府扶持以及在发展现代农业和新农村建设中的作用等问题都进行了比较深入的研究。

一　合作社的产生及其主要功能

当今世界，无论是发达国家，还是发展中国家，凡是受市场经济支配的农业，都存在合作社，而且这种组织已经成为农村社会经济发展中不可替代的重要力量。通过对农业合作社发展历史的回顾，可以发现有两个重要因素不可忽视：一是促使农业合作社形成的共同利益的性质；二是促使农业合作社取得成功的因素。

　　合作社大量出现在农业领域有其深刻的社会经济原因。作为一种具有目的性的组织，农业合作社的出现是与"个人主义"的兴起和从农业社会到工业社会（资本主义社会）转变的社会转型相伴随的。不可否认，作为一种社会思潮，早期人们追求社会公正与公平的热情极大地推动了合作事业的发展。然而，农业合作社的出现主要是寻求经济上的目标，简言之，农业合作社的出现是为了在农业市场获得抗衡垄断的力量。

　　关于中国农民专业合作社的成长问题，黄祖辉等通过对浙江省农民专业合作组织发展现状的分析，从理论上提出了影响农民专业合作组织发展的四方面因素：产品特性、生产集群、合作成员和制度环境。[1] 张晓山通过对浙江省农民专业合作社发展的调查，认为农户经营规模对合作社的发展影响很大，专业生产大户是合作社发展的基础条件。[2] 徐旭初提出了一个关于合作社剩余控制权的研究框架，指出我国农民专业合作社（至少在东部沿海地区）的治理结构是一种基于能力和关系的合作治理结构，进而分析了能力、关系对于我国农民专业合作社的产权安排、治理结构的独特作用。[3] 孔祥智等通过对陕西、宁夏及四川等地专业合作组织的调查研究，认为影响合作组织发展的关键因素是法律和社会发展环境因素。[4] 郭红东等则通过实证分析指出合作社的物质资本资源对合作社的成长影响最大，组织资本资源也有较大影响，而人力资本资源对当前合作社成长的影响并不明显。[5] 张晓山还通过一些具体案例探讨了农民专业合作社在有关法令颁布实施后的发展趋势，认为多样化、混合型的农业现代化发展模式和经营形态在中国农村将长期存在，作为其重要载体的农民专业合作社也将长期呈现异质性和多样性的特点。[6]

---

　　[1]　黄祖辉、徐旭初、冯冠胜：《农民专业合作组织发展的影响因素分析——对浙江省农民专业合作组织发展现状的探讨》，《中国农村经济》2002 年第 3 期。

　　[2]　张晓山：《促进以农产品生产专业户为主体的合作社的发展——以浙江省农民专业合作社的发展为例》，《中国农村经济》2004 年第 11 期。

　　[3]　徐旭初：《农民专业合作：基于组织能力的产权安排——对浙江省农民专业合作社产权安排的一种解释》，《浙江学刊》2006 年第 3 期。

　　[4]　孔祥智、张小林、庞晓鹏等：《陕、宁、川农民合作经济组织的作用及制约因素调查》，《经济理论与经济管理》2005 年第 6 期。

　　[5]　郭红东等：《影响农民专业合作社成长的因素分析——基于浙江省部分农民专业合作社的调查》，《中国农村经济》2009 年第 8 期。

　　[6]　张晓山：《农民专业合作社的发展趋势探析》，《管理世界》2009 年第 5 期。

二　合作社的环境约束与经营战略

（一）合作社的环境约束

制度环境对于农民专业合作组织的创建和发展是至关重要的，主要包括宏观体制、法律法规、行政介入、相关主体、文化影响等方面，特别是政府行为。农民合作社从根本上讲面临其与生俱来的公平与效率的内在矛盾。① 经典的合作社面临如何在市场竞争环境中生存发展的困境；非经典的合作社则面临合作社内部不同利益相关群体博弈的问题。农业合作社之所以能在市场竞争中获得生存和发展，最主要的原因在于能够调整市场战略和组织结构，以适应内外部环境的变化。徐旭初认为，自 20 世纪 80 年代以来，农业产业处于具有深远意义的结构变革之中，农业合作社面临以纵向协调为主要特征的农业纵向一体化与供应链管理趋势，不得不尽快由以成员利益为导向向以市场需求为导向转变。而且，中国异于欧美国家通常路径（先合作化或横向一体化，而后产业化或纵向一体化）的先产业化（纵向一体化）后合作化（横向一体化）的农业经济发展路径，造成中国农民专业合作社的发生和发展目标、方式、走向的独特性。②

在讨论了中国农村市场化进程中农民合作组织与国家（政府）的关系，以及部分西方发达国家政府与合作社关系的历史演变及其对中国的启示后，苑鹏认为，合作社制度的反市场性决定了其对国家抉择具有天然的倾向性，在农村市场化进程中国家与农民合作组织之间开始出现相互渗透、相互作用的权利的分立。③④ 夏英指出，政府与合作社建立一种理想的伙伴关系为国际合作社联盟所倡导，同时政府和第三方的支持也是合作社发展的重要条件。⑤ 赵国杰和郭春丽研究了农民专业合作社生命周期与

① 林坚、王宁：《公平与效率：合作社组织的思想宗旨及其度安排》，《农业经济问题》2002 年第 9 期。

② 徐旭初：《中国农民专业合作经济组织的制度分析》，经济科学出版社 2005 年版。

③ 苑鹏：《中国农村市场化进程中的农民合作组织研究》，《中国社会科学》2001 年第 6 期。

④ 苑鹏：《部分西方发达国家政府与合作社关系的历史演变及其对中国的启示》，《中国农村经济》2009 年第 8 期。

⑤ 夏英：《我国农民专业合作经济组织发展中的政府行为与相关政策法规》，《农村经营管理》2008 年第 10 期。

政府角色转换的关系，认为在合作社发展的不同阶段，政府的角色是不同的。[①] 任大鹏和郭海霞则认为，在多元主体的影响或干预下，农民专业合作社发展面临着多重压力，应在法律基本框架内给予其更大的空间。既要对合作社领办主体等核心成员的利益追求予以认可，保护和调动他们的积极性，也要防止出现严重的"内部人控制"局面。[②]

（二）合作社的经营战略

组织和环境之间的战略交互作用依赖于组织的战略来协调。对合作社而言，战略既包括在竞争的环境中进行定位的过程，也包括为成员创造价值而执行的一系列行动。[③] 事实上，合作社的市场战略实际上包含两个层次，一是企业战略（cooperate strategy），它界定哪些事情（交易）是合作社需要去做和竞争的；二是功能战略（functional strategy），它专注于利用合作社的特殊能力去获得竞争优势。不同类型的合作社在战略上是有区别的。Nilsson 和 Björklund 把不同的合作社模式进行区分以后发现，按成本定价的合作社大多采用总成本领先战略，外部企业家的合作社一般采用差异化战略，而内部企业家的合作社多数采用专一化战略。[④] 对于合作社的战略而言，还有一个重要内容是多元化问题。Mauguet 和 Declerck 发现，专业化合作社的绩效没有多功能/综合合作社的绩效好；但具体到地区则不尽然，比如，专业化合作社在丹麦大多比较成功，而多功能合作社在爱尔兰相对比较成功。[⑤] Trechter 认为，农业合作社是否采取多元化的战略取决于组织内外部的压力，规模较大的合作社和涉及投入品供应的合作社更

---

① 赵国杰、郭春丽：《农民专业合作社生命周期分析与政府角色转换初探》，《农业经济问题》2009 年第 1 期。

② 任大鹏、郭海霞：《合作社制度的理想主义与现实主义——基于集体行动理论视角的思考》，《农业经济问题》2008 年第 3 期。

③ Röpke, J. *Strategic Management of Self – Help Organizations* [M]. Marburg: Marburg Consult. Ruttan, V. W, 1992.

④ Nilsson, J. & Björklund, T. "Can cooperatives cope with the competition? – a market orientation in the agrifood sector" [R]. Report no. 149, Department of Economics, Swedish University of Agricultural Sciences, 2003.

⑤ Mauguet, R. & Declerck, F. "Structures, strategies, and performance of EC agricultural cooperatives". Agribusiness, 1996, 12 (3): 265–275.

可能采用多元化战略。① Katz 发现，为了确保持续不断地向成员惠顾者需要的目标市场提供服务，合作社一般倾向于采用专一化战略。② 对于合作社的功能战略，Peterson 和 Anderson 以其他研究者的工作为基础，总结了六种回报战略（return strategy）和六种风险管理（risk‑management）战略。③

　　由于合作社的经营行为与其所在的农业的特征密切相关，伴随着农业的发展变化，农业合作社的市场战略带有明显的演进性。Kyriakopoulos 和 van Bekkum 总结发现，欧洲的农业合作社一直在被迫经历从生产导向性（production‑oriented）战略向市场导向性（market‑oriented）战略转变的过程。④ 传统合作社基本上是生产导向的，追求的是产出（产量）最大化。与生产至上（产量最大化）的经营哲学相一致，为了在农产品处理、初级加工以及分销方面获得成本优势，相应的战略是寻求合作社之间的合并。单一的横向一体化战略，尽管在许多情况下是必要的，但是往往不足以提供有效的竞争优势，因为它的主要驱动力是寻求规模经济，容易忽视其他商业模式。事实上，农业和食品企业的重组不是仅仅包含业务规模扩大的线性过程，而是与市场转换密切关联的。市场导向性合作社使用的是产品差异化战略，销售品牌化的产品，通过战略联盟，联合研究和开发，和成立营销合资公司等方式实现纵向扩张。20 世纪 80 年代以来，随着市场的开放、农业产业化和一体化的发展，人们对于农产品的需求日益多样化，以及对食品的健康与安全的关注，北美地区出现了不同于传统模式的"新一代合作社"。⑤⑥ 研究发现，新一代合作社在市场战略上与传统合作

　　① Trechter, D. D. "Impact of diversification on agricultural cooperatives in Wisconsin". Agribusiness, 1996, 12 (4): 385‑394.

　　② Katz, J. P. "Managerial behaviour and strategy choices in agribusiness cooperatives". Agribusiness, 1997, 13 (5): 483‑495.

　　③ Peterson, H. C. & Anderson, B.L. "Cooperative strategy: theory and practice". Agribusiness, 1996, 12 (4): 371‑383.

　　④ Kyriakopoulos, K. & van Bekkum, O. F. "Market orientation of European agricultural cooperatives: strategic and structural issues" [A]. IX European Congress of Agricultural Economists, Warsaw, Poland, August 24‑28, 1999.

　　⑤ Nilsson, J. "New generation farmer co‑ops". Review of International Co‑operation, 1997, 90 (1): 32‑38.

　　⑥ 傅晨：《"新一代合作社"：合作社制度创新的源泉》，《中国农村经济》2003 年第 6 期。

社存在明显的不同：（1）传统合作社实行的是成本领先战略，新一代合作社采用的大多是价值增值战略；（2）传统合作社的目标市场一般是面向大众的农贸市场，而新一代合作社一般是面向特定客户的专业化市场；（3）传统合作社主要以销售大宗原料产品为主，而新一代合作社主要以销售加工过的增值产品；（4）传统合作社一般通过联合结构和与其他合作社合并的方式实现规模经济，新一代合作社则围绕成员的产品通过后向一体化、战略联盟、联合研发和合资公司方式实现范围经济。

三　合作社的制度安排

（一）合作社原则

为了执行生产和管理活动，吸纳和维系成员，取得合法性和制度支持，合作社必须有一套组织原则来调节参与者的行为，从而确保组织目标的实现，并在制度环境中获得认可和接受。

合作社和投资者所有企业（IOFs）在正式结构上是存在明显区别的。然而，这些区别不是体现在生产活动的结构和厂房设施等方面，事实上，很多农业合作社的厂房结构几乎是投资者所有企业的翻版。真正的区别主要体现在与制度有关的安排上。与投资者所有企业的结构相比，合作社的结构既体现了经济属性，也体现了哲学属性。① 从这个角度来看，与投资者所有企业（IOFs）的结构相比，合作社的制度安排相对具有较小的弹性，对经济环境的变化多少具有一定的抵制性，因为它们有深厚的价值观基础和意识形态背景。

合作经济运动作为一种超越国家、民族和社会制度的世界性的社会经济现象，经历了由简单到复杂、由松散到紧密、由局部发展到覆盖整个社会再生产各个环节的发展过程，形成了目前网络化、系统化和纵向化的现代合作体系。随着合作经济运动 150 多年的历史进程，国际通行的合作社原则也发生着深刻的演进。

合作社原则的哲学意义，最早可以追溯到罗虚代尔公平先锋社（Rochdale Society of Equitable Pioneers）开创的"罗虚代尔原则"（The Rochdale Principle）。国际合作社联盟（International Co-operative

① Cook, M. L. & Tong, L. "Definitional and classification issues in analyzing cooperative organizational forms" [A]. In Cook, M., Torgenson, R. & Sporleder, T. et al. (Eds) Cooperatives: their importance in the future food and agriculture system [C]. NCFC and FAMC, USDA, 1997: 113-118.

Alliances，ICA）是罗虚代尔合作思想的杰出倡导者，并且一直负责以"罗虚代尔原则"为基础的合作社原则的解释和修订工作。1937 年，ICA 正式通过决议，将合作社原则归纳为七项，称之为"罗虚代尔原则"，这七条原则是：门户开放（入社自由）；民主管理（一人一票）；按交易额分配盈余；股本利息应受限制；政治和宗教信仰中立；实现现金交易；促进社员教育。1966 年，ICA 在第 23 届大会上将"罗虚代尔原则"修订为 6 条，命名为"合作社原则"，这六条原则是：入社自由、民主管理、资本报酬适度、盈余返还、合作组织教育和合作组织间联合。1995 年，ICA 为庆祝成立 100 周年在英国曼彻斯特召开了第 31 届代表大会，通过了《关于合作社特征的声明》，在声明中，ICA 重新界定了合作社的原则，所列的七条主要原则如下：

（1）自愿与开放的社员资格。合作社是自愿加入的组织，对所有能够利用合作社服务和愿意承担社员义务的人开放，不允许有任何性别、社会、种族、政治和宗教的歧视。

（2）社员民主控制。合作社是由其社员控制的民主组织，合作社的方针和重大事项由社员积极参与决定。选举产生的代表对全体社员负责。在基层合作社，社员拥有平等的投票权（一人一票），合作社在其他层次上也按民主方式组织。

（3）社员的经济参与。成员提供等额资本金，并实行民主控制。但是入股只是作为社员身份的一个条件，通常至少有一部分资本是作为合作社的共同财产存在的，社员的入股资金最多只能得到有限的回报。合作社盈余的分配按以下各项进行：可以通过建立储备金来发展合作社，其中至少有一部分是不可分割的；按社员与合作社之间的惠顾额返还给社员；用于社员（大会）同意的其他活动。

（4）自治和独立。合作社是由社员管理的自治组织，合作社若与包括政府在内的其他组织达成协议，或从其他渠道募集资金，社员的民主控制和合作社的自治原则不应因此受到损害。

（5）教育、培训和信息。合作社要为社员、选出的代表、经理和雇员提供教育培训，以更好地推动合作社的发展。合作社要向公众特别是青年人和舆论媒体宣传有关合作社的性质和优越性。

（6）合作社之间的合作。合作社通过地方的、全国的、区域的和世界的合作社间的合作，为其社员提供最有效的服务，并促进合作运动的发展。

　　(7) 关心社区。合作社通过社员认可和接受的政策，推动其所在社区的持续发展。

　　在 ICA 的原则中，前三条原则是被持续坚持的基本原则，后四条是合作社持续生存和发展壮大的必要条件。从根本上讲，坚持这些原则是为了确保组织的主要目标是为成员服务，而不是向非合作社企业那样是为了追求利润最大化（Hind，1994）。ICA 的合作社原则多数时候被视为传统的合作社原则，由此可见，传统的合作社原则实际上存在三个要点：(1) 民主控制：成员拥有投票权，并且坚持一人一票；(2) 盈余返还给社员：净收入按照惠顾额或者使用比例返还给社员/惠顾者；(3) 资本报酬有限：股本分红是有限制的。对于传统的合作社原则，学者们也存在质疑，比如，不具备可操作性（non-operational）①，颂扬性（eulogistic）②，与经济现实不相符③。

　　与农业合作社更接近的组织原则，也可以从美国农业部（USDA）的一个机构农业合作社中心（Agricultural Co-operative Service，ACS）的看法来展开讨论。④ 在 ACS 看来，合作社基本的组织原则归结为三点：(1) 使用者所有原则：对合作社拥有所有权和进行投资的人是那些使用合作社的人；(2) 使用者控制的原则：合作社的控制权掌握在那些使用合作社的人手里；(3) 使用者受益的原则：合作社的收益基于使用在其使用者之间进行分配。

　　值得注意的是，合作经济界对于国际合作社联盟提出的合作社原则一直存在着争议。一些专家认为，这些原则只能成为经营原则，并不具备合作经济理论自身所应有的本质规定性；可以成为流通或服务领域合作的行动纲领，但不具备普遍性。他们认为，规范的合作社原则首先应当建立在

---

①　Staatz, J. M. "Cooperatives: a theoretical perspective on the behavior of farmers" [D]. Ph. D. dissertation, Michigan State University, 1984.

②　LeVay, C. "Agricultural co-operative theory: a review" [J]. Journal of Agricultural Economics, 1983, 34 (1): 1-44.

③　Nilsson, J. "The emergence of new organizational models for agricultural cooperatives" [J]. Swedish Journal of Agricultural Research, 1998a, 28 (1): 39-47.

④　Van Dijk, G., Kyriakopoulos, K. & Nilsson, J. "Overview and discussion: the future of agricultural cooperatives in the EU" [A]. In The Development of Agricultural Cooperatives in the European Union [C]. Brussels: COGECA, 1997.

理论观念层次的基础上，从哲学的意义上理解设计合作原则，而且应当有更为广泛的涵盖面，成为各类合作社所奉行的一般原则而非某类合作社的专指原则。如原国际劳工组织合作部部长戈伦本先生认为，合作社原则应包括：（1）团结与互助协力原则；（2）平等与民主的运行原则；（3）非盈利原则；（4）公平、公正协调原则；（5）广义的文化意义上的合作教育原则。显然，这些学者试图提出既更具有普适性和规律性，又更符合现实经济社会环境的合作社原则。不过，由于这些更接近合作哲学思想或意识形态的原则毕竟缺乏制度可操作性，因而其影响始终弱于国际合作社联盟提出的原则。而且，相对于这些学者的质疑和提法，国际合作社联盟在1995年《关于合作社特征的声明》中也表明了合作社应以自助、自律、民主、平等、公平和团结为价值基础，社员应信奉诚实、开放、社会责任和关心他人的道德价值观。从总的发展态势看，合作社原则是随着整个经济、社会、政治、文化环境的变化而变化，向着有利于提高合作社竞争力、凝聚力、吸引力的方向发展。

（二）合作社的内部结构

根据上述对合作社原则的探讨，以下讨论将主要围绕界定合作社内部结构的关键因素来展开。对前文提及的农业合作社的三个基本原则（正式制度安排）的描述，可以解释合作社与投资者所有企业在内部结构上的区别。

1. 产权结构

合作社是一种团体性经济组织，它集中成员的资源并通过合作经营的方式为成员服务。产权结构是合作社内部结构的关键特征之一。产权意味着所有权，合作社的特征很大程度上取决于资本贡献：谁出资/谁拥有合作社的所有权？以什么方式出资？出资目的是什么？传统上，"使用者所有"（user-owner）原则强调使用者（主要是指农产品生产者）是主要的资本贡献者和承担风险者；合作社的资本主要由社员的直接投资、入社费、惠顾额留存、未分配收益等构成；① 成员对合作社出资的目的主要是为了获得合作社的使用权。

然而，为了获得更多的发展资金，许多合作社已经开始放松了这种排

---

① Cobia, D. W. & Brewer, T. A. "Equity and Debt" [A]. In Cobia, D. W. (Eds). "Cooperatives in Agriculture" [C]. New Jersey: Prentice-Hall, 1989: 243-266.

外性的使用者所有原则。这些非使用者成员可以采用多种形式进行资本投入，例如，非成员惠顾者（non-member patrons in the USA），地方部门（local parties in France），机构投资者（institutional investors in the Netherlands），上市股份（public-listed shares in Ireland）。大多数非使用者成员以货币形式的出资，其目的主要是为了赢利。

另一个问题是，合作社的资产是否可以分配。根据罗虚代尔公平先锋社的传统，股份产权是有限的，许多合作社是限制个人资产的。这样的行为在经济上有其合理性：为了抵御不可预见的风险和保持持续运转，合作社需要有公共资产，并且个体成员对这部分资产的索取权是受到严格限制的。不可分配性可以使公共资产具有永久性。当合作社处于经济扩张期时，这种制度安排尤其重要。然而，与投资者所有企业（IOFs）相比，合作社在信贷方面是处于劣势的。保留部分盈余，可以缓解资金短缺的问题；但是，面临成员（特别是规模较大的成员）的批评和反对[1]。为此，越来越多的合作社开始把社员对合作社的贡献量化到独立的成员账户或者发行成员可以单独持有的股份。当合作社内部存在生产者社员、经营者社员、股东社员和使用者社员等不同类型成员的时候，由于资源禀赋的差异，成员以什么方式出资变得更加复杂；由于利益要求的不同，合作社如何处理未分配资本的产权也成为难题。

2. 控制权结构

对合作社而言，控制权结构可以归结为以下三个问题：谁做决策？决策机制是什么？决策任务如何在不同群体之间分配？与其他组织相比较，"使用者控制"（user-control）强调使用者掌握合作社的主要决策权。使用者的决策权主要通过两个方式来实现：一是，直接决策——成员在社员大会上直接对合作社的事务进行表决；二是，间接决策——成员选举产生合作社的理事会，把决策权委托给理事会成员。

合作社之间在控制权上的一个重要区别是，排除非成员（外部股东）参与决策的程度。为了确保成员（而不是股东）对合作社的实际控制权，传统上只有使用者社员才有投票权。然而，随着外部的投资者和其他利益相关者等非使用者社员卷入合作社事务，他们不可避免要拥有合作社的投

---

① Lasowski, O. & Kuehl, R. "Growths dynamic of cooperative croup: an economic analysis of growth processes and optimal number of group members" [A]. VIII World Congress of International Federation of Scholarly Association of Management (IFSAM), Berlin, September 28-30, 2006.

票权。

至于投票权的分配，自罗虚代尔公平先锋社以来，传统合作社一直坚持民主控制，简言之，就是坚持"一人一票"原则。从更一般意义上理解，民主控制也可以理解为按照一些可接受的根据由成员来治理或者控制。因此，许多学者对民主控制解释为"一人一票"感到难以接受，他们已经提出了比例控制原则。① 在实践中，部分合作社已经开始用比例原则取代"一人一票"原则，在这种情况下，成员的投票一般是与其惠顾额挂钩的。原因在于，如果坚持"一人一票"，大部分规模较小的成员可能一致通过不利于少部分规模较大的成员的政策②③，同时使理事会面临更敏感的压力。

尽管民主决策是合作社的本质性规定，然而，决策任务的分配对合作社功能的发挥同样具有重要意义。早期的合作社一般都比较小，经营活动局限于所在社区内，涉及的加工活动也非常有限。由于合作社的业务并不复杂，对管理者的要求也相对简单，通常情况下，那些由优秀惠顾者组成的理事会就能够经营和管理合作社事务。然而，随着合作社的发展壮大，特别是纵向一体化程度的加深，战略联盟的实施，以及合作社之间的合并等情况的出现，组织的决策问题变得日益复杂化。决策的复杂化以及各种管理功能的发挥都需要专业的技能，产生了对职业化管理者的需求。④ 先前许多由理事会和成员执行的功能需要授权给专业的管理者。依据成员控制原则，理事会的结构和功能是合作社的显著特征之一。为了确保成员控制，合作社一般严格限制甚至禁止非成员进入理事会。理事会的角色和功能也与投资者所有企业（IOFs）明显不同。多数情况下，合作社的理事既是所有者又是惠顾者，而投资者所有企业的理事仅仅是股东的代表。因此，投资者所有企业（IOFs）的理事会的功能主要是充当股东的托管者，

① Barton, D. G. "Cooperative principles" [A]. In Cobia D. W. (Eds). "Cooperatives in agriculture" [C]. New Jersey: Prentice-Hall, 1989b: 21-34.

② Staatz, J. M. "Recent developments in the theory of agricultural cooperation" [J]. Journal of Agricultural Cooperation, 1987 (2): 74-95.

③ Bijman, J. & Hendrikse, G. "Co-operatives in chains: institutional restructuring in the Dutch fruit and vegetables industry" [J]. Journal on Chains and Network Science, 2003, 3 (2): 95-107.

④ Van Dijk, G. "Implementing the sixth reason for cooperation: new generation cooperatives in the agribusiness" [A]. In Nilsson J. & Van Dijk, G. (Eds). "Strategies and structures in the agro-food industries" [C]. Van Gorcum: Assen, 1997: 94-110.

而合作社的理事会既要充当投资者的托管者，同时又要充当顾客的代表把使用者关心的问题传达给管理者。① 因此，理事会在决策过程中的支配力量的大小，是合作社控制权变化的重要内容。

3. 利益分配机制

除了获得合作社的使用权以外，对社员而言参与合作社的价值还在分享合作社的剩余。合作社的剩余指的是对合作社收入在扣除所有固定的合同支付（如产品成本、固定工资、利息等）的余额。"使用者受益"（user-benefit）原则意味着，惠顾者是分配合作社剩余的主要主体。使用者的收益主要受以下三个因素的影响：合作社资产的赎回、合作社净剩余的分配、初级产品的定价政策。

为了扩大为社员服务的能力，合作社一般把部分剩余作为公共积累保留在合作社，至于保留多大比例由合作社在其章程中自行规定。如果盈余允许部分或者全部作为公共积累保留，那么合作社的剩余就延续到多个时期。在剩余延续到多个时期的情况下，要在每一个时期末客观地度量一个社员对公共积累的索取份额变得十分困难。如果要这样做的话，首先需要追踪每个社员在每一个时期内的投资和产品交易额。然而，真正困难的是计算与该投资和产品交易额相对应的公共积累的分配份额，并且让社员据此能够预期其相应的剩余份额。对公共积累的任何分配，无论采取哪种形式都会额外地增加度量问题的难度。因此，传统上，社员在退出合作社时只能赎回自己的初始投资，而不能赎回自己在公共积累中的份额。随着合作社开始建立单独的成员账户，实行比例原则以及股份可交易，成员不仅可以赎回自己的投资，还可以部分赎回在公共积累中贡献的份额。赎回计划在北美的合作社中比较普遍，而在许多欧洲国家相对比较少见。

对可分配盈余而言，重要的问题是确定盈余分配的基础。由于成员在合作社存在多种要素投入，例如，有的社员同时向合作社提供产品和资本，有的成员只向合作社提供资本，有的社员只向合作社提供产品，有的则只从合作社购买投入品，这就使得多种分配基础存在可能。净剩余的分配既可以通过价格调整的方式返还给社员，也可以依据成员的出资以分红的形式返还给社员。传统上，很多欧洲合作社从剩余中扣除公共积累部分

① Staatz, J. M. "Cooperatives: a theoretical perspective on the behavior of farmers" [D]. Ph. D. dissertation, Michigan State University, 1984.

后，净剩余大多以价格调整的方式返还给社员。然而，那些允许个人股份存在的合作社则增加了另外一种分配净剩余的方式——把部分净剩余依据社员的投入资金以红利的形式返还给社员。

对农业合作社而言，针对社员投售的初级产品、合作社出售的投入品以及提供的服务制定价格，也是衡量农民（合作者）从合作社获得收益多少的一个最重要尺度。与投资者所有企业相比，合作社在定价时考虑的主要目标不是赢利，而是为社员提供好处：它们为社员的初级产品提供较高的价格（营销合作社），为投入品制定较低的价格（购买合作社），这就是通常所言的"成本交易原则"（business-at-cost principle）。根据这一原则，"统一的"产品交易价格是被传统合作社普遍采用的做法。然而，均等对待并不是一个合理的原则，事实上，严格坚持均等的价格可能背离合作社的成本交易原则，因为那些成本较低的社员应该分担较小的成本才是合理的。① 鉴于此，越来越多的合作社已经开始把成本交易原则解释为"公正的"（equitable）对待社员，采用的定价模式着重于社员的边际成本而不是平均成本。

由此可见，合作社原则和内部结构是特定的社会环境的产物，并随着整个经济、社会、政治、文化环境的变化而调整。总的看来，合作经济界对于合作社原则的认识可以分为罗虚代尔原则（Rochdale Principle）、传统原则（Traditional Principle）、比例原则（Proportional Principle）和现代原则（Contemporary Principle）。② 国际合作社联盟所制定的合作社原则，可以归结为罗虚代尔原则和传统原则一类中。在迈向新世纪的进程中，不少合作经济学者从维持合作社长久生命力的角度重新审视合作社原则问题，更加重视合作社的公平与效率问题，比例原则和现代原则就是在此背景下产生和发展起来的。

近年来，比例原则越来越占主流。它是以公平观点取代传统的平等观念，并被越来越多的合作社学者所接受，成为合作社组织最基本的经济观念。比例原则的核心是合作社的控制、所有权和剩余分配决策都建立在交易额比例之上。具体地讲，合作社投票权以社员交易额多寡为基础；交易

---

① Cobia，D. W. & Anderson，B. C. "Product and Pricing Strategy" [A]．In Cobia，D. W. (Eds)．"Cooperatives in Agriculture" [C]．New Jersey：Prentice-Hall，1989：174-194.

② Barton，D. G. "Cooperative principles" [A]．In Cobia D. W. (Eds)．"Cooperatives in agriculture" [C]．New Jersey：Prentice-Hall，1989b：21-34.

者以交易额多寡认购股本；盈余金分配在成本经营基础上分配给交易者。因此，合作社的权责集中在交易额上。坚持比例原则观点的学者认为，"比例"原则对于营利公司竞争不断加剧的发达国家而言，具有重要战略意义。因为合作社原本就是交易社员利用的组织，社员交易额越大，越显示合作社对社员的重要性。合作社存在的价值是能为社员提供多少服务，而交易额就是象征服务的指标。比例原则的优点除了权利与义务对等外，其中还含有公平的意义，并且它可以解决社员不与合作社交易的问题，激励社员多与合作社交易。"新一代合作社"就反映了这种原则。

随着合作组织的多样化发展和经济社会的不断变化，另一些学者尝试以多元性、开放性、前瞻性的思维方式，建立更富有弹性、简单、单一的合作社原则来代替现有合作社原则。现代原则就是这种尝试的产物。美国农业部指导下的农业合作组织就是奉行这种弹性原则。它不以任何固定形式规范合作组织的经营。具体内容是：（1）投票权由交易社员行使，可以一人一票也可以按交易额比例投票。（2）交易者认购股本。（3）在成本的基础上，净所得视为盈余金，分配给交易者。现代原则的一个突出特点是将交易社员与交易者作了区分，明确了合作社的权利归属是交易社员。因为当合作社经营规模扩大后一些非社员也与合作社进行交易，而一些社员则并不参与合作社交易。如果对未与合作社交易的社员赋予投票权，显然丧失了合作组织为业务利用者的本质，降低了合作社的自我管理性。所以投票权应该与交易额挂钩。

四　合作社的绩效评价

国外关于合作社经济绩效的讨论存在两个不同的流派：一派以新古典理论为代表；另一派以新制度经济学为代表。对新古典学派而言，其关注的是合作社的分配效率及其对市场结构改善的影响。其要点是，合作社采用成本交易原则和门户开放政策进入不完全的市场，可以产生类似于完全竞争的市场结果。合作社的存在，不但改善了农民在市场中的地位，提高了农民的收入；而且更重要的是使市场竞争更加激烈，这迫使投资者所有企业不得不调整价格，从而消除了市场上的超额利润。新制度经济学派依据代理理论的观点，决策问题、视野问题、投资组合问题、影响成本问题以及共同产权问题都暗示了合作社在资源分配上的低效率和限制市场导向。对相关研究的回顾发现，这两个流派都获得了一定支持。与投资者所有企业的比较研究，是衡量合作社市场绩效的另一个重要方法。总体而言，国外关于合作社经济绩效的讨论，存在许多互相冲突的观点和发现。从大多数理论研究来看，作为投资者所有企业的参照物，合作社通常被判断为低效的，然而，事实上许多实证研究并没有提供清晰的解说和公认的结论，也没有什么证据证明合作组织普遍比投资者所有企业低效。值得注意的是，许多研究都没有考虑合作社在市场战略和内部结构（所有权、控制权和利益分配）上的差异，对实证结果的解释与各流派的观点之间也缺乏有效的整合，需要进一步探讨的是，除了纯粹的经济绩效的考虑外，学者们同时注意到合作社在农村社区发展、教育、沟通政府和社会事务管理等方面的作用。

关于合作社经济绩效的测度，使用比较多的是财务比例分析（financial ratio analysis）方法。例如，美国国家合作银行（American Cooperative Bank，NCB）以销售收入为依据对合作社进行分类。Barton，Schroeder 和 Featherstone 发展了一套财务绩效指标，来测量与合作社规模之间的关系，并把投资者所有企业与合作社的财务绩效进行比较。[1] 这些财务指标包括，资产的名义价值，资产回报率，毛利率，生产能力比率，变动成本比率、流动比率。类似的，还有很多研究者采用财务比率分析方法。[2] 财务指标具有客观性的特点，这是其被采用的主要原因。值得注意的是，财务比例分析方法在北美比较流行，而在欧洲比较少见。这背后实际上反映了欧洲和北美对合作社的绩效存在不同的认识：北美比较偏重功利主义，注重"效率"；欧洲相对比较偏重"标准规范"，重视"公平"。过分强调财务指标容易导致关注短期利益而忽视其他方面。Sexton 和 Iskow 认为，对合作社采用财务分析方法是有失偏颇的，也是缺乏经济理论基础的。[3] 特别是，简单的财务分析不能说明合作社所提供的公共物品

---

① Barton, D. G., Schroeder, T. C. & Featherstone, A. M. "Evaluating the feasibility of local cooperative consolidation: a case study" [J]. Agribusiness, 1993, 9 (3): 281-294.

② Keeling, J. J. "Cooperative performance and board of director characteristics: a quantitative investigation" [A]. Selected Paper Prepared for Presentation at the American Agricultural Economics Association Annual Meeting, Providence, Rhode Island, July 23-27, 2005.

③ Sexton, R. J. & Iskow, J. "Factors critical to the success or failure of emerging agricultural cooperatives" [R]. Gianini Foundation Information, Series No. 88-3, University of California-Davis, 1988.

以及其他不具有市场收益的服务的价值。因此，他们鼓励从技术的、分配的、规模的以及价格的效率等方面来测度合作社的绩效。此外，传统的财务分析还存在另外一个局限，即合作社是一个纵向一体化的实体，仅仅在生产一个阶段测度其绩效是不完整的。效率分析可以克服这个不足，并且能够描述合作社作为一个实体的整体绩效。这些改进使得效率分析成为财务分析的一个很好的替代。然而，对数据的较大需求又使得效率分析面临诸多挑战，因为要测度合作社的效率，需要大量关于合作社的投入和产出等方面数据，而这些数据通常都是保密的，很难得到。此外，测度合作社的相对效率还需要那些同时由合作社和投资者所有企业构成的产业数据。很显然，这些限制使得基于效率的绩效测度方法在研究中不具有可操作性。Peterson 和 Anderson 指出，关于合作社绩效的研究还必须考虑合作社战略的丰富性。[①] 因此，在设计合作社绩效指标的时候，还需要考虑那些能够反映合作社不同战略及其组合的效率指标。简单地调查财务指标数据很显然不能满足这个要求。Katz 认为，由于合作社不存在交易股份的公开市场，因此，使用基于市场的财务分析指标，例如资产报酬率（return on assets，ROA），权益报酬率（return on equity，ROE）是不太合适的。他提出，企业生产力是农商企业（agribusiness）获得竞争优势的基础，所谓企业生产力主要是指劳均产出（average product of labor，APL）。他发现，用 APL 测量的劳动生产力和企业生产力与用 ROA 和 ROE 测量的财务绩效是高度相关的。[②] 由此可见，对合作社绩效的考察，除了财务指标外，还需要关注其他的方面，例如，市场发展，产品发展，研究与开发，劳动关系，生产力以及社会责任等。

中国农民专业合作社总体上还处于发展的初期阶段，尽管存在发展不平衡、经营规模小、服务层次低、规范化程度不高、带动能力不强等问题，但其发挥的作用确实是无可争辩的。对于农民专业合作社的绩效，孙艳华等（2007）、王立平等（2008）、黄胜忠（2008）、徐旭初（2009）、刘滨等（2009）、赵佳荣（2010）等都尝试建立各自的合作社绩效评价指标体系来予以评价。此外，孙艳华等（2007）对合作社的增收绩效进行

---

① Peterson, H. C. & Anderson, B. L. "Cooperative strategy: theory and practice" [J]. Agribusiness, 1996, 12 (4): 371-383.

② Katz, J. P. "Managerial behaviour and strategy choices in agribusiness cooperatives" [J]. Agribusiness, 1997, 13 (5): 483-495.

了实证研究，黄祖辉等（2011）对合作社效率及其影响因素进行了实证分析。关于合作社的绩效，张晓山认为，农民社员能否成为专业合作社的主体，合作社的资产所有权、控制决策权和受益权是否能主要由他们拥有？这应是农民专业合作社未来走向健康与否的试金石，而这也必须由实践来检验。[①] 潘劲则通过对合作社发展数据背后所隐含问题的解析指出，对合作社的发展数据应有理性判断，不要放大合作社对农民的实际带动能力。[②]

第二节　网络嵌入性理论

网络嵌入性作为连接社会学、经济学与管理学理论的有力桥梁，已成为研究企业网络的重要视角及工具。

一　网络嵌入性的界定

嵌入性观点最初的产生与人类学中的"实质主义"学派有关，在与主流经济学的原子论的斗争过程中，Polanyi（1944）首次提出了"嵌入性"这一说法。Polanyi认为，"人类经济嵌入或缠结在经济或非经济的制度当中，非经济制度的引入是非常重要的。因为在分析经济的有效性时，宗教和政府可能像货币制度或减轻劳动强度的工具与机器的效力一样重要"[③]。但是，Polanyi（1944）所提出的嵌入性思想在当时也并没有引起学者们注意。

White（1981）认为，理解市场问题的关键因素，必须在行为人所处的社会关系中去寻找。[④] 在批评经济学家的"社会化不足"和古典社会学家的"过分社会化"观点基础上，Granovetter提出，人类行为嵌入在具体的、不断变化的社会关系之中，这种观点同样适用于对经济行动的分析，

---

① 张晓山：《农民专业合作社的发展趋势探析》，《管理世界》2009年第5期。

② 潘劲：《中国农民专业合作社：数据背后的解读》，《中国农村观察》2011年第6期。

③ 丘海雄、于永慧：《嵌入性与根植性——产业集群研究中两个概念的辨析》，《广东社会科学》2007年第1期。

④ White, H. "Where do markets come from"［J］. American Journal of Sociology, 1981, 87: 517–547.

可以用经济生活的信任和欺骗以及市场和等级两个概念来分析经济行动的嵌入性问题。无论在工业社会还是在前工业社会，嵌入性始终存在，只是在各个社会中嵌入的程度与方式有所不同。①

Barber 对嵌入性这一概念进一步做了阐释，他认为嵌入性的概念是非常有用的，能暴露与纠正新古典经济学社会化不够的传统，以及修正了经济学家和其他一些学者把市场经济系统具体化与绝对化的趋势。嵌入性的概念是在批评新古典经济学对市场的僵化理解中发展起来的，因为在新古典经济学里，市场交易从定义上就是非常理性的、非人格化的、独立的。②

在 Granovetter、Barber 对嵌入性定义的基础上，Zukin 和 DiMaggio 对这个概念进行了拓展，认为嵌入性是经济活动的关于认知、文化、结构和制度的权变因素，分别构成了认知嵌入、文化嵌入、结构嵌入与制度嵌入四种嵌入机制，在他们看来，这四种机制成为政治经济学与社会组织理论的接口。③ 传统的政治经济学方法认为结构是一种在个体之外的决定的力量，而社会组织理论强调意识行动与历史变迁带来的制度变化。这两种观点都关注人们行动的宏观的、文化的和社会框架，同时，这种关注强调能产生强化作用的各种组织变量。Zukin 和 DiMaggio 强调权力、文化、组织之间的联系是经济社会学中嵌入性方法的独特贡献，嵌入性的研究试图在行动理性与经济效率之间寻找一个平衡。

嵌入性联系是与只有纯经济关系保持距离的联系相对立的，嵌入性关系可以创造仅仅通过市场、合同或纵向一体化很难得到经济机会。"修正主义"经济学框架也试图用交易成本理论、代理理论及博弈理论等理论来重新定义嵌入性，但这些理论与新古典经济学一样，没有很好识别社会结构的作用，从而忽略了组织理论中重要的问题。④ 嵌入性是

---

① Granovetter, M. "Economic action and social structure: the problem of embeddedness" [J]. American Journal of Sociology, 1985, 91 (3): 481-51.

② Barber, B. "All economics are 'embedded': The career of concept, and beyond" [J]. Social Research, 1995, 62: 387-413.

③ Zukin, S. & DiMaggio, P. *Structures of Capital: The Social Organization of Economy* [M]. Cambridge, MA: Cambridge University Press, 1990.

④ Uzzi, B. "Social structure and competition in interfirm networks: the paradox of embeddedness" [J]. Administrative Science Quarterly, 1997, 42: 35-67.

相对于市场有更多独特机会的交换系统,① 并认为嵌入性可以从三个维度进行描述:信任、优质信息共享和共同解决问题。② 信任是嵌入性联系的首要特征,是一种交易一方对另一方不会以自己的损失为代价获得利益的信心。嵌入性关系比纯粹的市场关系能共享更多的私有及隐性知识,包括战略、利润边际以及只有通过干中学的隐性知识,而不仅仅是纯粹的市场联系中只交换的关于数量与价格的信息。嵌入性关系中包含着共同解决问题的机制,促成交易者功能协调与解决问题,这些机制通过协商与相互调适,从而灵活地解决问题,共同解决问题的安排增加组织效率,从而降低生产误差以及减少产品开发时间,同时可以促进学习与创新。

二 网络嵌入性的分类

网络嵌入性涉及网络的经济与社会属性的各方各面,学者们从不同角度对其做出了分类。

(一) 关系与结构嵌入性

对网络嵌入性最初始、最传统、最主流的分类,便是将其分为关系嵌入性 (relational embeddedness) 与结构嵌入性 (struetural embeddedness)。Granovetter 指出经济在社会中的关系嵌入和结构嵌入的问题,关系性嵌入主要用关系的内容、方向、延续性和强度等指标来测度③,Granovetter 在研究人际关系的联系强弱时就用了四个指标,分别是互动频率、亲密程度、关系持续时间以及相互服务的内容,来判定强关系或弱关系④。而结构则是关系之间的分布情况,主要采用关系联结在整个网络中的位置、规模和密度等测度指标。

关系嵌入是基于互惠预期而发生的双向关系,结构嵌入是互动双方各

---

① Uzzi, B. "The source and consequences of embeddedness for the economic performance of organizations: The network effect" [J]. American Sociological Review, 1996, 61 (4): 674-698.

② Uzzi, B. "Social structure and competition in interfirm networks: the paradox of embeddedness" [J]. Administrative Science Quarterly, 1997, 42: 35-67。

③ Granovetter, M. "Economic action and social structure: the problem of embeddedness" [J]. American Journal of Sociology, 1985, 91 (3): 481-51.

④ Granovetter, M. "The strength of weak ties" [J]. American Journal of Sociology, 1973, 78 (6): 1360-1380.

自成为更大结构中的一部分。关系嵌入性指网络关系的特征，结构嵌入性是关系结构的特征。Gulati 指出关系嵌入性或网络结合的视角强调的是网络中作为共享优质信息的机制的直接结合关系，而结构嵌入性或网络位置的观点不仅仅看企业直接的关系，还要看网络结构中成员所占的位置的信息价值。[①]

（二）结构、认知、制度与文化嵌入性

Zukin 和 DiMaggio 认为企业所处的社会情境可以分为四个维度——结构、认知、制度及文化，因而这四个维度的网络嵌入性会影响企业的行为与绩效。[②] 其中，此处的结构嵌入性指经济交换受到网络结构的影响和制约，涵盖了上文 Granovetter 所述的结构嵌入性和关系嵌入性。认知嵌入性主要用来解释个体或企业行动者的认知来源及其结果等问题。行为者在进行理性预算时会受到周围环境及原有思维意识的限制，即具有认知嵌入性，这会限制新古典经济学里所谓的"理性行为"，因此社会认知对组织行为和管理行为有着重要的影响作用。制度嵌入性指经济交易受到法律系统、税收、阶级政治等制度的制约。企业会根据其所处社会情境的制度安排及其知识图式来约束自身行为，并最终使这种制度安排嵌入到特定的社会结构和企业行为结构之中，制度因素能对企业及产业产生重大的影响。文化嵌入性指理性的经济行动受到来自外部共享的组织价值观、信念等的社会文化的制约。文化因素对于组织行为、组织结构及组织的管理过程会产生重要影响，在研究组织对环境的战略适应性问题时，应该把文化因素考虑在内。

（三）业务与技术嵌入性

企业绩效受到其从环境中获取资源的能力影响。Andersson，Forsgren 和 Holm 把嵌入性分为业务嵌入性（business embeddedness）与技术嵌入性（technology embeddedness），并实证研究了企业的嵌入性关系中的业务嵌入程度与技术嵌入程度与企业绩效的正相关关系。[③] 他们认为业务嵌入

---

① Gulati, R. "Network location and learning: the influence of network resources and firm capabilities on alliance formation" [J]. Strategic Management Journal, 1999, 20: 397-420.

② Zukin, S. & DiMaggio, P. *Structures of Capital: Social Organization of Economy* [M]. Cambridge, MA: Cambridge University Press, 1990.

③ Andersson, U., Forsgren, M. & Holm, U. "The strategic impact of external networks: subsidiary performance and competence in the multinational corporation" [J]. Strategic Management Journal, 2002, 23: 976-996.

性是企业理解变化的业务环境的能力以及企业如何适应这种环境的能力，业务嵌入性与企业的业务行为息息相关，反映了企业与外部供应商和顾客之间关系的亲密程度，业务嵌入性反映了企业改变自己业务行为以适应外部业务合作伙伴的程度，以及这种联系的宽度。技术嵌入性反映了关于企业吸收新知识能力的一些企业联系，是由于外部顾客或供应商的联系而改变产品或工艺开发过程的程度，技术嵌入性是网络中企业间产品开发与产品过程开发中的相互依赖程度，技术嵌入性关系到企业能否从企业网络中获取新的技术。

（四）环境、组织间与双边嵌入性

Hagedoorn 从国家与产业环境、企业间多元网络及企业间二元关系三个层面，把网络嵌入性分为了三个层次：环境嵌入性（environmental embeddedness）、组织间嵌入性（interorganizational embeddedness）与双边嵌入性（dyadic embeddedness）。① 环境嵌入性包括宏观环境与中观环境两方面。宏观环境嵌入性指在国际环境中，各国之间在文化、经济等方面的差异会影响企业合作关系形成及企业未来合作行为；中观环境嵌入性则指不同的产业特点会影响企业间的合作倾向。组织间嵌入性是指企业通过参与各种企业网络所积累的经验、建立的合作关系对企业的行为及能力的影响。双边嵌入性是指两个企业间合作的熟悉和信任程度会影响企业间现有合作关系的稳定与持续。三个层次的嵌入性的交互作用对企业新的合作关系的形成有重要的影响作用。一方面，不同层次的嵌入性对企业间合作关系的形成有正的作用，但是另一方面，到达了某个点，不断增强的合作倾向或许会导致"过分嵌入性"（over embeddedness），在这种情况下，企业形成新的合作关系的机会就会减少。

三　网络嵌入性对企业的影响

有效整合利用外部资源是企业获取竞争优势的重要途径。网络嵌入性不仅影响了企业现有资源、信息的分布与利用，还在很大程度上决定了企业未来可控资源与获利能力，进而关系到未来市场竞争格局的变化和企业生存能力的大小。

---

① Hagedoorn, J. "Understanding the cross - level embeddedness of interfirm partnership formation" [J]. Academy of Management Review, 2006, 31 (3)：670-680.

企业所嵌入的外部网络是影响企业行动与绩效的重要因素。研究普遍认为企业绩效受到其从所在网络中获取资源的能力的影响（Egelhof，1988；Cohen 和 Leventhal，1990）。通过嵌入在企业网络中，企业可以获取各种资源与能力，而这些资源与能力的获取对企业竞争优势及绩效有重要影响。企业可以通过嵌入在网络中，创造关系性资产，共同学习与知识交流，彼此能力互补，并通过优化的网络结构降低交易成本，从而获取竞争优势（Mowery 和 Oxley，1996；Rowley，Behrens 和 Krackhardt，2000；Dyer 和 Singh，1998）。

一些学者从结构嵌入性角度进行研究，指出网络密度、结构空洞、网络中心性等结构属性能够影响企业的竞争优势和绩效（Coleman，1988；Burt，1992；McEvily 和 Zaheer，1999；Tsai，2001；Zaheer 和 Bell，2005）。一些学者则从关系嵌入性的角度进行研究，得出了不同结论。部分研究认为，紧密的联系是竞争对手难以模仿的异质性资源，从而更能促进绩效的提高（Dyer 和 Singh，1998；Dyer 和 Nobeoka，2000）。部分研究则认为弱联结更有助于企业获取竞争优势（Granovetter，1973，1985）。此外，Uzzi 提出了关系嵌入影响绩效的"倒 U 型模型"，指出在一定程度内，联结的增强有助于企业提升绩效，但过分嵌入的关系则可能局限行动者的视野，从而带来其绩效的降低。[1] Rowley，Behrens 和 Krackhardt 指出，应该综合考虑关系嵌入性与结构嵌入性的交互作用给企业绩效带来的影响，而考虑被研究网络形成的目的、其行业特点、关系联结的类型以及网络成员的特点，是充分理解结构嵌入性对企业绩效影响的必要条件。[2] 此外，还有学者从制度嵌入的角度进行了研究，发现网络中的规则框架、政治联系及类似的制度模式能够影响组织的机会与绩效。[3]

---

① Uzzi，B. "Social structure and competition in interfirm networks: the paradox of embeddedness" [J]. Administrative Science Quarterly, 1997, 42: 35-67.

② Rowley, T., Behrens, D. & Krackhardt, D. "Redundant governance structures: an analysis of structural and relational embeddedness in the steel and semiconductor industries" [J]. Strategic Management Journal, 2000, 21: 369-386.

③ Baum, J. A. C. & Oliver, C. "Institutional embeddedness and the dynamic of organizational populations" [J]. American Sociological Review, 1992, 57: 540-559.

第三节　利益相关者理论

一　利益相关者的界定

据考证，"利益相关者"（stakeholder）一词最早记载于《牛津词典》，它于 1708 年就收入了"利益相关者"这一词条，用来表示人们在某企业或某项活动中"下注"（have a stake），进而在活动进行或企业运营过程中抽头或赔本。① 然而，直到 1929 年通用电气公司的一位经理的就职演说中才第一次真正提出公司应该为利益相关者服务的想法。而真正地给出利益相关者的定义已是在 20 世纪 60 年代，在以美国、英国等为首且长期奉行外部控制型公司治理模式的国家中逐步将利益相关者理论（stakeholder theory）发展起来了之后。

1963 年，美国上演了一出戏，名叫"股东（shareholder）"。斯坦福研究院（Stanford Institute）的一些学者受此启发，利用另外一个与之对应的词"利益相关者（stakeholder）"来表示所有与企业有密切关系的所有人。美国斯坦福大学研究所将利益相关者定义为"对企业来说存在这样一些利益群体，如果没有他们的支持，企业就无法生存"。② 虽然这种界定方法是从非常狭义的角度来看待利益相关者的，但是它毕竟使人们认识到企业存在的目的并非只为股东服务，在企业的周围还存在许多关乎企业生存的利益群体，这是区别于传统的股东至上的企业理论，该理论认为任何一个公司的发展都离不开各种利益相关者的投入与参与，比如股东、债权人、雇员、消费者、供应商等，企业不仅要为股东利益服务，同时也要保护其他利益相关者的利益。

斯坦福研究院最早提出了"利益相关者"一词，将利益相关者引入管理学界和经济学界的首位学者是美国学者安索夫，他认为"要制定理想的企业目标，必须综合平衡考虑企业的诸多利益相关者之间相互冲突的

---

① Clarke · T: "The stakeholder corporation: a business philosophy for information age", Long Range Planning, 1998, Issue 2.

② Freeman. R. E: *Strategic Management: A Stakeholder Approach*, Boston: MA: Pitman, 1984.

索取权，他们可能包括管理人员、工人、股东、供应商以及顾客"①。1977 年，宾西法尼亚的沃顿学院（Wharton School）首次开设"利益相关者管理"的课程，表明利益相关者理论已开始被西方学术界和企业界所重视。

直至 21 世纪初，关于利益相关者的定义有二十几种之多，虽然有关利益相关者概念的表述很多，但没有一个定义得到专家学者们的普遍赞同。米切尔和伍德总结了自从 1963 年以来有关利益相关者的 27 种代表性的概念表述，其中弗里曼与克拉克森的表述最具代表性。② 在 1984 年，弗里曼在其《战略管理：利益相关者管理的分析方法》一书中对利益相关者的概念进行了全面的阐述。他认为，利益相关者是"那些能够影响企业目标实现，或者能够被企业实现目标的过程影响的任何个人和群体"，后来又修改为"利益相关者是那些因公司活动受益或受损，其权利也因公司活动而受到尊重或侵犯的人"。按照弗里曼的观点，"毫无疑问，使利益相关者的概念和利益相关者的可能领域扩大到实际上可以包括任何人在内"，这个定义不仅将影响企业目标的个人和群体视为利益相关者如股东、员工、供应商、客户、竞争对手、消费者群体等，同时还将受企业目标实现过程中所采取的行动影响的个人和群体也看作利益相关者，正式将企业所在社区、政府部门、环境保护主义者等实体纳入利益相关者管理的研究范畴，大大扩展了利益相关者的内涵。③

布莱尔与古德帕斯特都继弗里曼之后对利益相关者理论进行了卓有成效的研究。克拉克森认为"利益相关者是指在企业中投入了一些实物资本、人力资本、财务资本或一些有价值的东西，并由此而承担了某些形式的风险；或者说，他们因企业活动而承受风险"，进一步加强了利益相关者与企业的关联，强调专用性投资，但一些集体或个人（如媒体等）便不在利益相关者定义之列。则把利益相关者定义为：所有那些向企业贡献了专用性资产，以及作为既成结果已经处于风险投资状况的人或集团。④

---

① Ansoff·I：*Corporate Strategy*，NewYork：MeGraw-Hill，1965.

② Mitehell·A & Wood·D. "Toward a theory of stadeholder identifieation and saliente：defining the principle of who and what really counts"，Academy of Mangement Review 1997，Issue 4.

③ 郝云宏、曲亮等：《企业经营绩效评价——基于利益相关者理论的研究》，《经济管理出版社》2008 年第 2 期。

④ Blair. M. M：Corportate "Ownership"，Brookings Review（Winter），1995.

布莱尔认为利益相关者是所有那些在公司真正有某种形式的投资并且处于风险之中的人。布莱尔对利益相关者的定义为利益相关者参与公司治理提供了可以参考的途径，因为利益相关者专用性资产的存在，利益相关者也就可以根据其资产的多少和它们所承担的风险来获得企业对其利益的保护，这样，利益相关者参与公司治理也就有了依据。

利益相关者理论的发展是一个从利益相关者影响到利益相关者参与的过程，结合当前利益相关者理论的发展，邓曦东总结出利益相关者理论的发展经历了3个阶段：首先是利益相关者影响企业生存；然后是利益相关者影响公司的经营活动或公司的经营活动能够影响他们；最后，从对企业的专用性资产的角度来考虑利益相关者，从而为利益相关者参与企业所有权分配提供了可参考的衡量方法。[①]

我国专家学者也对利益相关者理论的内涵界定进行了一定的研究，最具代表性的研究有：贾生华、陈宏辉认为"利益相关者是指那些在企业中进行了一定的专用性投资，并承担了一定风险的个体和群体，其活动能够影响该企业目标的实现，或者受到该企业实现其目标过程的影响"。[②]这一概念界定既强调了专用性投资，又强调了利益相关者与企业的关联性，然而这一概念没有将自然环境纳入利益相关者的范畴，他们认为自然环境不可能做出专有投资，也就不可能成为企业的利益相关者，而赵红则认为，自然环境、社区这样的主体对企业的专有性投资形式比较特殊，当员工上下班经过周围良好的自然环境时，愉悦的心情，心态的平和，进而良好的工作效率便是自然环境对企业投资的结果，同时对企业的外部形象也是一种提升。[③]

综上分析可以发现，当前对利益相关者的定义也过于宽泛，并且这些研究大部分只是停留在探讨和假设阶段。鉴于此，为了更好地运用利益相关者理论来研究农民专业合作社的问题，作者采用弗里曼的表述，将利益相关者表述为：利益相关者是能够影响一个组织目标的实现，或者受到一个组织实现其目标过程影响的所有个体和群体。也包括受益于或受害于企

---

① 邓曦东：《基于利益相关者理论的企业可持续发展战略研究》，华中科技大学，2008 年。

② 陈宏辉：《企业利益相关者的利益要求：理论与实证研究》，经济管理出版社 2004 年版，第 322—328 页。

③ 赵红：《基于利益相关者理论的企业绩效评价指标体系研究》，经济科学出版社 2004 年版，第 12 页。

业行为、权益受到侵犯或尊重的个体和团体。这意味着政府、自然环境等也应是企业的主要利益相关者。

二　利益相关者的分类

弗里曼认为"企业的利益相关者不仅包括将影响企业目标达成的个体和群体，而且包括了受企业目标达成过程中所采取的行动影响的个体和群体，同时也将当地社区、政府部门、环境保护主义者等实体纳入利益相关者管理的研究范畴，这大大扩展了利益相关者的内涵。然而，简单地将所有的利益相关者看成一个整体来进行实证研究与应用推广，几乎无法得出令人信服的结论"。对此，弗里曼从不同的角度对利益相关者进行分类，为利益相关者理论的发展做出了开创性的贡献。此后国内外专家学者对利益相关的分类进行了系统研究，逐步形成了目前国际上比较通用的多维细分法和米切尔评分法。

（一）多维细分法

20 世纪 90 年代中期以来，国内外诸多专家学者们均采用多维细分法对利益相关者从不同角度进行了划分。这其中最主要的有四种具代表性的分类，这四类主要的代表性人物分别是弗里曼（Freeman），Frederiek，Charkham，威勒（Wheeler）。

Freeman 从所有权（ownership）、经济依赖性（economicdependenee）和社会利益（Sociazinterest）三个不同的角度对企业利益相关者进行了分类：（1）持有公司股票的一类人，如董事会成员、经理人员等，称为所有权利益相关者；（2）与公司有经济往来的相关群体，如员工、债权人、内部服务机构、雇员、消费者、供应商、竞争者、地方社区、管理结构等称为经济依赖性利益相关者；（3）与公司在社会利益上有关系的利益相关者，如政府机关、媒体以及特殊群体，称为社会利益相关者。

随后，Frederiek 从利益相关者对企业产生影响的方式来划分，将利益相关者分为直接利益相关者和间接利益相关者，其中直接利益相关者是与企业直接发生市场交易关系的利益相关者，主要包括股东、企业员工、债权人、供应商、零售商、消费商、竞争者等；间接利益相关者则是与企业发生非市场关系的利益相关者，主要包括中央政府、地方政府、外国政府、社会活动团体、媒体、一般公众等。

随着对利益相关者分类研究的深入，"多维细分法"在利益相关者界定中逐渐成为主要的分析工具。Charkham 按照相关群体是否与企业存在合同关系，将利益相关者分为公众型利益相关者（Community Stakeholders）和契约型利益相关者（Contractual Stakeholders）两种。前者主要包括全体消费者、监管者、政府部门、压力集团、媒体、当地社区等；后者包括股东、雇员、顾客、分销商、供应商、贷款人等。①

Wheeler 从相关群体是否具备社会性以及与企业的关系是否直接由真实的人来建立两个角度，比较全面地将利益相关者分为四类：1. 主要的社会性利益相关者，他们通过人的参与同企业发生直接联系，如政府、社会团体、股东和投资者、员工和管理人员、客户、当地社区、供应商和其他业务伙伴等；2. 次要的社会性利益相关者包括：居民团体、政府、工会、媒体和学术评论家、贸易团体等，他们对企业的影响力或许非常大，尤其是在声誉和公众地位方面，但这种影响只是间接的；3. 主要的非社会性利益相关者，他们对企业有直接的影响，但不与具体的人发生联系，如自然环境、人类后代等；4. 次要的非社会利益相关者，他们不与企业有直接的联系，也不作用于具体的人，如环境压力集团、动物利益集团等。②

（二）米切尔评分法

美国学者 Mitchell 和 Wood 仔细研究了利益相关者理论的产生与发展的脉络，在归纳出 27 种具有代表性的利益相关者定义的基础上于 1997 年提出米切尔评分法以界定利益相关者，它将利益相关者的界定与分类结合起来。首先认为，企业所有的利益相关者必须具备合法性、权利性以及紧迫性三个属性中至少一种。依据他们从这三个方面对利益相关者进行评分，根据分值来将企业的利益相关者分为三类。

（1）确定型利益相关者：主要是指他们同时拥有合法性、权利性和紧迫性，为了生存和发展企业管理者必须关注他们的愿望和要求，并设法加以满足，例如通过与顾客开展合作研发，最大限度满足顾客的需求，确定型利益相关者主要包括股东、雇员等。

（2）预期型利益相关者：主要是指与企业保持较密切的联系，同时

---

① Charkham·J：“Corpate governance：lessons from abroad”，European Business Joumal，1992，Issue 2.

② Wheeler·D and Maria·S：“Inelding the stakeholders：the business case”，Cong Rang Planning，1998，Issue 2.

拥有合法性、权利性和紧迫性三个属性中的任意两项，同时拥有合法性和权利性的群体，如投资者、雇员以及政府部门等；同时拥有合法性和紧迫性的群体，如媒体、社会组织等；同时拥有紧迫性和权利性的群体，如一些政治和宗教的极端主义者、激进的社会分子。在某些情况下企业会邀请预期利益相关者参与企业的决策过程，如有些情况下企业邀请拥有合法性和紧迫性的群体正式参与企业的决策过程（授权员工参与企业管理，邀请股东参与企业各种活动）。

（3）潜在的利益相关者：主要是指仅拥有合法性、权利性和紧迫性三个属性中的一项的群体或个人，对于此类利益相关者管理层不需要、也很少有积极性去关注他们，例如企业对于只拥有紧迫性，但缺乏合法性和权利性的利益相关群体缺乏关注的动力。

Mitchell 评分法改善了利益相关者界定的可操作性，关于利益相关者分类模型独特之处在于，此分类把企业利益相关者及其组成看作是动态变化的，即任何利益相关者的个人或群体在获得或失去某些属性后，可以从一种类型的利益相关者转化为另一种类型，这推动了利益相关者理论的推广和应用。对此，许多学者结合所研究企业的具体情况，利用米切尔评分法给企业的相关群体评分，为企业的管理层决策提供了参考依据。

三　利益相关者理论的拓展与应用研究

当前，可以清晰地看到利益相关者的相关理论已经成为现代企业战略管理研究的重要分析工具，被视为企业构成要素并已纳入了广义的企业管理范畴。[1] 此后，利益相关者理论得到了广泛的应用，例如 Wane 最早开始将其应用到旅游行业，他指出作为一个综合性的行业，旅游业比大部分其他行业所涉及的利益相关者都要多，因此在分析旅游业的政治、社会和道德问题的时候都会使用到利益相关者模型，如索特（Sautter）和莱森（Leisen）则在 Freeman 的利益主体谱系图的基础上，提醒人们在考虑一个具体的旅游业发展问题的时候必须关注利益主体参与的动态性的特征。近年来，对利益相关者理论的研究无

---

[1] Donaldson・T and Dunfee・T・W："Integratine social contracts theory：a communitarian conception of economic ethies"，Economic and Philosophy，1995 Issue 1.

论从理论还是方法应用上均呈现出了多样化的趋势。当前最主要的研究成果主要体现在运用利益相关理论来研究公司治理、企业绩效评价、伦理管理、财务管理、战略管理等以及利益相关者利益要求及其实现方式等诸多方面。

而反观我国，当前对利益相关者理论的研究也取得了一些进展，目前已从一般意义上的企业外延到特殊意义上的企业，如针对网站类企业、旅游类企业等进行利益相关者理论的研究。例如关于利益相关者理论在旅游行业方面的应用，最早的专著为保继刚和钟新民所著的《桂林市旅游发展总体规划》（2001—2020），研究中指出旅游发展中的主要利益相关者为游客、政府、商业部门、本地居民、景点开发商等，然后分析了各利益相关者的利益表现以及参与决策过程的行为，并在此基础上制定出旅游业发展战略。此后张祖群等以人类学田野工作参与观察的方法运用到荆州不同旅游利益主体的经济互动关系研究中，以特有的文化景观为中介，分析不同利益主体之间的经济互动关系，把不同利益主体之间的矛盾看成旅游活动的实质[1]。宋瑞（2005）尝试将利益相关者理论引入到生态旅游领域，开始探讨生态旅游中不同利益群体之间的关系处理问题，并尝试提出一些合理化建议来根据利益相关者管理的基本原则进行有效的管理。[2]

尽管国内的专家学者们在运用利益相关者理论进行应用和拓展研究中取得了一定进展，但是现有研究大多停留在利益相关者的概念描述以及结合利益相关者理论进行一些定性分析，进而做了某些启示性的分析。当前还缺少定量的技术分析，相应的研究内容与方法并未有深入讨论，重复性研究过多，且研究问题涉及的领域均十分狭窄。当前在面对区域经济开发已经产生的大量人地矛盾时，政策制定者急需得到合理解决措施时，却发现学术界对利益相关者理论在农民专业合作社的管理以及协作等基础理论研究上对实践的支撑存在严重不足。

---

① 张祖群、方巧、杨新军：《基于文化景观的利益主体经济互动——荆州的旅游人类学实证研究》，《桂林旅游高等专科学校学报》2004 年第 1 期。

② 宋瑞：《我国生态旅游发展利益相关者视角分析》，《杭州师范学院学报》（社会科学版）2005 年第 5 期。

第四节　组织可持续发展理论

一　组织可持续发展的定义及其特征

（一）可持续发展的定义

对于可持续发展，学术界尚没有统一的定义，比较能够得到接受和认可的是 1987 年由挪威前首相布伦特兰夫人主持的世界环境与发展委员会提出的长篇报告——《我们共同的未来》中提出的可持续发展的定义，其认为可持续发展，是指既满足当代人的需要，又不对后代人满足其需要的能力构成危害的发展。[①] 然而，布伦特定义也存在一定的局限性，首先，在人与人的关系中，布伦特定义把重点放在当代人与后代人的关系上，忽视了当代人之间的关系。但从现阶段看来，阻碍可持续发展的，恰恰是当代人之间的不平等关系，即发达国家与发展中国家、地区之间及民族之间的矛盾。其次，布伦特定义只强调当代人与后代人之间的关系，忽视了人与自然的关系，而人与自然的关系是当代人与后代人关系的基础。

布伦特定义之所以有缺陷，根本原因是没有跳出传统的以经济增长为目标的发展观，这是一种"代表发达国家利益和立场的发展观"，它没有注意到"同代人的不平等所导致的发展问题"。所有问题的核心是要以"可持续"来对"发展"做出一种限制。这种限制，要求我们在推进经济社会全面发展的过程中，保持经济、人口、资源和环境的协调发展和良性循环。可持续发展的核心是发展，但要求在保持资源和环境永续利用的前提下进行经济和社会的发展，既能达到发展的目的，又能保护人类赖以生存的自然资源和环境，使我们的子孙后代能够永续发展和安居乐业。[②]

因此，尽管目前关于"可持续发展"的定义并不完全统一且存在一定的局限性，但是可以看到，人口、经济、资源和环境是其中最重要的因素。在这些因素中，人口是中心，经济是基础，资源环境是前提。寻求人口、经济、资源和环境的可持续发展，是可持续发展理论中最重要的

---

① 黄祖庆：《逆向物流管理》，浙江大学出版社 2010 年版。

② 邓曦东：《基于利益相关者理论的企业可持续发展战略研究——以中国长江三峡工程开发总公司为例》，博士学位论文，华中科技大学，2008 年。

内涵。

（二）组织可持续发展的概念

由于组织本身是一个较为庞大的概念，而农民专业合作社虽说是一种较为新型的组织，但本质上来说，农民专业合作社的运营仍然类似于营利性的组织——企业，因此本书在综述组织可持续发展的概念时，主要介绍较为类似的企业可持续发展的概念。

同可持续发展的定义相同，企业可持续发展的概念也并没有统一的看法，不同的学者从不同的角度对于企业可持续发展的概念进行了阐释，主要有以下观点。

（1）企业与各方面的协调共同发展，即企业应同外部环境和利益相关者共同发展。例如刘帮成和姜太平认为，企业可持续发展是指企业为谋求自身的永续发展，努力实施既可满足消费者的需要，又可合理使用自然资源和能源，并保护环境的生产方法和措施。通过追求综合效益（经济、社会和环境效益的统一），以实现企业与社会、竞争者、消费者之间的和谐共存。[①]

（2）企业的持续成长，即企业应该通过创新不断进步。例如刘力钢（2001）则认为企业可持续发展是指企业在自身发展过程中，通过创新使其不断注入新的活力，始终保持竞争的优势，实现长盛不衰的战略目标。[②]

（3）企业的目标是远期利益最大化，即企业不应该注重短期的利润最大化，而应该是合理利用资源，既能满足当前的企业生存需要，又能够持续地发展。例如向志强和许学军认为，企业可持续发展既要考虑当前利润的多少和市场份额的大小，又要考虑长期利润的增加和市场份额的扩大，而且近期发展不要以牺牲远期发展为代价。企业应该顾及自然、资源、环境及社会环境，包括社会公平与公正。[③]

（4）企业的发展应该超越产品的生命周期，例如钟陆文将企业可持续发展定义为一种超越企业增长不足或增长过度，超越资源与环境约束，超越产品生命周期的企业生存状态，这种生存状态通过不断创新、不断提

---

① 刘帮成、姜太平：《影响企业可持续发展因素分析》，《软科学》2000年第3期。

② 刘力钢：《企业可持续发展论》，经济管理出版社2001年版。

③ 向志强，许学军：《企业可持续发展与股权激励》，《生产研究》2002年第6期。

高开拓和满足市场需求的能力、不断追求可持续增长而达到。[1]

（5）企业应该对资源进行合理运用，减少对环境的影响，同时保证资源能够满足未来需求。例如何兴将企业可持续发展定义为：企业可持续发展是一种建立在可持续发展理念上的企业发展新模式，要求企业尽可能减少自然资源和能源消耗以及对生态环境有害的废弃物排放、设计并制造有益于人类健康且与环境友好的产品。在不断满足当代人对企业产品需求的同时，注重代际与代内获取资源和分享产品的公平性、持续性和协调性。[2]

以上看法都从不同的侧面阐释了企业可持续发展的概念，事实上，由以上的观点也可以看出，对于企业的可持续发展，部分学者认为只需关注企业自身的成长和发展，而部分学者则认为企业的可持续发展应该是强调企业同外部环境以及资源利用之间的关系。不管是哪种观点，都可以认为是企业可持续发展的阶段性进展，在企业成立之初，更多关注的还是自身的生存，此时对于企业而言，可持续发展更多的是体现在自身的成长方面，而当企业达到一定规模之后，不能再将其看作是一个孤立的个体，企业的任何行为都和外部环境紧密联系，此时企业的可持续发展，可以认为是同其他利益相关个体之间的关系，以及对资源的合理利用。

（三）组织可持续发挥的特征

根据以上的观点也可以认为，组织的可持续发展，是指组织在现阶段追求自我生存和发展的过程中，对于资源和要素的利用以及自身所产生的外部性，既能够满足组织的现有目标，同时也可以在未来很长一段时间内依然能够满足组织的发展目标，使得组织能够在很长的时间范围内都能够有效地生存和长盛不衰。由此，组织可持续发展的特征主要有以下几个方面。[3]

目标的战略性。可持续发展是一种发展战略，组织可持续发展的问题首先是以组织自身发展目标为基础的，它是在对组织未来发展的环境分析和预测的基础上，对组织提出的最高战略。

---

①　钟陆文：《论企业可持续发展的理论内涵》，《佛山科学技术学院学报社会科学版》2003年第1期。

②　何兴：《现代企业可持续发展战略》，中国科技文化出版社2004年版。

③　张喜辉：《我国非政府组织的可持续发展制度研究》，硕士学位论文，湖南大学，2009年。

发展的永续性。组织可持续发展强调的是发展的永续而非一般意义上的存活。组织的发展是一个质的变化过程，不一定要变得更大，但是要变得更强，更具有影响力，组织的可持续发展追求的是组织的竞争力的提高。

组织的创新性。组织的可持续发展来源于创新，伴随着知识经济的到来，知识创新、技术创新、组织创新等已成为组织发展的动力。组织可持续发展的核心问题是要求企业能不断地创新蜕变。

环境的适应性。任何组织的发展都受到外部环境的影响，只有具有较强的适应性，才能够及时对外部环境的适应性做出反应。阿里·德赫斯在界定长寿企业时指出："对周围环境的敏感代表了公司创新和适应的能力，这是长寿公司的成功要素之一。"组织可持续发展也要求组织必须具有较强的环境适应能力，这样才能在发展过程中立于不败之地。

二　组织可持续发展的制度研究

组织可持续发展，首要考察的内容是对影响组织可持续发展的制度因素的研究，制度是组织成员的行为规范及组织的运行保障，在制度经济学中，制度就是一种"规范"，它作为一种社会契约，其主要作用在于有助于帮助人们在与他人交易的过程中能够较好地把握自身的预期，使得成员能够共同遵守一定的办事规程，实现自身的预期与组织的目标，它包括了正式制度和非正式制度。在较为常见的新制度经济学中，新制度经济学家把制度分为正式制度和非正式制度。正式制度是指人们有意识创造出来并通过国家等组织正式确立的成文规则，包括宪法、成文法、正式合约等，它具有强制性、间断性特点；非正式制度则是指人们在长期的社会交往中逐步形成、并得到社会认可的一系列约束性规则，包括价值信念、伦理道德、文化传统、风俗习惯、意识形态等，它具有自发性、非强制性、广泛性和持续性的特点。新制度经济学的主要理论观点有交易费用理论、产权理论、委托代理理论和制度与制度变迁理论。一般说来，现有对于组织可持续发展的制度研究，在利用以上理论和观点的基础上，从以下两个方面进行。

(一) 组织可持续发展的外部制度因素

组织可持续发展的外部制度因素，是指影响组织可持续发展的外界因素，它本身不以组织自身的特性来决定，组织只能够充分了解外部制度因素，才能够选择最适合自身可持续发展的道路。一般来说，组织可持续发展的外部制度因素主要有以下几个方面。

（1）法律制度，即以具体的组织形式为研究对象，考察法律制度对组织可持续发展的影响，例如，管清军认为由于农村资金互助社的先天性缺陷以及国家制度供给的不足，其在发展中面临合法身份得不到认定、融资困难以及风险内控能力不足等问题，提出了保障农村资金互助社可持续发展的法律建议，以期通过法律的保障手段实现其稳定、持续性的发展，为农村经济的发展提供资金动力①。张波则认为我国现阶段的税收优惠制度存在着诸多不足不能满足我国非营利组织的发展要求，因此我国应从合理区分非营利组织性质，对非营利组织的赢利收入予以合理免税、改进捐赠激励机制等方面完善非营利组织的税收优惠法律制度，以便实现非营利组织的可持续发展。②

（2）政府管理制度，即政府的调控和管理制度对于组织可持续发展的影响，例如，丁际刚认为企业的可持续发展是国家经济增长与可持续发展的基础，但是政府扶持企业的财政政策，注重短期税收优惠而忽视了企业长期自主生存能力的培养，应从制度创新上促进政府和企业改革，从而促进企业的可持续发展。③刘明则认为要实现中小企业可持续发展，没有政府的扶持是不可能的，因此在阐述中小企业在经济和社会发展中的重要地位和作用的基础上，提出了政府扶持中小企业可持续发展的保障机制。④

（3）社会责任，即组织本身是存在于社会中，除了法律制度和政府管理制度这两项较为宏观的制度之外，其余外部因素也对组织可持续发展存在一定的影响，归纳起来可以认为组织本身应该具有一定的社会责任，而社会责任将影响到组织的可持续发展，例如，刘新荣对我国民营企业社会责任履行现状进行了分析，指出企业社会责任是民营企业可持续发展的

---

① 管清军：《农村资金互助合作组织可持续发展的法律保障研究》，硕士学位论文，西南政法大学，2011 年。

② 张波：《我国非营利组织税收优惠法律制度完善的研究》，《湖南工程学院学报（社会科学版）》2012 年第 3 期。

③ 丁际刚：《浅论中小企业可持续发展与政府角色之关系——兼论财政政策的局限性》，《理论月刊》2001 年第 10 期。

④ 刘明：《中小企业可持续发展的公共服务保障机制研究》，《商业时代》2013 年第 7 期。

动力和保障，并进一步提出了促进民营企业履行社会责任的对策和建议。① 王建琼和侯婷婷从企业社会责任对可持续发展的意义出发，构造可持续发展的 CSD 指标，选择了连续 7 年荣登中证·亚商最具发展潜力 50 强总排行榜的 10 家企业作为样本，回归分析企业社会责任对可持续发展能力的影响，结论表明企业履行职工责任与企业可持续发展呈正相关关系，最后提出相应的对策建议。② 总体来看，强调组织可持续发展的外部制度因素，更多的是倾向于研究组织与外界环境之间的关系，这是因为组织在社会中并非是孤立存在的，受到法律的影响、政府的宏观调控以及其他利益相关者的相互作用，而厘清组织可持续发展与外部因素之间的关系，是很有必要的。

（二）组织可持续发展的内部制度因素

组织可持续发展的内部制度因素，是指影响组织可持续发展的内部因素，与带来不可控的影响的外部因素不同的是，组织必须明晰内部因素，可以通过不断地完善内部因素，从而实现组织不断成长和可持续发展的目的。一般来说，组织可持续发展的内部制度因素主要有以下几个方面。

（1）产权制度，即研究组织内部的产权制度对组织可持续发展的影响。事实上，由于产权是一种社会工具，其重要性就在于它们能帮助一个人形成他与其他人进行交易时的合理的预期，这些预期通过社会的法律、习俗和道德得到表达，③ 因此组织的存在和发展最为根本的要素是明晰产权。例如，潘石认为当代中国私营资本企业要避免"3·5·8"短命周期，实现健康快速的可持续发展，关键在于产权制度创新，企业进行产权创新，无疑是一种理性的具有光明前途的选择④。白桂清则针对家族企业的发展中的瓶颈问题，即产权制度的不明晰，通过对我国家族制企业产权制度的现状、特征及存在的问题进行分析，在借鉴美、日、欧等发达国家产权制度创新经验的基础上，提出了我国家族制企业产权制度创新的基本

① 刘新荣：《企业社会责任与我国民营企业可持续发展》，《经济管理》2007 年第 8 期。

② 王建琼、侯婷婷：《社会责任对企业可持续发展影响的实证分析》，《科技进步与对策》2009 年第 18 期。

③ ［美］H. 德姆塞茨：《关于产权的理论》，上海人民出版社 1994 年版。

④ 潘石：《产权创新：中国私营资本企业可持续发展的基础与关键》，《天津社会科学》2003 年第 6 期。

思路与对策。①

（2）管理制度，即组织内部的管理，包括人、财、物管理制度的革新和完善，对于组织可持续发展的影响，例如，周勇认为企业文化管理是适应社会经济发展需要的产物，同时企业可持续发展的内在力量在于企业文化，因此加强企业文化管理能够促进企业可持续发展。② 刘爱敏则认为中小企业可持续发展的关键在于企业的财务管理，针对目前中小企业内部财务管理出现的问题，提出了多渠道融资、树立新的融资观念、建立健全内部财务管理制度、提高企业全员管理素质、注重科学的投资决策、努力降低决策风险等财务管理制度，促进中小企业的可持续发展。③ 总体来说，组织内部要素对组织可持续发展的影响，首先是明晰产权，其次是在管理方面要有合适的制度进行约束，才能够保证组织向正确的方向运行，从而实现可持续发展。

三　组织可持续发展的动因和能力评价

组织可持续发展除了与上述的外部制度因素和内部制度因素密切相关之外，比较困难和核心的内容是组织可持续发展的能力该如何界定，影响组织可持续发展能力的因素有哪些，以及如何评价组织的可持续发展能力。相关的研究主要有以下方面。

（一）组织可持续发展的动因

组织可持续发展的动因一直以来都没有共同的看法，由于农民专业合作社类似于企业的形式，因此此处仍然综述企业的可持续成长和发展动因。事实上，对于企业的可持续成长和发展，目前已经有很多学者从不同角度提出了各自的观点。例如，以迈克尔波特将企业竞争优势和成长归结于企业的市场力量与产业拓展，认为"决定企业赢利能力首要的和根本的因素是产业吸引力"，产业吸引力由五种竞争力量（在位竞争者、潜在竞争者、替代品、供应商和购买者）的相互作用所形成的产业结构决定，即产业分析理论④；Penrose以单个企业为研究对象，以"不折不扣的理

---

① 白桂清：《我国家族制企业产权制度创新研究》，硕士学位论文，东北师范大学，2009年。

② 周勇：《加强企业文化建设 促进企业可持续发展》，《农村经济》2004年第2期。

③ 刘爱敏：《中小企业财务管理的问题及对策》，《中国集体经济》2011年第19期。

④ ［美］M.波特：《竞争优势》，华夏出版社1998年版。

论"来分析企业成长过程，研究了决定企业成长的因素和企业成长机制，建立了一个企业资源——企业能力——企业成长的分析框架，即内生成长论。① 此外，还有其他诸多理论，都从不同的角度来分析企业可持续发展的动因。② 总体而言，不管是组织还是企业，都必须首先明确自身的基本形式，才能够准确地借鉴相关的理论来分析其可持续发展的动因。

（二）组织可持续发展的机理

由于组织可持续发展的动因并不明细，所以组织可持续发展的机理也不甚明了，同样，不同学者根据组织可持续发展的动因，从不同的角度分析了组织可持续发展的机理。例如，陈耀和汤学俊将企业可持续成长能力分解为产业力、制度力、技术力以及市场权力，并通过企业"能力层级"结构阐明了组织学习、可持续成长能力和持久竞争优势的内在关系，进而通过"多层灯笼"模型揭示了规范、能力和战略3个学习回路之间的逻辑演进关系和各学习回路内部要素之间的交互作用，并认为它们共同推动了企业可持续成长能力的形成和提升。③ 庄亚明等运用现代生态学理论，分析关系企业成长的内源性因素，提出关键种因子、优势种因子和冗余种因子是企业成长能力的内在生态载体，它们的生态属性、生态结构、生态关系和形成机理构成了企业的内生能力。在此基础上，建立企业的内生能力模型。最后，以我国高技术企业2001—2005年的运行与发展情况为例，对企业的内生能力模型进行实证，形成促进中国企业可持续成长的策略。④ 吴中超和杜金沛则从企业持续竞争力的研究视角分析，阐述导致企业可持续成长的动因是企业的持续竞争力，认为企业的持续成长来源于持续的竞争能力，进而提出了企业持续成长机制理论研究框架模型。⑤

（三）组织可持续发展能力的评价

尽管组织可持续发展的动因和机理都没有统一的标准和看法，但对于

---

① Penrose E. *The Theory of the Growth of the Firm*, New York, Free Press, 1959.

② 汤学俊：《企业可持续成长研究》，博士学位论文，南京航空航天大学，2006年。

③ 陈耀、汤学俊：《企业可持续成长及其生成机理》，《管理世界（月刊）》2006年第12期。

④ 庄亚明、李金生、何建敏：《企业成长的内生能力模型与实证研究》，《科研管理》2008年第5期。

⑤ 吴中超、杜金沛：《企业持续成长动因与机理：自持续竞争力观察》，《改革》2011年第7期。

组织而言，最为关注的还是自身可持续发展的能力究竟如何。不少学者分别给出了各自的评价指标体系和评价方法，例如，王晓灵基于企业可持续发展能力框架体系设立了企业可持续发展能力评价指标体系，该指标体系涵盖了空间维度（企业利益相关者的满意度）、时间维度（可持续性及代际公平程度）、要素维度（核心竞争力、持续创新能力、持续学习能力等），并综合运用 AHP 法、功效系数法和模糊综合评价法等对企业可持续发展能力进行评价。[1] 马秋玲构建了一个涵盖经济效益评价、生态效益评价和社会效益评价在内的综合的企业可持续发展能力评价指标体系，并结合陕西某大型国有企业的财务资料和其他有关资料，运用功效系数法为基础综合分析评判法进行了案例分析。[2] 李宇凯构建了一个涵盖三个维度，包括目标层、准则层以及要素层和指标层在内的比较完备的指标体系。其中，目标层即资源型企业可持续成长能力，准则层包括成长现力、成长潜力、成长协调力三个方面，子准则层也即要素层包括资源禀赋状况、经济影响状况、社会成长状况、环境状况、资源潜力等，指标层包括资源储量、资源产量、利润率、营业收入等指标，并运用 AHP 法、模糊综合评价法以及 AHP—模糊综合评价法对资源型企业可持续成长能力进行评价。[3] 总体而言，对于组织可持续发展能力的评价，针对不同类型的组织，评价指标的选择极其重要，只有建立了系统而较为完整的指标体系，才能够较为合理地对组织的可持续发展能力进行综合评价。

① 王晓灵：《企业可持续发展能力识别与评价》，硕士学位论文，青岛大学，2005 年。

② 马秋玲：《企业可持续发展能力评价研究》，硕士学位论文，西安建筑科技大学，2007 年。

③ 李宇凯：《资源型企业可持续成长能力评价研究——以紫金矿业集团股份有限公司为例》，博士学位论文，中国地质大学，2010 年。

第三章

农民专业合作社的发展与变迁

第一节 农民专业合作社的发展状况

《农民专业合作社法》明确了农民专业合作社的法人地位，解决了农民专业合作社在注册登记、组织结构、扶持政策等方面面临的一系列现实问题，而工商、财政、税务、银监等有关部门先后出台和实施一系列政策①，加上中共十七届三中全会决定关于"让农民专业合作社成为引领农民参与国内外市场竞争的现代农业经营组织"的定位，这一系列措施极大地促进了农民专业合作社的快速发展。在法律和政策的促进和激励下，农民专业合作社在全国范围内发展势头强劲，覆盖的范围不断扩大，合作的水平也不断提升，各类农民专业合作社更加注重发展潜力的挖掘，要素的优化配置，规模的扩大，内在质量的提升。

一 农民专业合作社的组织和成员数量

从组织发展看，农民专业合作社的数量和成员数不断增加。农业部农经统计数据显示，截至 2015 年年底，全国依法登记注册的农民专业合作

---

① 2007 年 6 月，国家工商总局颁布了《关于农民专业合作社登记管理的若干意见》和《农民专业合作社登记文书格式规范》，对农民专业合作社的登记管理问题进行了详细规定；2008 年 1 月，财政部发布《农民专业合作社财务会计制度（试行）》，并会同农业部发布关于认真贯彻实施《农民专业合作社财务会计制度（试行）》的通知；2008 年 7 月，财政部和国家税务总局发布了《关于农民专业合作社有关税收政策的通知》，使得合作社得以在增值税、印花税等方面获得减免优惠；2008 年 12 月，财政部和国家税务总局下发了专门的通知文件，对农民专业合作社在农产品初加工方面的所得税优惠得到明确；2009 年 2 月，中国银监会与农业部联合发布关于做好农民专业合作社金融服务工作的意见，使得合作社持续发展所必需的金融与信贷产品获得了支持；2009 年 9 月，为促进林业类农民专业合作社的发展，国家林业局专门出台了意见。

社已经达到 1137632 个，其中被农业主管部门认定为示范社的数量为 106547 个，占总数的 9.37%。截至 2015 年年底，加入农民专业合作社的成员数达到 55929525 个，社均成员数为 49.16 人，其中普通农户数为 49143994 户，占成员总数的 87.88%；专业大户及家庭农场成员数为 1804509 个，占成员总数的 3.23%；企业成员 306527 个，占成员总数的 0.55%；其他团体成员 233798 个，占成员总数的 0.42%。此外，农民专业合作社还带动非成员农户 65422243 户。由此可见，农民专业合作社已经成为重要的市场主体。具体如图 3.1 所示。

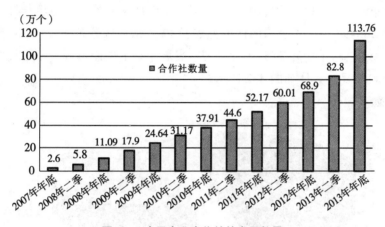

图 3.1　农民专业合作社的发展数量

二　农民专业合作社的地区和产业分布

农业部农经统计数据显示，截至 2015 年年底，农民专业合作社在不同地区的分布情况为：①各个省、市、自治区农民专业合作社在数量上发展不均衡，差异较大。全国有 7 个省份农民专业合作社的数量超过 5 万个，其中，山东省突破 10 万个，数量达到 121326 个，占全国的比重为 10.66%，河南省 84984 个、河北省 82926 个、山西省 72575 个、江苏省 68650 个、安徽省 53401 个、吉林省 52065 个；有 11 个省、市、自治区农民专业合作社的数量在 3 万个至 5 万个，其中内蒙古自治区 49817 个、四川省 47329 个、湖北省 46714 个、甘肃省 43529 个、浙江省 42552 个、黑龙江省 41124 个、辽宁省 36117 个、江西省 33876 个、广东省 30208 个、湖南省 31468 个、陕西省 31263 个；7 个省、市、自治区农民专业合作社的数量在 1 万个至 3 万个，其中云南省 28057 个、

福建省 24817 个、重庆市 21926 个、贵州省 18388 个、广西壮族自治区
17728 个、新疆维吾尔自治区 16683 个、海南省 12404 个；5 个省、市、
自治区农民专业合作社的数量在 1 万个以下，其中青海省 7588 个、天
津市 6694 个、北京市 6044 个、宁夏回族自治区 4187 个、上海市 3192
个。②从东、中、西部来看，2015 年农民专业合作社总数以东部最多，
中部次之，西部最少。总体而言，东部 11 个省、市、自治区农民专业
合作社的数量为 434930 个，占全部的比重为 38.23%，中部 8 个省、
市、自治区农民专业合作社的数量为 416207 个，占全国的比重为
36.59%，西部 11 个省、市、自治区（不含西藏）农民专业合作社的数
量为 286495 个，占全国的比重为 25.18%。从地区分布来看，农民专业
合作社覆盖范围广，但是不同区域在发展水平上层差不齐，不平衡的格
局比较明显。具体如图 3.2 所示。

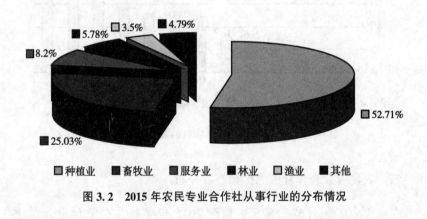

图 3.2　2015 年农民专业合作社从事行业的分布情况

　　从图 3.2 来看，2015 年农民专业合作社所从事行业分布情况是：
（1）从事种植业的农民专业合作社为 599682 个，比重为 52.71%，其中
从事粮食产业的农民专业合作社数量为 213270 个，占种植业的比重为
35.56%；从事蔬菜产业的农民专业合作社为 109764 个，在种植业中的比
重为 18.3%。（2）从事畜牧业的农民专业合作社数量为 284727 个，比重
为 25.03%，其中生猪产业 99048 个，占畜牧业的比重为 34.79%；奶产业
14379 个，占畜牧业的比重为 5.05%；肉牛产业 57807 个，占畜牧业的比
重为 20.3%。（3）从事渔业的农民专业合作社数量为 39872 个，比重为
3.5%。（4）从事服务业的农民专业合作社数量为 93182 个，比重为
8.2%；其中提供农机服务的有 57838 个，占服务业的比重为 62.07%；提

供植保服务的有 11382 个，占服务业的比重为 12.21%；提供土肥服务的有 4102 个，占服务业的比重为 4.4%；提供金融服务的有 937 个，占服务业的比重为 1%。（5）从事林业的农民专业合作社数量为 65707 个，比重为 5.78%。（6）从事其他产业的农民专业合作社数量为 54462 个，比重为 4.79%。总体而言，包含种植业、畜牧业、渔业在内的种养业合计的农民专业合作社在总体中的比重达到了 81.24%，这与种植业、养殖业在农业总产值中的比例是密切相关的。

与此同时，在种养殖业的内部，粮食、蔬菜、水果、生猪几个行业的农民专业合作社相对比较集中。其中的原因，一方面说明这些产业的商品率相对较高，农户面临的市场风险相对较大，对合作的需求相对较强；另一方面也说明了农民专业合作社在种养行业应用和推广起来更为容易被接受。国家对农机专业合作社的大力扶持，使得农机业在服务业里占有比较高的比重。

三　农民专业合作社的领办主体和服务内容

从组建情况看，农民的主体地位在农民专业合作社的发展中得到了有效确认。在绝大多数农民专业合作社里，普通农户成员都居于绝对的主体地位，比重超过 80%。从牵头领办农民专业合作社的主体来看，主要有以下几类情况：第一类是以专业大户、家庭农场主和村组干部等农村能人为主体的农民；第二类是以从事农产品生产、销售以及加工为主体的企业；第三类是以基层农技推广部门、供销社等为主体的事业单位。第四类是其他主体（徐旭初，2005）。农业农经统计数据显示，截至 2015 年年底，全国的农民专业合作社按牵头人身份划分，由农民牵头的农民专业合作社为 1034879 个，占总数的 90.97%，其中村组干部牵头的农民专业合作社有 156127 个，占农民牵头总数的 15.09%；由企业牵头的农民专业合作社数为 29945 个，占总数的 2.63%；由基层农技服务组织牵头的农民专业合作社数为 18601 个，占总数的 1.64%；由其他主体牵头的农民专业合作社数为 54207 个，占总数的 4.76%。由此可见，农民专业合作社呈现出多元主体兴办发展的态势。除了农民主体外，部分企业、事业单位、社会团队也积极投入农民专业合作社的建设中，这也是一个可喜的变化。

在服务成员方面，农民专业合作社提供的服务内容呈现多样化态势，涉及产前、产中、产后的各类领域。农业部农经统计数据显示，2015 年在全国的农民专业合作社提供的服务中，606232 个农民专业合作社提供了产加销一体化服务，占总数的比重为 53.29%；318181 个农民专业合作社以生产服务为主，占总数的比重为 27.97%；41706 个农民专业合作社以购买服务为主，占总数的比重为 3.67%；10838 个农民专业合作社以仓储服务为主，占总数的比重为 0.95%；30349 个农民专业合作社以运销服务为主，占总数的比重为 20.25%；22646 个农民专业合作社以加工服务为主，占总数的比重为 1.99%；107680 个农民专业合作社提供了其他服务，占总数的比重为 9.47%。

四　农民专业合作社的经营和分配情况

农业部农经统计数据显示，2015 年农民专业合作社统一销售农产总值为 75285724.2 万元，社均统一农产品总值为 66.18 万元；统一销售成员产品 80% 以上的农民专业合作社数为 418925 个，占农民专业合作社总数的比重为 36.82%。统一组织购买农业生产投入品总值 25805538.5 万元，社均统一组织购买农业生产投入品总值为 22.68 万元；统一购买比例达到 80% 以上的专业合作社数为 222996 个，占农民专业合作社总数的 19.6%。农民专业合作社累计培训成员数达到 38589205 人次，社均近 34 人次。农民专业合作社的安全生产意识不断增强，越来越多的合作社实施标准化生产，申请无公害产品、绿色食品，乃至有机食品认证，部分合作社注册了商标。截至 2015 年年底，全国实施标准化生产的农民专业合作社数为 76599 个，占农民专业合作社总数的比重为 6.73%；拥有注册商标的农民专业合作社数为 69695 个，占农民专业合作社总数的比重为 6.13%；通过农产品质量认证的农民专业合作社的总数为 36931 个，占农民专业合作社总数的比重为 3.25%；23913 个农民专业合作社创办了加工实体，占农民专业合作社总数的比重为 2.1%。另外，78304 个农民专业合作社采取了土地股份合作方式，占农民专业合作社总数的比重为 6.88%，入股土地面积 35456651 亩，入股成员 4275892 个；64564 个农民专业合作社开展了内部信用合作业务，占农民专业合作社总数的比重为 5.68%，其中涉及合作社成员数 1109909 个，合作社成员入股互助资金 1241553.3 万元，成员使用互助资金总额 804695.7 万元。

农业专业合作社的经营实体功能正在逐步提升，组织结构更加紧密，服务成员的能力在提升，农民加入合作社能够获得更加直接而有效的经济收益。2015 年，农民专业合作社经营收入为 51355927.7 万元，社均经营收入 45.14 万元；农民专业合作社全年上缴国家税金 295137.8 万元，社均上交国家税金 2594.31 元。农民专业合作社盈余总额为 9992319.6 万元，社均盈余总额为 8.78 万；提取公积金、公益金及风险金的合作社数为 192292 个，占合作社总数的比重为 16.9%；农民专业合作社可分配盈余总额为 9070300.1 万元，社均可分配盈余总额为 7.97 万元，其中按交易量返还成员总额 5156873.8 万元（社均 4.53 万元），按股分红总额 2137078.6 万元（社均 1.88 万元）；可分配盈余按交易量返还成员的合作社数为 266194 个，占合作社总数的比重为 23.5%，其中比例在 60% 以上的为 205566 个，占合作社总数的比重为 18.07%。

第二节　农民专业合作社的变迁及其动因

农民专业合作社在过去的 30 多年里不断进行着变迁。在 20 世纪 80 年代初至 90 年代初，农民合作组织刚刚萌发时，其大多是以提供技术和信息服务为主要内容的"专业技术协会"或"研究会"（徐旭初，2005）。总的来看，基于当时农村整体商业化程度偏低，农户生产的产品商品率不高，政府对农村组织的支持和服务措施较少，农民合作组织的数量不多、成员流动性较大、管理比较松散、合作范围较窄。20 世纪 90 年代初至 90 年代后期，随着农产品销售难的问题日益突出，农民对合作的要求日益提高，共同销售农产品成为很多协会经营和服务的重要内容；组织形式较为紧密、活动范围较大的农民专业合作社成为有关涉农主体纷纷尝试的重点。进入 21 世纪后，随着农产品质量安全、农业标准化等问题受到越来越多的关注，市场导向下越来越多的农民专业合作社开始从事紧密型产销活动，甚至延伸到加工流通领域，政府对农民专业合作社的发展也越来越重视。随着《农民专业合作社法》的颁布实施，农民专业合作社步入依法发展的新阶段。法律颁布后相关政策措施的相继出台，为农民专业合作社的快速发展提供了宽松的发展环境和有利的发展条件。在法律和政策的激励下，农民专业合作社发展势头强劲，覆盖范围扩大，合作水平提升。到 2012 年年底，全国有 13 个以上省、自治区、直辖市出台了农民专业合作社地方性法规。浙江、山东、四川等地方政府还制定了鼓励农民专业合作社联合社发展的措施。

上述事实表明，改革开放以来中国农民专业合作社一直处于不断发展的快速变化态势中。因此，考察中国农民专业合作社的变迁，需要从组织的内部以及组织与外部环境的关系中去寻找其在社会变迁意义上的逻辑规定性。那么，造成农民专业合作社变迁的原因究竟是什么呢？借鉴李汉林等（2005）的分析框架①，以下四个主要的原因在很大程度上会造成农民专业合作社的变迁。

一　外部环境的变化与压力

在 20 世纪 80 年代，农民合作的主流形式是农民技术协会，这与当时的外部环境是密切相关的：当时农产品的商品化程度整体而言还不高，农产品销售形势严峻的问题不突出，对于农产品的营销和加工，农民的关注度相对不高，农民相对而言比较看重技术应用和信息服务。在家庭经营保持稳定的前提下，伴随着生产资料和农产品商品化程度的日益提高，农户的生产要素购买和农产品销售的市场卷入程度日益增加，小农与市场的矛盾日益凸显，农户生产的小规模性以及经营的分散性越来越不适应日益深化的市场经济（徐旭初，2005）。进入 20 世纪 90 年代以后，随着农产品的供给不断丰富，部分产品甚至呈现出相对过剩的态势，农产品市场格局开始发生转变，从卖方市场向买方市场转变的特征日益明显，再加上加入 WTO 带来农产品市场的整体开放，小生产与大市场的矛盾更加尖锐化。在这种背景下，以组织农民进入市场、提供农业社会化服务、维护农民合法利益为重任的各种农业和农村经济组织的出现成为制度供给的迫切需要。由此可见，各种农业和农村经济组织制度供给是与外部环境的变化与压力息息相关的。农民对技术的迫切需求促成了 20 世纪 80 年代专业技术协会的大发展；20 世纪 90 年代出现的农产品卖难，很大程度上是促进以提供农产品销售服务为主的农民专业合作社的产生和发展的重要外部环境因素。进入 21 世纪，以从事农

---

① 李汉林、渠敬东、夏传玲、陈华珊：《组织和制度变迁的社会过程——一种拟议的综合分析》，《中国社会科学》2005 年第 1 期。

产品加工和销售一体化服务为主要内容的综合性农民专业合作社在各地兴起，与消费者对食品安全的高度关注和对农产品质量安全标准要求的提高是密切相关的。近年来，农户将土地承包经营权作价出资发展股份合作，与农村土地流转的加速推进密切相关。

二　政府行为的推动

两个主要的原因使得政府会推动农民专业合作社的变迁。首先，政府也是一种特殊的利益主体，它在组织农村经济社会发展的过程中也有着谋求自身利益与自身发展的冲动。一般而言，在农村发展的基础上建立稳定的统治秩序是政府作为特殊利益集团主体的一个根本利益所在。在某种意义上，政府有关部门推动农民专业合作社发展的一个根本目的是为了实现所管辖区域的农村经济发展与社会稳定。因此，当农民专业合作社的变迁能够有利于农村发展与稳定的时候，政府就会运用各种不同的方式来干预和推动农民专业合作社的变迁。其次，在宏观的环境变化与外部的压力不断增大的情况下，政府作为特殊的利益集团主体也会运用各种不同的方式来推动农民专业合作社的变迁。

一般来说，政府主要采取诱致性与强制性两种不同的行为方式来推动农民专业合作社的变迁。一方面，政府通过宣传和摆事实、讲道理的说服方式来劝导农民，从而影响和说服农民自觉地对农民专业合作社实施变迁，通过各种优惠政策进行利益诱导是这种行为方式的主要特征。另一方面，政府也利用自身的行动权威与统治权力，通过颁布一些新的政策、法规以及其他一些行政手段，甚至采取层层下指标的方式，强制性推动农民专业合作社的变迁。在很多情况下，政府都是采取诱致性和强制性相结合的行为方式来推动农民专业合作社的变迁。

透过农民专业合作社的相关政策法规可以发现：第一，宏观政策从20世纪80年代初的承认地位，到90年代的鼓励发展，进而到新世纪的大力支持，态度逐渐明朗化，而且越来越积极；第二，关于农民专业合作社发展的规范，从无到有，最初大都是宏观层面的规定，随后各项具体法规相继建立起来；第三，各级政府在更加重视农民专业合作社的发展的同时，不断加大对农民专业合作社的扶持和支持力度。例如，十六届三中全会通过的决定明确要求"支持农民按照自愿、民主的原则，发展多种形式的农村专业合作组织"。紧接着，十七届三中全会通过的决定从稳定和完善农村基本经营制度的高度，对农民专业合作社的发展进行了定位，并在健全农村土地管理制度、建立现代农村金融制度、健全农村民主管理制度、加快农业科技创新、建立农业社会化服务体系等多方面赋予了农民专业的功能和角色。党的十八大报告进一步提出要求，"发展农民专业合作和股份合作，培育新型经营主体，发展多种形式规模经营，构建集约化、专业化、组织化、社会化相结合的新型农业经营体系"。与此同时，农业、工商、财政、税收、金融等有关部门在贯彻和落实《农民专业合作社法》的进程中相继出台了一系列配套法规政策。从 2004 年以来的中央一号文件每年都会提及农民合作社的发展和支持措施，与此同时，中央和地方财政开始安排专门资金扶持农民专业合作社发展。

三　自身结构的要求

为了执行生产和管理活动，吸纳和维系成员，取得合法性和制度支持，农民专业合作社必要有一套组织原则和结构来调节参与者的行为，从而确保组织目标的实现，并在制度环境中获得认可和接受，这一过程被称之为农民专业合作社的"内适应"。当外部的宏观环境发生变化和外部压力不断增大的时候，农民专业合作社只有调整内部的机构，才能适应环境和自身进一步发展的需要。比如，早期仅限于提供技术和信息服务的专业协会，随着农产品市场环境的变化以及成员对增加销售收入的压力的增大，不得不走向更加紧密的农民专业合作社模式。

进入 20 世纪 90 年代以来，一方面，随着中国市场经济进程的推进和深入，农业产业化经营朝向深入发展，终端消费者需要也多样化，农业科技进步发展迅速，农产品买方市场的特征明显，农民专业合作社在形成之初就面临农业（食品）产业纵向一体化发展的挑战；另一方面，由于农民的分化严重，农民专业合作社从一开始就是典型的异质性成员间的合作，不同参与主体在资源禀赋、参与目的和主要角色等方面差异显著。在纵向协调成为农业发展中的主要产业形态和内部成员具有高度异质性的条件下，农民专业合作社要想在市场上取得生存和发展的空间，单纯依靠传统的"生产导向性"战略已经很难有多少生存的空间了，而必须考虑如何有效地采用"市场导向性"战略，适应农业产业纵向一体化的需求。在经营战略具有市场导向性条件下，为了有效集聚各类生产要素和提升市场竞争力，农民专业合作社在内部制度安排也时刻面临着变迁的压力：在产权结构上日益趋向采用资本化方式；在实际的控制权上日益趋向由少数拥有一定资源和较多出资额的核心成员掌握；在利益分配机制上按股分红的态势日益突出。

四　成员承诺的程度

作为若干个体为一定目标（生产和服务）按照一定的原则（结构）形成的"联盟"组织，成员对组织的认同和忠诚对于农民专业合作社的形成和持续运营具有重要意义。在"市场失灵"的条件下，由于农民专业合作社能够帮助农户降低交易费用、实现规模经济以及外部性内部化，这些"外部利润"或"公共物品"收益是其产生和存在的经济合理性所在。但"市场失灵"和潜在的合作收益只是农民专业合作社成立的必要条件，缺少成员承诺这一成员愿意向合作社出资以及愿意与合作社做交易的偏好，农民专业合作社是很难形成的，因为"搭便车"问题足可以抵消合作的潜在收益。在农民专业合作社的形成和发展过程中，尽管不同成员有不同的现实利益考虑，但是他们能够认同合作的生产和经营方式并自愿提供各种生产要素，这表明多数成员在情感上是"想要"、在行动上是"需要"合作社的。特别是在社会变迁的情景中，承诺这一概念所要考察的是农民专业合作社自身结晶化的过程，这样的制度并不是先前设定的，而是团结的结果。

总体而言，上述四个方面的原因都会在不同程度上从各种不同的角度作用于和影响到农民专业合作社的发展和变迁。首先，农民专业合作社变迁的第一推动力是谋求自身利益最大化，其作用与影响巨大。从这个角度来看，农民专业合作社的各个参与主体从不同的角度追求利益最大化的驱动在很大程度上会影响和推进农民专业合作社的变迁。其次，从与环境互动的角度来看，为了更好地生存，农民专业合作社需要作相应的结构调整以适应环境的要求与变化；从农民专业合作社内部来看，其成员的主观感受也会影响组织的变化。总之，没有上述这些原因的存在，农民专业合作社的变迁很可能就不会具有强烈的外部推动和较高的内在积极性。这样一个相互作用的过程，可以用图3.3来表述。

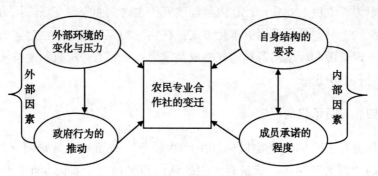

图 3.3　农民专业合作社变迁的动因

第四章

农民专业合作社的形成逻辑、边界与本质

《农民专业合作社法》颁布和实施以后，一方面，在多种力量的共同作用下，全国各地农民专业合作社发展势头强劲，数量井喷式增长，类型丰富多样。在组织类型上，除了以农产品生产、加工和销售为主的农民专业合作社以外，全国各地还出现了丰富多样的其他类型合作社，例如，农机合作社、乡村旅游合作社、手工业合作社、资金互助合作社、土地股份合作社等。另一方面，在农民专业合作社快速发展以及各种不同形态合作社纷纷涌现的过程中，农民专业合作社呈现出目标价值多元化、制度安排异质化态势，绩效也良莠难辨。当各种利益相关者广泛参与时，呈现在人们面前的是一片莽莽的"合作社丛林"。[1]对此，有学者指出，农民专业合作社发展存在"泛化"和"变异"："泛化"体现在各类农民组织均被视为（或登记为）农民专业合作社;[2]"变异"体现在由利用者组成的组织、"所有者—利用者"同一的成员共同体，走向"所有者—业务相关者"同一、相关利益群体共同组成的联盟。[3]也有学者认为，当农民专业合作社成为一种完成政治考核任务和彰显政绩的工具、一种套取财政扶持和税收优惠乃至权力寻租的手段，一种彰显身份和地位的时髦时，"理想型"合作社比较少见，[4]按照法律制度规定的条款运作的合作社不常见，各种所谓"假合作社""空壳合作社""翻牌合作社"等"不合意合作

---

① 徐旭初：《农民专业合作社发展辨析：一个基于国内文献的讨论》，《中国农村观察》2012 年第 5 期。

② 马彦丽：《论中国农民专业合作社的识别和判定》，《中国农村观察》2013 年第 3 期。

③ 苑鹏：《中国特色的农民合作社制度的变异现象研究》，《中国农村观察》2013 年第 3 期。

④ 徐旭初：《农民专业合作社发展辨析：一个基于国内文献的讨论》，《中国农村观察》2012 年第 5 期。

社"则不少见。①

针对上述种种现象，国内理论界和实践界对农民专业合作社的质性规定和边界的关注和讨论再次活跃起来，如果绝大多数农民专业合作社存在实际运行与法律法规的要求不相符的问题，农民专业合作社何去何从似乎到了一个新的十字路口。有鉴于此，我们尝试从利益相关者集体选择视角构建一个分析架构，对农民专业合作社的形成逻辑、农民专业合作社的边界以及农民专业合作社的本质（即究竟什么是使合作社有别于其他组织形式）展开分析和讨论。

第一节　制度背景与理论框架

一　农民专业合作社利益相关者的界定

农民专业合作社的形成是嵌入一个具体的有限的社会网络，合作社生产经营过程和结果包含多个有直接利害关系的个人、群体和组织。因此，如何识别和界定农民合作社的利益相关者，并不是一个简单的问题。利益相关者概念最早是由斯坦福研究院于1963年提出的，后来不断得到发展。按照弗里曼的观点，利益相关者主要是能够影响到一个组织的目标实现，抑或是受到一个组织实现其目标过程影响的所有个体和群体。② 从对利益相关者界定进行早期探索的20世纪60年代以来，有许多中外学者是从不同的角度对利益相关者进行了界定和分类。关于利益相关者的界定，总体来看可谓形式多样，但是，没有一个定义在利益相关者理论中得到普遍的赞同。有一个趋势值得关注的是，与组织存在一定程度的关系并且在组织之中拥有一定的专用性投资的人，被纳入利益相关者界定范围的倾向越来越明显，至于这些专用性投资，可能是诸如货币资本之类的物质资本的投资，也可能表现为人力资本的投资，乃至是社会资本的投入，正是通过这些专用性投资，他们才会与组织存在或紧密、或松散的联系，而且投资专

---

① 潘劲：《中国农民专业合作社——数据背后的解读》，《中国农村观察》2011年第6期。

② Freeman, R. E.: *Strategic Management: A Stakeholder Approach*, Boston, MA: Pitman, 1984.

用性的大小还会进一步影响到其与组织的紧密程度。①

中国农民专业合作社的发展既源起于农业产业特性之必然，更深深地嵌入在中国社会经济结构的多重现实约束中。②改革开放40年来，中国农村社会经济结构的变化有三点比较突出：一是农民已经严重分化。不同农户之间不仅经济实力、风险偏好、社会网络差异明显；而且涉足农业产业链的环节不尽相同，例如，有的涉足农资供应、有的涉足农产品销售、有的涉足农产品加工；此外，即便同样从事农业生产，不同农户在生产规模、技术水平、经营能力等方面存在较大差别。二是村社功能转变。取消农业税以后，由于制度性的赋权，尽管村社在农村的地位没有发生根本性的变化，但是村社已不再协助乡镇收取农业税费，也几乎不再有从村庄内获取资源的可能。除了承担各种自上而下布置的行政任务，诸如社会治安、计划生育等，争取各项惠农政策日益成为村社的主要任务。能否获得更多惠农政策和资源，帮助农民发展致富，对于村社的运转以及村社领导权威的树立和地位的巩固至关重要。三是发展型政府影响较大。中国正处在转型时期，政府掌握大量资源，各级政府部门在农村经济社会发展中仍旧发挥着重要作用。不同层级的政府部门在农村经济发展的经营环境和生产要素获取（如土地、资金/信贷等）等方面影响较大；不同政府部门具有不同的政策目标并且相互交织；政府官员甚至会直接或间接地干预农村经济发展。近年来，创新农业经营体制、健全农业社会化服务体系、完善农村商品流通体系、推进农业产业化、促进农民增收致富、建设新农村等日益成为各级政府关注的重要问题，也是其分配资源的重点领域。很显然，在构成中国农民专业合作社成长和发展的土壤环境中，上述这些环境因素是不可或缺的重要内容，它们也必然会影响农民专业合作社利益相关者的辨识和界定。

对于什么是农民专业合作社，《农民专业合作社法》做了明确的界定③。由此可见，法律在强调具有相同市场地位、从事相同生产经营活动

---

① 陈宏辉：《企业的利益相关者理论与实证研究》，博士学位论文，浙江大学，2003年。

② 徐旭初：《农民专业合作社发展辨析：一个基于国内文献的讨论》，《中国农村观察》2012年第5期。

③ 《中华人民共和国农民专业合作社法》第二条，农民专业合作社是在农村家庭承包经营基础上，同类农产品的生产经营者或者同类农业生产经营服务的提供者、利用者，自愿联合、民主管理的互助性经济组织。

的同业生产者的联合的基础上，允许那些处在同一农产品产业链条上具有上游、下游业务关联的相关利益群体共同联合组成合作社。[①] 立足中国特有的实际情况，根据法律的有关精神，可以从投资专用性和业务关联性两个角度来对农民专业合作社的利益相关者进行界定。基于此，具备以下两个条件的个体和群体可以被视为农民专业合作社的利益相关者：（1）在农民专业合作社中拥有一定的专用性投资，并且实际承担了一定的风险的使用者；（2）其活动能够影响该组织目标的实现，或者受到该组织实现其目标过程的影响。具体如图 4.1 所示。

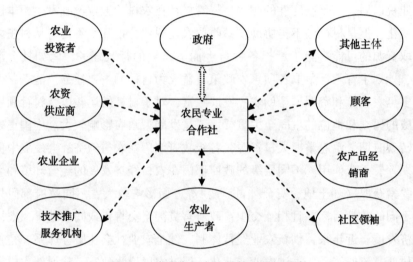

图 4.1　农民专业合作社的利益相关者

　　基于上述分析，各类有关主体都可以选择是否参与到一家农民专业合作社的契约签订并成为合作社的所有者，其目的在于获得收益增长。在图 4.1 中，环绕在农民专业合作社周围的主体都是其重要的利益相关者。政府利益相关者用特殊箭头描述，表明当前政府对农民专业合作社形成的特殊影响，一般而言，对于农民专业合作社的形成和发展，政府的财政、税收、金融等方面的政策规定和资金投入至关重要；在图 4.1 中，农民专业合作社与其利益相关者之间的关系用双箭头描述，表明他们之间的关系和影响是双向的；双箭头用虚线，表明各利益相关者的选择带有一定的不确

---

　　① 苑鹏：《中国特色的农民合作社制度的变异现象研究》，《中国农村观察》2013 年第 3 期。

定性，或者参与合作社契约签订成为合作社的成员，或者放弃成为成员而仅与合作社保持交换关系；农民专业合作社的目标就是为利益相关者服务或创造价值，满足利益相关者的利益要求。值得注意的是，每个具体的农民专业合作社的利益相关者组成是不相同的，而且随着参与者的变动呈现动态变化态势。

二　农民专业合作社利益相关者的集体选择

作为独立的行动主体，农民专业合作社的利益相关者具有不同的资源能力、利益追求、价值取向和行为偏好，并追求个体利益增长。从集体选择的角度而言农民专业合作社的有关参与主体首先要面临的集体选择就是是否成为合作社的核心利益相关者。一般而言，农民专业合作社作为一个组织的创建，是需要突破一些约束的，例如，技术约束、融资约束、交易成本约束、政策约束等，[①] 也就是说，农民专业合作社的创建需要承担一定的专用性投资并承担一定风险。因此，即使有关个体和群体知道成立合作社的好处，也有可能选择"不合作"的策略。借鉴 Clarkson（1995）关于企业自愿的利益相关者（voluntary stakeholders）和首要利益相关者（primary stakeholders）的界定、Mitchell 和 Wood（1997）关于企业确定型利益相关者（definitive stakeholders）的界定、陈宏辉（2004）和邓汉惠（2008）关于企业核心利益相关者的界定，将农民专业合作社的核心利益相关者界定为：在农民专业合作社中进行了较高专用性投资，直接参与合作社经营活动并承担了较高风险的参与者，其活动直接影响合作社目标的实现，合作社没有他们将无法生存与发展。在目前的中国农民专业合作社实践中，核心利益相关者至少应该包括合作社的出资者社员、管理者社员和生产者社员三类利益相关者。根据潘劲的观点[②]，持有股份多少是进一步衡量核心利益相关者与合作社间影响关系强弱的重要依据（除了货币出资形成股份外，土地承包经营权、技术等要素也可以作价出资形成股份）。值得注意的是，在农民专业合作社中，出资者社员、管理者社员和生产者社员的身份可能重合，例如，农民专业合作社的出资者社员可能同时是管理者社员，乃至是持股的普通生产者社员，但是，这并不影响对核

---

① 邓宏图、崔宝敏：《制度变迁中土地产权的性质与合约选择：一个有关合作经济的案例分析》，《管理世界》2008 年第 6 期。

② 潘劲：《中国农民专业合作社——数据背后的解读》，《中国农村观察》2011 年第 6 期。

心利益相关者的分析和讨论。

在是否成为农民专业合作社的核心利益相关者这一集体选择中，作为潜在的参与者，所有可能的利益相关者都面临着一个重要选择，即是否参与合作社契约的签订，并成为合作社的核心利益相关者。也可以不参与合作社契约的签订，或者待合作社成立后根据情况决定是否成为核心利益相关者，或者与合作社保持交易关系，或者与合作社保持影响关系（按照《农民专业合作社法》的规定，政府有关部门是不能成为农民合作社成员的，因此，政府跟农民合作社的关系一般只能是影响关系）。如果利益相关者选择独自或与其他利益相关者联合签订合作社契约，即意味着他们具有了共同的目标和利益追求，成为合作社的核心利益相关者并有权控制合作社的运作，合作社章程成为他们需要遵守的共同准则，他们的惠顾行为连同其出资在合作社内部也自愿接受合作社契约的约束和支配。而那些选择放弃参与合作社契约签订的利益相关者，则不能成为合作社的核心利益相关者，其与合作社拥有平等的市场地位，他们不受合作社契约的约束和支配，只能通过交换（经济交换或社会交换）实现其收益增加。

农民专业合作社契约不仅仅要界定合作社的核心利益相关者，还应该明确合作社的治理结构，即剩余控制权和剩余索取权在核心利益相关者之间如何分配。因此，仅仅完成哪些主体成为合作社的核心利益相关者的集体选择还不能宣告农民专业合作社的成立，必须再经过核心利益相关者的集体选择，从而共同决定治理结构。经过两次集体选择的确定才意味着真正意义上的合作的成立。图4.2显示了农民专业合作社利益相关者的两次集体选择行为。

农民专业合作社的形成是利益相关者两次集体选择的结果，只有两次集体选择都达到均衡状态，农民专业合作社才能形成并作为一个独立的市场主体存在。若不存在利益相关者两次集体选择的均衡状态，也就是利益相关者的"激励相容"，则就不会有利益相关者选择签订合作社契约，也就没有农民专业合作社的产生。就实际的均衡状态而言，一般农业生产者囿于自身的风险偏好和资本实力，他们一般对合作社不会进行较多的物质资本投入（难以成为大股东），加上创业精神、技术、经营管理才能、捕捉市场机会以及外部的社会资本网络资源的能力不足，他们一般难以成为合作社的管理者，也不奢望拥有较多剩余控制权，而较为关注的是获得一定的剩余索取权（实现利益增长）。而大户农业生产者、农业投资者、农业企业、农产品销售商、农资供应商、社区领袖、供销社、技术推广服务机构等利益相关者出于自身的经济社会乃至政治利益考量，一般会倾向于对农民专业合作社进行较多的专用性资产投入（物质资本、社会资本）并承担较多的风险。他们通过主持农民专业合作社契约的签订（发起筹办、制定章程、选举理监事会成员等），更容易成为合作社的管理者，在合作社内部治理中发挥主导作用，对其他利益相关者拥有一定权威。上述集体选择是实践中，很多农民专业合作社的现实逻辑，也是利益相关者选择的某种均衡状态。

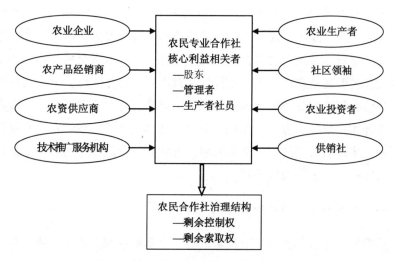

图 4.2　农民专业合作社利益相关者的两次集体选择

三　农民专业合作社的所有权边界与经营边界

上述讨论表明，农民专业合作社的形成是利益相关者两次集体选择的结果：第一次集体选择的参与者是所有可能的利益相关者，其结果决定了农民专业合作社的核心利益相关者；第二次集体选择的参与者是农民专业合作社的核心利益相关者，其结果很大程度上决定了农民专业合作社的契约选择，其核心内容是剩余控制权和剩余索取权如何在核心利益相关者之间分配。农民专业合作社的所有权边界是由两次集体选择共同决定的。由此可见，农民合作社的所有权边界明确了组织设立的意图或目标，确定了组织归属，赋予了组织初始的资源和能力。由于合作社利益相关者每一次集体选择要达到均衡均需满足"激励相容"的要求，因此，每一个农民专业合作社的所有权边界都不是一成不变的。农民专业合作社利益相关者偏好的改变，内外部环境的变化等都将会对利益相关者的选择产生影响，并意味着均衡状态被打破。

农民专业合作社要实现其目标，必须以利益相关者贡献的资源和能力为条件开展经营活动，也就是为合作社的利益相关者服务和创造价值。为了实现组织目标，农民专业合作社需要与各类主体进行交易，不仅会与核心利益相关者签订资本、产品或服务等相关的交易契约；而且还会与那些非核心利益相关者在各类市场（包括农资市场、产品市场、劳动力市场等）上签订交易契约，例如，合作社收购并销售非社员的产品，进行增资扩股后延伸产业链，履行一项交易契约的过程也就是合作社完成一项经营活动的过程，其经营边界会不断发生变化。各种不同交易契约的边界事实很大程度上就是农民专业合作社的经营边界。与此同时，由于农民专业合作社核心利益相关者的构成不同，其拥有的资源和能力也必然会影响农民专业合作社的经营边界，例如，有农产品加工企业参与的农民专业合作社可能更多涉足农产品加工增值领域，有农资供应商参与的农民专业合作社更可能在农资采购领域拓展。

四 农民专业合作社的本质

从农民专业合作社的形成逻辑来看，众多利益相关者都与农民专业合作社签订了契约。例如，股东与合作社有明确的投资契约，生产者社员一般与合作社签订有产品惠顾契约，农产品经销商、社区领袖、农资供应商等利益相关者如果不是合作社的核心利益相关者，其与合作社之间所存在的契约大多是隐性的。由此可见，"不完全契约"是理解农民专业合作社本质的关键点，其中关键问题又体现为：（1）在合作社中签订契约的主体包括哪些；（2）合作社中的契约如何执行。从实际来看，在农民专业合作社中，出资者社员毫无疑问承担了剩余风险，生产者社员、债权人等也可能承担了一定剩余风险。鉴于此，只要使用者个体和群体在合作社中进行了一定的专用性投资，并且承担了一定的风险，都应该被纳入契约主体的范畴，为这些主体服务和创造价值是合作社存在的价值和目标。为此，合作社中契约的执行依赖于一种协商机制，而且这种机制需要在所有的利益相关者之间达成共识。这主要体现为合作社以集体选择的自治章程为基础，通过社员大会、理事会、监事会形成的组织体系，以民主控制为主要决策方式的基本原则，这是与投资者所有企业明显不同的协商机制。在具体协商的过程中，有时候部分核心利益相关者的声音可以大一些，有时候其他利益相关者的声音可以大一些。基于利益相关者集体选择视角，可以将农民专业合作社的本质做如下界定：农民专业合作社是不同利益相关者之间相互关系的联结，主要通过民主协商方式执行各种契约、规范利益相关者的责任和义务，将剩余控制权与剩余索取权在核心利益相关者之间进行有效配置，进而为所有利益相关者服务和创造价值。

第二节　农民专业合作社的分析架构

一　分析架构及方法简介

对于中国的农民专业合作社而言，其发展的环境复杂程度和形成逻辑有其复杂性，例如，产业链上不同主体同时作为合作社的核心利益相关者共存就是欧美国家农民专业合作社发展初期鲜见的例子，这是环境条件、组织条件和绩效之间形成了某种特定组合而出现的。要解释这样的现象需要从单一变量变成集聚图景。这就是需要采用架构方法（configuration approach）来处理此类问题。架构是指在个体中影响因素的组合形成了一致的模式或构想，是重要属性紧密相关和相互增强的多维实体，是组织属性产生系统化集聚的结果。[①] 架构方法采用系统和全面观点来看待组织，将组织看成一组相互联系的结构和实践。[②] 在架构理论看来，在每种环境中成功的方法不止一种，[③] 两种或者更多组织架构在追求成功过程中可能具有相同效用，也就是说各种方式"殊途同归"。架构本质上是一个相互依

---

① Meyer, A.D., Tsui, A.S., and Hinings, C.R."Configurational approaches to organizational analysis", The Academy of Management Journal, Vol. 36, No. 6, 1993.

② Delery, J. E. and Doty, D. H. "Modes of theorizing in strategic human resource management: tests of universalistic, contingency, and configurational performance predictions", Academy of Management Journal, Vol. 39, No. 4, 1996.

③ Hill, S. A.and Birkinshaw, J. "Strategy-organization configurations in corporate venture units: impact on performance and survival", Journal of Business Venturing, Vol. 23, No. 4, 2008.

赖的复杂系统,① 而其外在表现就是分类。从中国农民专业合作社的形成逻辑来看，由于利益相关者众多、利益相关者两次集体选择多样化、所有权边界和经营边界的多元化和动态化，呈现在人们面前的必然是一片莽莽的"合作社丛林"。为了更好地对农民专业合作社进行分类，可以采用类型学（typology）方法进行分析。②

二　农民专业合作社的分类考察

考虑到案例的代表性（典型性）和研究资料的可获得性，选取了 6 个农民专业合作社作为分析对象，其目的是展示农民专业合作社的多样性，并从中探寻一些分类的特征。案例资料主要来源于农民专业合作社的各类总结材料，笔者对合作社理事长及成员的第一手访谈资料（实地访谈和电话访谈），合作社的协议文本、章程、制度等档案资料，多渠道得到的数据通过三角验证的方法进行比对和补充，以确保数据的完整性和可信性。

（一）"社区—农业生产者"型合作社

1. 核心利益相关者及所有权主体边界

2003 年 9 月，重庆市涪陵区睦和村在村两委的倡导和组织下组建了果品协会，2006 年 9 月组建了涪陵区睦和龙果品专业合作社，2007 年 10 月该合作社正式在工商部门登记注册。全村村民既是协会的会员，又是合作社的社员。该合作社的定位为服务，成员只有象征性出资，其经营成本通过争取各类项目扶持进行补偿，不足部分由村集体承担。合作社在村两委的运作下获得了不少政府财政资金支持，例如，2007 年合作社被评为重庆市市级示范社获得资金 2 万元，2008 年合作社被评为区级示范社获得资金 2 万元，2009 年合作社获得中央财政支持农民合作经济组织专项资金项目资金 15 万元，2010 年协会被评为全国科普惠农新村先进集体获得资金 15 万元，2011 年合作社获得重庆市供销合作社股份合作社试点项目资金 3 万元，2012 年获得区商业委员会品牌建设项目资金 10 万元。

---

① Miller, D. "The architecture of simplicity", The Academy of Management Review, Vol. 18, No. 1, 1993.

② 任剑涛，刘云东：《欧洲宪政的扩展意义：发生学与类型学的审视》，《学海》2013 年第 2 期。

2. 治理结构及所有权行为边界

从合法性、影响力还是资源动员能力而言，村两委作为正式组织始终是村内最高权威的掌控者、最广泛利益的代言人。由村支两委员牵头创办合作社自然顺理成章，也最具有可行性。合作社依法制定了《章程》和民主管理制度，建立了社员代表大会、理事会、监事会等组织机构，全体社员推选了50位社员组成社员代表大会，民主选举睦和村党委书记为理事长、村主任为副理事长，村党委和村民委员会其他成员被推选为理事或监事。村两委、农民专业合作社三方通过党、政、经组织"三合一"构成的统一、协商、合作机制，合作社的决策机制跟村民委员会的决策机制基本相似。在合作社的服务下，社员的产品一般都是在村里就地鲜销（现场采摘销售的价格一般都高于市场上的销售价格），顾客直接和社员进行结算。除了社员自销以外，合作社也对外统一组织销售，例如，单位统一采购，对统一销售部分产生的盈余按照社员的交易量实行"二次返利"。

3. 交易契约及经营边界

该合作社的主要经营活动就是服务成员。合作社不干涉社员的具体生产决策，主要提供统一栽培技术，统一物资采购，统一产品销售的"三统一"服务。统一技术服务——先后选派25个村民参加有关部门组织的果树栽培及果园管理技术培训，培养合作社土生土长的技术员。合作社根据果树生长季节适时举办技术培训班，现场培训果树管理技术，印发技术资料，村广播站宣传等方式，为村民提供技术指导和服务。统一农资供应——合作社根据社员的要求，统一组织供应化肥、农药等果树专用生产资料，解决社员一家一户购买成本高、品种杂、质量无保证的问题。统一产品销售——通过举办"龙眼文化节"和农产品宣传推介活动，吸引媒体宣传报道、果商洽谈合作、市民品果赏景，解决产品销售问题。合作社申请注册了商标，印制了精装礼品盒，帮助社员销售产品。此外，积极联络超市、批发市场签订订单。在合作社水果销售的带动下，乡村旅游开始发展起来，有10户社员办起了农家乐经营餐饮业。另外，由于合作社服务健全，有110户社员将果园委托给其他社员管理，安心外出务工。

（二）"农产品经销商—农业生产者"型合作社

1. 核心利益相关者及所有权主体边界

万州区小岩无公害蔬菜专业合作社成立于2008年1月，由蔬菜经销商冉某牵头创办，成立时有社员 22 户，全部以现金出资，每户 4000 元，登记注册出资总额 8.8 万元。2009 年 1 月，在当地农经站的辅导和支持下，该合作社开展了土地入股试点，扩大社员规模和出资额。截至 2013 年 6 月底，成员发展到 388 户，其中蔬菜经销商 1 人、蔬菜种植户 387 户。在出资方面，根据当地近五年蔬菜种植收益测算，家庭承包土地经营权三年的收益评估作价为 1050 元/亩，2200 亩土地的作价出资总额为 231 万元；以地入股成员按照入股面积每亩配套缴纳 200 元现金出资，出资总额为 44 万元；合作社的理监事会成员以现金形式出资 76 万元；118 户成员在合作社既没有以现金出资，也没有以地入股作价出资。

2. 治理结构及所有权行为边界

在决策结构上，合作社的理事会成员 5 人，理事长为蔬菜经销商冉某，其他 4 人均是当地蔬菜种植大户；理监事会成员 3 人，都是蔬菜种植大户。重大决策坚持民主管理，从章程的制定、理监事会的选举、制度的订立、重大事项的决策尽可能尊重成员的意愿，坚持实行"一人一票"制度。在收益分配上，合作社事先都与以地入股成员签订了协议，对双方的权利、义务进行了约定。合作社实行以地入股统一经营部分的收益主要采取"基本收益+二次返利"的办法进行分配。按照协议约定，每亩每年田不低于 500 元、地不低于 300 元作为基本收益分配给入社成员，每年分两次兑现。对于扣除基本收益支付以后的以地入股统一经营部分的盈余，先提取 10% 的风险金，然后按照成员的股份份额进行分配，每年结算。对没有实行以地入股统一经营的部分，销售收入扣除成本后的剩余视为可分配盈余，按照交易量返还给成员，每周结算。

3. 交易契约及经营边界

合作社的蔬菜种植规模为 5700 亩，统一经营面积 3700 亩，成员分户生产面积 2000 亩。合作社对生产经营采取了在规划品种、采购生产资料、生产技术标准、机械化耕作、组织施肥和施药、包装和申请产品质量安全认证、组织产品销售七个环节统一管理的模式，实行集约经营。对成员因土地不成片，没有实行统一经营种植的蔬菜，由成员分户生产，合作社采取优惠的价格统一组织销售，分户结算。值得注意的是，该合作社的经营边界一直处于变动状态。2010 年，在政府有关部门的推动下，该合作社出资入股加入了所在区的农产品销售合作社联合体（联合社），该联合社联合了区内 27 个产业的 49 家农民专业合作社，共同开展"农超、农社、农校、农企"等方面对接工作，2013 年上半年，联合社在所在区开设了农民专业合作社农产品直销中心。此外，该合作社还积极向销售终端渗透。2011 年，在政府有关部门的支持下开展了"农社对接"试点项目，该合作社与当地超市建立稳定的销售合同关系；2012 年，在政府"农社对接"试点项目的支持下，该社投资 68 万元，在城市社区采取转让和租赁等方式开设 10 个直销店，进行统一风格设计和装修，配置冷柜、货柜、展台等基础设备，安装了电脑收银系统、产品条码管理系统、卖场数字监控系统，配置封闭式货车 2 台、冷链车 1 台等，直销店开业后每天营业额达 1.5 万元以上。

（三）"农业企业—农业生产者"型合作社

1. 核心利益相关者及所有权主体边界

重庆南天门杨梅加工专业合作社成立于 2008 年 11 月，在区农经站和镇经发办指导下，由两家农业企业牵头组建，现有入社成员 1008 户，其中企业成员 2 户（W 公司和 P 公司），农业生产者成员 1006 户。该合作社出资总额为 157.2 万元（共 2725.58 股），其中 1006 户农业生产者以1008.58 亩土地承包经营权入股，土地每亩折价出资 740 元，占合作社出资总额的 37%；W 公司以树苗、技术和商标部分使用权作价出资，每亩作价出资 560 元，出资占合作社出资总额的 28%；P 公司以现金出资，每亩出资 700 元，占合作社出资总额的 35%。股权在剩余承包期内可以继承，经批准后可转让。

2. 治理结构及所有权行为边界

合作社成立后，民主选举产生了社员代表 30 名，理事会 5 名和执行监事 1 名，理事长由 W 公司的企业法人代表担任，理监事会其他 4 名成员由 P 公司的代表和其他大户生产者担任。合作社订立了章程，建立健全了社员大会制度、理监事会工作制度、社员管理制度、财务管理制度、民主管理制度、生产销售制度、教育培训制度、利润分配制度等，做到制度公开透明，管理规范到位。由于种植杨梅前五年都是投入期，合作社积极争取各类资源投入果园建设，如有退耕还林补贴或其他政策性补贴则从其中支出，如未争取到补贴则由合作社先垫支并进入生产成本，其他费用由企业承担。入社农户可以在杨梅树下套种经济作物，收益归农户所有。合作社种植杨梅第六年起，首先对成员入股的土地按每年每亩 550 斤玉米（当年市场价）支付给农户，并计入合作社经营成本；扣除各类成本后的可分配盈余按成员的股份分配；若合作社经营出现亏损则按出资入股的比例共同承担。

3. 交易契约及经营边界

合作社实行统一供应种苗、统一生产标准、统一技术培训、统一加工、统一包装、统一销售的经营模式。杨梅种植前五年，由合作社入社农户按统一规划负责果树的栽种和日常管护，合作社统一除草、施肥、治虫等。农户在不影响果树生长的情况下，可以种植矮秆经济作物，合作社积极帮助农户引进技术、品种，联系经纪人收购。合作社杨梅投产后，举办杨梅节发展观光采摘，就地鲜销。2012 年开始，杨梅已经开始投产，合作社一方面鲜销杨梅；另一方面采取委托加工的方式加工杨梅干红，延长产业链。2013 年，合作社开始筹划创办自己的加工实体，生产杨梅泡酒、杨梅干红和杨梅干果系列，延伸产业链，为社员创造更多价值。

（四）"农业投资者—农业生产者"型合作社

1. 核心利益相关者及所有权主体边界

重庆畔园猕猴桃股份合作社于 2012 年 9 月正式在工商部门登记注册，现有入社社员 112 人，辐射带动周边农户 50 余人长期或短期务工。在社员中，农业投资者（非农民）7 人，现金出资 200 万元；技术人员 1 人，技术作价出资 20 万元；以地入股农户 35 户，入股土地 184.5 亩，作价出资 14 万元，其中水田 149.8 亩，每亩按 600 斤黄谷 2012 年的市价（1.35元/斤）折算，旱地 34.7 亩，每亩按 400 斤黄谷 2012 年的市价计算。

2. 治理结构及所有权行为边界

合作社的理事会成员 5 人，均是农业投资者，理事长为第一大股东。成员可以参与合作社生产经营决策，并享有民主决策权利。入股农民持有股金证，每年发放土地股份分红，产生效益后每亩预计 500—1000 元。

3. 交易契约及经营边界

合作社目前还在投入建设期，产品还没有上市。已发展基地面积300 亩，以猕猴桃种植、农作物种植、猕猴桃苗圃、养殖等项目为主。计划向标准化、规范化、品牌化方向发展，辐射带动当地休闲观光产业发展和农家乐打造，计划将基地打造为集休闲、观光、娱乐为一体的生态旅游风景线。按照合作社的有关制度规定，入股农户可以优先在合作社务工。

（五）"技术推广服务机构—农业生产者"型合作社。

1. 核心利益相关者及所有权主体边界

2006 年 6 月，为了改善水稻生产经营状况，在镇农业服务中心的牵头下成立了涪陵区文观大米专业合作社。该合作社成立之初，由于规模较小，对社员提供的服务仅限于技术指导，不仅吸引力不大，而且带动作用十分有限。2008 年，E 合作社与 893 户农户达成了土地承包经营权入股协议，通过与农户建立紧密的利益联结机制发展优质水稻生产销售。截至2013 年 2 月底，合作社成员数为 1123 户，其中农户成员 1119 户（以地入股农户 893 户），其他成员 4 人，以地入股统一经营面积 4315.69 亩，农户分散经营面积 6084.31 亩。

2. 治理结构及所有权行为边界

经过 2012 年出资结构调整，合作社的出资情况是：按照合作社与入社农户签订的《土地承包经营权入股协议》，入社农户的土地承包经营权每亩每年折价 1000 元，4315.69 亩土地的承包权经营权作价出资 431.569万元，农业服务中心 3 人和 1 名城市居民现金出资 2.3 万元，合作社的设施设备作价出资 30 万元，出资总额 463.869 万元。在决策结构上，合作社开展以地入股以后进一步健全了成员（代表）大会、理事会、监事会制度。合作社理事会成员 5 人、监事会成员 3 人，理事长由镇农业服务中心干部刘某担任，理监事会其他成员主要为农业服务中心工作人员、村社干部和种粮大户。《土地承包经营权入股协议书》对双方的权利、义务进行了约定，入社农户对合作社事务的参与度普遍较高。合作社的收益主要体现为统一销售水稻的收入。对于以地入股统一经营部分收益的分配，按《土地承包经营权入股协议书》和《耕种协议》，首先，合作社以每亩每年 500 元的保底收入支付给以地入股农户；然后，支付耕种农户的耕种报酬，具体标准为：亩产在 450—500 斤的 400 元/亩；亩产在 500—550 斤的 500 元/亩；亩产 550 斤以上的在 500 元/亩的基础上再给予每公斤 1 元的奖励，如果因自然灾害造成不可挽救的损失，合作社同样给予耕种农户400 元/亩的劳务报酬；扣除以上支出和其他各项成本支出以后的当年收益，按照以下原则分配：30% 作为公积金提取，40% 作为发展金提取，剩余的 30% 按照股份份额进行分配。由于合作社产业链较短、市场开拓能力不足，目前统一经营效益不高，按股份分红收益较低，发展面临困难。对于成员未参与以地入股统一经营而生产的水稻，合作社统一组织销售，可分配盈余按照交易量返还。

3. 交易契约及经营边界

对以地入股统一经营的部分，合作社将其以优质稻核心示范基地进行打造，为此，该合作社与以地入股的农户签订了明确的《耕种协议》，实行有统有分的经营模式。合作社统一部分主要体现为：品种和育苗、配方施肥、技术指导、机耕机收、病虫害防治、产品销售等环节的统一管理。农户分户种植管理部分主要体现为：合作社将入股的土地划分为若干个作业单位，通过签订《耕种协议》的方式分别承包给不同农户进行种植和管理，其中，承包面积 20 亩以上的生产大户有 35 户，他们除了享受合作社的统一提供的服务外，每亩 47 元的大户奖励同样可以享受。对分户种植管理，入股的土地原则上耕种劳务由原承包农户负责，在该农户无劳动力或者全家外出情况下，由合作社协调其他农户承包。耕种农户负责组织劳动力和耕种工作，负责管水、防止人畜破坏等日常工作，按合作社的技术要求进行种植，生产的稻谷归合作社所有。对于没有纳入统一经营的部分，该合作社在提供技术指导服务的同时，按优惠的价格收购产品，并且这部分产品的成本收益独立核算，可分配盈余按照成员与合作社的交易量（额）进行分配。

（六）"社区—技术推广服务结构—农业生产者"型合作社

1. 核心利益相关者及所有权主体边界

2010 年 6 月 3 日，在村支书何继龙的带领下创办了梁平县六合水产养殖专业合作社。合作社现有成员总数 1786 个，其中村支部书记 1 人（同时也是大户生产者）、技术推广服务结构成员 2 个、大户生产者成员 37 个、小户生产者成员 1746 个。小户生产者按 300 元/亩将土地承包经营权作价出资入股合作社，大户生产者对所租赁的土地以每亩 500 元现金入股合作社，镇农服中心以技术作价出资 5 万元，县水产站以技术作价出资 10 万元。

2. 治理结构及所有权行为边界

合作社的理事会由 4 人组成，其中理事长为村支书兼大户生产者，其他 3 人为大户生产者；监事会由 3 人组成，监事长为镇农业服务中心主任，2 名监事为大户生产者。合作社统一经营的收益主要来自三个部分：一是统一采购饲料，从供应商收取的服务费每吨 60 元；二是向大户生产者收取的土地流转费每亩 60 元，销售服务费每亩 60 元；三是开展内部信用合作社的利息收入。扣除各类成本后的收益，按 30% 提取公积金，可分配盈余按照成员的股份份额进行分配。

3. 交易契约及经营边界

合作社将农户的承包土地流转过来，按确定的基本收益支付给农户，再将流转过来的土地通过统一规划整治以后租赁给大户生产者进行养鱼；大户生产者按照确定的基本收益（与合作社支付给农户的一致）付给合作社土地租金，自行承担建池及生产管理，对租赁的土地每亩缴纳200元押金给合作社。合作社养殖面积达到5000亩，其中以地入股统一经营面积3663亩。合作社在积极争取项目投资，加强基础设施建设的同时，在规划设计、养殖技术、生产资料供应、病害监测和防治、联系产品销售、财务核算六个方面采取统一方式帮助大户生产者发展养鱼；同时，在内部开展信用合作，将大户生产者缴纳的股金和押金以8%的年利率贷给需要资金的成员，同时以8%的年利率吸纳成员的闲散资金。受自身资源和能力的限制，合作社还没有广泛扩展产品销售渠道以及开展加工活动。

三　"三角形框架"的建立

从组织知识探索的途径来看，理论分类（typology）和经验分类（taxonomy）是分类的两种主要形式（McKelvey，1982）。理论分类往往围绕几个最相关的维度，通过理论推导，找到针对特定研究问题的权变模型，该方法具有很好的描述作用，简洁、具有感召力，但存在对组织类型定位不清楚，经验中使用困难，解释力有限等不足。经验分类是经验驱动、实践导向的后验（计算）式分类，更倾向于基于事实，从经验中总结出事物发展"模式"，该方法事实基础牢靠、容易产生新发现、可以涉及多个层面，但存在变量选择任意和狭窄、结果不稳定和不可靠等问题。对于如何辨识上述提到的农民合作社，从经典合作社理论和国际通行的合作社原则出发，进行理论分类多少有些削足适履，不仅对农民专业合作社的发展定位不清，而且难以解释当下的实践（实践中很多农民合作社好像都不是"合作社"了）；完全从实践经验出发，进行经验分类则对农民专业合作社不仅描述不清，而且在组织特性难以形成共识。鉴于此，我们主张以利益相关者集体选择为理论基础，基于经验总结对中国农民专业合作社进行分类。

综合前面对于中国农民专业合作社利益相关者的界定、利益相关者的集体选择和农民专业合作社所有权边界和经营边界的讨论及有关案例的分析考察，本章尝试提出一个中国农民专业合作社的分析架构。在这个架构中，外围涉及三个维度：（1）核心利益相关者，（2）治理结构；（3）经营边界，中心是质性规定。质性规定形成对其他三个维度及内在张力的统合和协调。需要强调的是，外围的三个维度不是相互独立的，而恰恰相反，它们之间存在多种复杂的相互联系。例如，合作社的治理结构会影响核心利益相关者的构成和经营边界的调整；同时，合作社的经营边界拓展、核心利益相关者的变化也会要求合作社进一步调整治理结构。更重要的是，质性规定处于这些联系的中心位置，对其他三个相关因素起到联结和协调作用。这里以质性规定为核心的多种相互联系，使其他三个维度和质性规定之间呈现复杂的三角形网络联系形态，因此，把我们提出的分析架构形象地称为一个"三角形框架"（见图4.3）。单独讨论农民专业合作社的治理结构、边界和本质问题都可能顾此失彼，只有放在具有全局性和系统性的架构中，才能更全面地、深刻地理解农民专业合作社的组织特性，透视当下的农民专业合作社实践。强调殊途同归就是要看到，在其特殊的环境中中国农民专业合作社有别于欧美农民专业合作社的成长路径和成功方式。

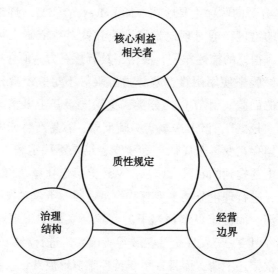

图4.3　中国农民专业合作社的分析架构

第三节　结论与启示

就农民专业合作社的形成逻辑而言，作为主体的农业生产者，产前的农资供应商，产中的技术推广服务机构，产后的农产品经销商，以及关联的农业企业、农业投资者、社区、政府等个人和组织都需要利用农民专业合作社解决各自"需要完成的工作"，而以不同的形式参与其中，并且进行一定的专用性投资和承担一定风险。因此，这些主体都是农民专业合作社的利益相关者。那些在农民专业合作社中进行了较高专用性投资，直接参与合作社经营活动并承担了较高风险的个体和群体，由于其活动直接影响合作社目标的实现，没有他们合作社将无法生存与发展，因而是农民专业合作社的核心利益相关者。剩余控制权和剩余索取权在核心利益相关者之间如何分配不仅决定了农民专业合作社能否形成，而且很大程度上界定了农民专业合作社的所有权边界。

如果说核心利益相关者界定了农民专业合作社的所有权边界，那么，核心利益相关者的资源和能力以及农民专业合作社与利益相关者签订的交易契约则界定了农民专业合作社的经营边界。总而言之，随着农产品买方市场特征的显现，供应链格局的变化以及市场竞争的加剧，农民专业合作社不仅不得不拓展所有权边界（不再局限于初始的使用者——所有者），而且不断拓展经营边界（不再局限于初始的经营领域）。特别是，作为合作社业务服务提供者的非农产品生产者的参与，不仅使农民专业合作社的所有权边界得到了极大的拓展，而且也极大地拓展了农民专业合作社的经营边界。因此，农民专业合作社的所有权边界和经营边界，都不是一成不变的，而是动态变化的。

基于农民专业合作社形成逻辑及所有权边界和经营边界的分析，可以将农民合作的本质界定为：农民专业合作社是利益相关者相互关系的联结，它通过民主协商的方式来执行各种显性契约和隐性契约，由此规范其利益相关者的责任和义务，并将剩余索取权与剩余控制权在利益相关者之间进行有效配置，进而为其利益相关者服务和创造价值。究竟是将现实中不同农民专业合作社基于先验理论归入不同类别？还是从中国农民专业合作社的结构、过程、战略和情境等事实出发，基于相似性或对比的经验过程总结组织分类特征，涌现农民专业合作社的类别？我们提出了一个"三角形框架"，主张以利益相关者集体选择为理论基础，基于经验总结对农民专业合作社进行分类。在这个"三角形框架"中，中心是质性规定，核心利益相关者、经营边界和治理结构是相互联系的三个关键外围；质性规定形成对其他3个维度及内在张力的统合和协调。坚持从全局性和系统性的架构角度理解农民专业合作社的组织特性，同时强调"殊途同归"，可以更好地解释中国农民专业合作社生动、丰富的实践，进而构建中国特色农民专业合作社理论。

利益相关者集体选择的架构方法提供了一种新的认识和解释中国农民专业合作社的工具。利用这一工具，可以进一步对农民专业合作社的目标、价值等问题进行新的阐释。例如，由于利益相关者集体选择的结果的差异，不同类型的农民专业合作社其价值的衡量方法理应是不同的，价值创造和获取的商业模式也会有差别。由于利益相关者集体选择的结果的差异，每一类农民专业合作社都具有自己的个性，有必要对农民专业合作社进行有效的分类并制定差异化的治理机制。由于核心利益相关者的利益诉求不同，治理结构和经营边界不同，对农民专业合作社绩效的评价也有必要区分不同的类型而设置不同的评价体系和评价指标。

第五章

农民专业合作社的成员异质性、社会交换与参与行为

第一节 资源禀赋与成员异质性

一 利益相关者的参与

从全国各地农民专业合作社的发展情况来看，利益相关者多元化是其普遍存在的客观现实。一项制度变迁的发生既取决于制度变迁的预期收益，也取决于制度变迁的成本。尽管农民专业合作社存在的经济合理性在于，它能够为农业生产者提供诸如实现规模经济、外部性内部化、降低风险、降低交易费用等"外部利润"或"公共物品"，但是这些收益的存在只是让农民专业合作社的产生具有了客观可能性。各利益相关者是否愿意采取集体行动，主要还是取决于自己的成本收益核算。

在家庭联产承包责任制下，农业生产者是独立的生产经营主体，他们自主经营、自负盈亏，追求个体利益的最大化。然而，在农业生产者原子化的状况下，对于单个农业生产者而言，出头创建农民专业合作社并不符合个人理性，因为对个体而言"外部利润"的分配是分散的、有限的，而且别人将得以"搭便车"。再者，一般的农业生产者由于在固定资产、个人能力、资金融通、社会关系等资源上的先天不足，也导致他们难以内生出合作经济组织。此外，农业生产者"不善合作"还来源他们对于合作功效的价值判断。在集体行动中，农业生产者很多时候会有一种特殊的公正观：不仅计算自己实际能够得到的好处，而且要权衡和比较周围人的收益，对于其他人从自己的行动中获得额外的好处难以容忍。[①] 凡此种

---

① 贺雪峰：《熟人社会的行动逻辑》，《华中师范大学学报》（人文社会科学版）2004 年第 1 期。

种，农业生产者之间很难呈现出良好的合作状态。

在市场经济条件下，当农业生产者"需要合作"而又"不善合作"时，也就是说，内生型合作组织难以形成时，外生型的合作组织成为合作得以形成的必然选择。也就是说，现实中的农民专业合作社不能完全建立在"经典的合作社原则"所要求的公平和自愿基础上，而需要有一定的"强制性"，控制权和成本收益的分配具有"非均衡性"。

对于外生型合作组织而言，首先需要能承担创建成本的个人和组织来主导这个"强制性"过程，考虑到中国农业生产者原子化的现实，这一点尤其重要。少数大户农业生产者、农产品销售商，出于增强自我发展能力的目的，有动力牵头创办农民专业合作社，带动其他农业生产者一起闯市场。同时，传统的农村服务机构（典型如供销合作社、技术推广服务机构等）出于在市场化进程压力下寻求自身改革发展出路的基本目的，一些农业企业出于稳定原材料供给和争取政策扶持等需要，也有充当外生型合作组织创建的主导力量的愿望。而随着"三农"问题的日益严峻，特别是进入 20 世纪 90 年代中期以后农民增收难的突现，一些基层政府和涉农部门由于意识到农民专业合作社在提高农民进入市场的组织化程度、推进农业产业化经营、提高农民自身素质、改善政府对农业的管理等方面的积极作用和功能，态度日益积极，行为愈加主动。出于自身的政治利益或经济利益，也利用自身特有的、其他主体所无法比拟的社会动员能力、社会稀缺资源配置能力以及技术服务组织的优势资源推进合作事业发展。在这个过程中，各级政府所制定的一些优惠扶持政策无疑起到了重要的推动作用。

上述这些形式都已经远离了在原子化的一般农业生产者的基础上建立内生型秩序的逻辑。值得注意的是，大户农业生产者、农业投资者、农业企业、农产品销售商、农资供应商、技术推广服务机构、社区领袖、供销社这些利益相关者之所以能成为合作的主导力量，一方面是由于他们的资本资源、人力资源（企业家才能）、社会资源相对于普通农业生产者而言要丰裕，更能承担组织的创建成本；另一方面是他们预期能够获得相对更多的控制权、经济收益或者政治收益（这些收益至少可以弥补所付出的成本）。否则，这种外生型的合作同样是难以形成的。

为了鼓励和支持各类利益相关者参与农民专业合作社的发展，法律在此也做了规定①。由此可见，法律为各类利益相关者作为发起人领办农民专业合作社赋予合法性的前提条件下，不同类型利益相关者加入或领办合作社的积极性高涨。法律实施后，从中央到地方各级政府陆续出台了一系列促进农民专业合作社发展政策，一方面赋予农民专业合作社越来越多的功能，另一方面让农民专业合作社享有更多优惠政策，进一步调动了各类利益相关者参与农民专业合作社的积极性。

由此可见，作为不同利益相关者为了共同利益结成的社会经济组织，农民专业合作社可以被视为一种开放性的"联盟"组织。基于实际情况，绝大多数农民专业合作社的成员可以划分为两大类：一类是普通成员（一般农业生产者），一类是核心成员（大户农业生产者、农业投资者、农业企业、农产品销售商、农资供应商、技术推广服务机构、社区领袖、供销社等）。

二　成员的资源禀赋

农民专业合作社由不同利益相关者组成，不同利益相关者有着不同的资源禀赋。一般说来，不同成员通常会以自身相对较为充裕的资源来参与合作，并希望通过合作获取要素收益，不同成员之间通过合作促使各方资源的重新进行整合，并把整合以后资源的使用权统一纳入到合作社进行配置，进而实现利益的帕累托改进，最后，再根据成员投入的资源情况将改进后的利益进行分配，这个过程就是合作利益的分配过程。②

成员的资源禀赋主要体现在 4 个方面：自然资源、资本资源、人力资源和社会资源。①自然资源：家庭联产承包责任制普遍实施以后，农户获得了承包土地的经营自主权。作为独立的农业生产者，农户有动力也有能力经营好自己承包的土地。然而，在"人多地少"的情况下，绝大多数农户承包的土地规模不大，加之土地流转不畅，规模经营对绝大多数农户

---

① 《中华人民共和国农民专业合作社法》第十四条规定，"具有民事行为能力的公民，以及从事与农民专业合作社业务直接有关的生产经营活动的企业、事业单位或者社会团体，能够利用农民专业合作社提供的服务，承认并遵守农民专业合作社章程，履行章程规定的入社手续的，可以成为农民专业合作社的成员。"

② 何安华、邵锋、孔祥智：《资源禀赋差异与合作利益分配——辽宁省 HS 农民专业合作社案例分析》，《江淮论坛》2012 年第 1 期。

而言可望而不可即。整体而言，农户的自然资源非常有限。②资本资源：受"城市化发展战略倾向"和"农产品价格剪刀差"的影响，农民收入增长十分有限，加之农户从金融机构获得贷款相当困难，这使得多数小规模农户的资本资源匮乏。合作社作为一种企业组织形式，更多的是进行农产品的加工或者销售活动，在合作社的形成和发展过程中对资本资源的需求不言而喻。在小农户资本资源匮乏的情况下，资本资源对合作社而言是稀缺资源。③人力资源：在农产品普遍过剩的情形下，如何把社员手中的产品销售出去是合作社生存和发展的关键。为了生存，农民专业合作社对两类成员的需求必不可少：一类是熟悉农产品销售渠道，善于营销的中间商；一类是技术能手，在同样的资源条件下能生产得更多或者更好。然而，小农户由于规模有限，没有动力也没有能力成为这两类人，因此，人力资源，比如知识、获得市场信息的能力、生产技术，同样是稀缺资源。④社会资源：在中国社会，特别是农村社区，非正式制度很多时候起着非常重要的作用。作为一种商业组织形式，农民专业合作社需要处理诸多事务，比如，对内协调社员的行为，对外与政府部门和其他组织打交道等。具有良好社会资源（如在社区内有较高的威望，较广的人际关系网络）的成员，对于农民专业合作社的创建和发展必不可少。很显然，农村社区里的这种"精英"也是非常稀缺的。

　　从实际情况来看，除了少数大户农业生产者拥有一定规模的自然资源之外，绝大多数普通农业生产者承包的土地规模不大，加之土地流转障碍较多，拥有的自然资源相对有限。由于农业生产者缺乏有效的抵押物，一般情况下，从金融机构获得贷款对多数农业生产者而言相对较难，因此，多数小农业生产者面临着资本资源短缺，拥有一定资本资源的农业生产者成员数量非常有限。在经营能力方面，多数小农业生产者由于缺乏农产品营销能力，其人力资源明显不足；相对而言，农业企业和农产品经销商由于长期从事经营活动，其在人力资源上具有相对优势。政府涉农部门由于拥有一定动员能力，具有农村其他组织和个人无法比拟的社会资源，此外，农业技术推广服务机构拥有一定的技术优势，社区领袖等拥有一定的社会关系网络和组织权威。由此可见，不同成员不仅资源禀赋的存量不同，而且其投入合作社的资源禀赋的供给量也会存在明显的差异（见表5.1）。

表 5.1　　　　　　　　　　**成员的资源禀赋差异比较**

	核心成员	普通成员
社会资源	强	弱
资金	强	弱
技术	强	弱
管理	强	弱
土地	弱	强
劳动力	弱	强

第二节　社会交换与成员关系

按照揭示人际互动中的交换关系的社会交换理论的观点，行动者参与或者保持某种交换关系主要是因为预期这样做能够为其带来报酬。行动者主要以获得报酬（可以是物质性报酬也可以是非物质性报酬）作为交换动机，并且自身的这种报酬要尽可能地保持增长。需要指出的是，利益增长（而非利益最大化）是社会交换中行动者的主要追求，这意味着只要预期能够持续得到报酬，行动者往往愿意保持某种社会交换关系，即使存在更高报酬的交换，他们也不会轻易改变这种交换关系。社会交换实现重复性和稳定性的根基是持续互惠性，但是，由于缺乏外在的强制力量对社会交换中的互惠予以保障，往往会导致不互惠的风险存在于交换关系之中。①

从社会交换理论的视角进行审视，可以把核心社员和普通成员在农民专业合作社内部的关系视作一种社会交换。农民专业合作社由于成员的异质性，在组织内部很多情况下存在作为核心成员的服务提供者和作为普通成员的服务使用者两方，例如，如果在合作社里，提供农产品加工和销售服务是以企业为代表的核心成员，利用服务的是以生产者（农户）为代表的普通成员，双方之间就存在社会交换：普通成员希望自己交售的初级

---

① 陈国权、毛益民：《腐败裂变式扩散：一种社会交换分析》，《浙江大学学报》（人文社会科学版）2013 年第 1 期。

产品能卖个好价钱，增加收入；核心成员希望能够买到稳定、可靠的原材料，发展壮大自己，双方各取所需。①

一　交换关系

从交换这一属性入手，通过对核心成员与普通成员之间交换及交换物的分析，来剖析农民专业合作社异质性成员间关系的微观结构发现：作为理性、自主的交换主体，核心成员与普通成员间交换的成立，即合作关系建立并存续，意味着交换对于双方来说都是有意义的，即存在着价值创造。静态地来看，价值创造可来源于交换物对交换双方的效用不同；动态地来看，价值创造可来源于交换后出现的生产效应。因此，在农民专业合作社而言，核心成员与普通成员间存在交换关系。对于核心成员而言，其利益增长主要体现为：第一，通过领办农民专业合作社，吸纳农户成为合作社社员，满足了政府扶持政策的标准和要求，可以以合作社的名义获得更多政策性资源，如财政项目支持、税收优惠、体系贷款等。第二，当农产品原料至关重要时，并且通过简单的市场交易无法获取或获取成本较高时，吸纳农户参与农民专业合作社，以合作社为纽带发展生产基地，可以满足原料的数量和质量要求。第三，获取土地资源：一般而言，如果核心成员简单租用普通成员的土地，高额的交易成本和生产经营成本将是其不得不面临的现实难题。例如，在一些发达地区的农村，农户大多不愿出租土地，而是等待土地被征用后获得高额补偿。② 在这种情况下，核心成员通过合作社这个平台把农户组织起来，就可以有效地集聚一定规模的土地资源。第四，核心成员选择普通成员建立合作社，有利于协调各方面的关系，有利于保障劳动力供给。对于普通成员而言，其利益增长主要体现为：第一，通过参与农民专业合作社，可以利用核心成员的网络资源，解决农资的采购和产品的销路问题，降低生产成本、增加销售收益。第二，可以分享核心成员的技术、管理等资源。第三，分享核心成员通过各种努力争取的项目所带来的基础设施和服务的改善。

---

① 熊万胜：《合作社：作为制度化进程的意外后果》，《社会学研究》2009 年第 5 期。
② 苑鹏：《中国特色的农民合作社制度的变异现象研究》，《中国农村观察》2013 年第
3 期。

二　权威关系

农民专业合作社成员之间的交换物具有特殊的属性，无论核心成员投入交换的货币资源、人力资源和社会资本，还是普通成员投入的土地、劳动力资源，都必须通过参与合作生产和销售过程价值创造才能得以实现，要素禀赋差异及剩余控制权配置不同意味着弱势一方与强势一方构成权威关系。在农民专业合作社内部，少数核心成员对多数普通社员存在明显的权威关系。

作为由核心成员和普通成员共同参与的农民专业合作社，那么就要看实际控制权在哪一方手中，当控制权在普通成员一方，则该合作社往往倾向于谋求普通成员利益最大化，而当控制权在核心成员一方，则该合作社往往难免成为核心成员的工具。一般而言，在成员异质性条件下，农民专业合作社的核心成员和普通成员之间存在反复的博弈关系，双方之间面临控制与反控制的角力。当核心成员有求于普通成员时，核心成员一般很难建立对于普通成员的绝对控制力。但是，由于普通成员人数相对较多、力量分散，加之普遍存在"搭便车"行为，一般而言，核心成员在农民专业合作社更容易对普通成员存在相对的权威关系。

三　竞争关系

对成员而言，除了获得合作社的使用权以外，参与合作社的价值还在于分享合作社的剩余。交换所创造的价值总是要在交换双方间进行分配的，农民专业合作社创造的盈余总是要分配的，显然对于任何一期交换所创造的价值，核心成员和普通成员的分配都是零和博弈。因此，农民专业合作社中核心成员和普通成员间在剩余索取权方面存在竞争关系。

在成员异质性条件下，由于核心成员和普通成员的要素贡献不同，他们对剩余索取基础的要求自然不同。由于核心成员领办合作社时考虑的问题是，在确保其投入的资本获得"满意"的剩余索取权的同时，调动普通成员的积极性，并避免其机会主义行为发生；而普通成员参与合作社时主要考虑的问题是，在确保产品销售获得"满意"回报的同时尽可能参与合作社的剩余分配。因此，农民专业合作社的剩余索取基础的安排只可能是，对产品先支付相对固定回报，最终剩余主要按资本投入进行分配，同时实行按交易量（额）返还利润（事实上，许多农民专业合作社对成员实行免费或廉价的培训和服务也可以看作是"事先的"盈余返还）；当然，成员一般需要投入资本后才能获得产品交易权和交易返利，这样产品供给和资本供给这两种索取基础在某种程度上是"捆绑"在一起。出于"公平"和保护生产者社员利益的考虑，《农民专业合作社法》第37条规定，"可分配盈余主要按照成员与本社交易量（额）比例返还，返还总额不得低于可分配盈余的60%"。法律规定对农民专业合作社的剩余索取权带来一定影响：对于拥有资本资源、人力资源和社会资源而没有多少交易量的核心成员而言，如果坚持法律规定，必然会挫伤他们的积极性，使合作社的可持续发展面临挑战。因此，在"公平"和"效率"之间如何权衡取舍，是农民专业合作社发展实践中面临的一个现实困境。在农民专业合作社中，核心成员与普通成员对于上级补助的争夺，也是内部冲突的重要内容。按照有关法律政策的规定，农民专业合作社获得财政扶持资金要平均量化到所有成员身上，对此，普通成员比较接受，但是核心成员却不愿意这样做。

第三节 经济理性与参与行为

不同利益相关者都是理性的个体和组织，由于其资源禀赋不同，在合作社内部的社会交换中处于不同位置，其在农民专业合作社也会以不同的形式参加合作社的生产经营活动。

一 出资参与

在成员的出资参与方面，对于农民专业合作社而言，成员的出资不仅视为资格股，而且视为用实际行动支持合作社的发展，更是成员参与合作社扣除按交易量返利以后的可分配盈余处置的主要依据。考虑到农民货币资本有限的现实，《农民专业合作社法》在制度上没有明确规定成员必须人人出资的相关条款，这使得农民专业合作社的出资结构呈现出复杂多元的局面。少数核心成员拥有人力资源、资本资源和社会资源等稀缺资源，他们是这些关键生产要素的所有者，确保其对投入的这些要素的控制权和收益权对他们而言至关重要。如果合作社按照社员的产品交易额（量）来安排产权结构，核心成员对其所投入的资本资源、人力资源和社会资源要素的控制权和收益权显然难以体现。人力资源和社会资源要素，从产权的属性上归其所有者占有，但一旦核心成员将其投入到合作社很难排除其他成员的使用并从中受益，比如，社员可以通过参加合作社，分享农产品销售商的销售渠道、大户农业生产者的技术、社区领袖的社会关系等资源，并获得这些资源的部分收益。在对其所投入的资本资源、人力资源和社会资源要素产权残缺的条件下，由于对社会资源和人力资源的贡献进行直接量化比较困难，核心成员必然出现多出资的状况。在合作社通过占有相对多数的出资份额，核心成员可以获得合作社的实际控制权，进而通过有利的剩余分配方式实现对投入合作社的稀缺资源的控制权和收益权。普通成员基本认可核心成员占有相对多数份额的出资模式，原因在于：一方面，自身农资采购、生产技术和农产品销售都面临实际困难的情况下，能否解决这些实际问题是其关心的重点；另一方面，生产技术、市场渠道、货币资金和社会网络等是他们难以获得的稀缺资源。

在采用股份化的资本结构下，普通成员一般要有一定出资。这既是核心成员的"强制"行为，因为通过让普通成员出资的方式可以减少其机会主义行为；然而，核心成员不会让普通成员出资过多，因为这样会稀释他们的部分权益。这也是普通成员的"自愿"行为，因为通过出资不仅可以获得合作社的使用权，还可以取得对合作社盈余的分配权；然而，出于资本资源有限和不愿承担过多风险等因素，普通成员一般也不会出资太多。对投入到合作社的资本金，普通成员拥有占有权（在成员退出合作社时，很多合作社的章程都规定可以退回出资），使用权（可以向合作社投售产品和使用合作社提供的服务等）和收益权（依据出资份额分配合作社部分盈余），但一般没有转让权。由此可见，在成员异质性条件下，农民专业合作社在出资结构上必然形成少数大出资者（核心成员）与多数小出资者（普通成员）并存的格局。

二　管理参与

成员的管理参与是指成员通过正式（在社员大会或者代表大会发表意见以及投票等）与非正式（通过异议、发牢骚等方式向理监事会以及专门机构提出个人的一些意见与建议，进而影响合作社的日常经营管理活动）的方式参与合作社的重大事项决策管理。需要特别指出的是，由于绝大多数农民专业合社规模不大、实力有限，没有聘请职业经理人，合作社的权力决定机构（理事会）和权力执行机构（经营层）往往是合二为一的，理事会的构成其所进行的职业活动是成员管理参与行为的关键。

在成员异质性条件下，核心成员提供了合作社创建和发展所需要的资本资源、人力资源和社会资源等关键生产要素，由于"先天"掌握合作社经营管理所需要的一些资源，比如，市场渠道、社会关系和企业家才能等，核心成员拥有合作社生产经营上的自然控制权。由于拥有相对集中的多数出资份额，核心成员更有可能获得与经营管理相联系的剩余控制权；而普通成员由于出资分散和个体出资单薄，多数会将与股权相联系的剩余控制权（投票、异议和退出）留给自己，而将与经营相联系的剩余控制权委托给主要由核心成员组成的管理者。从管理者的选择这个角度来看，当成员成为合作社出资者时，剩余控制权可以派生出两个子控制权：一是成员在合作社的管理者选择方面具有最终控制权——选择控制权；二是管理层一旦被任命就具有合作社经营方面的控制权——经营控制权。选择控制权使得成员有权决定是自己还是别人，是甲成员还是乙成员来行使合作社的经营控制权。在缺乏外部企业家市场的情况下，成员只能在合作社的内部选择管理者。核心成员由于在合作社创建和发展提供了关键生产要素和专用资产，承担了合作社创建的组织成本和经营风险，他们理所当然地希望拥有合作社的经营控制权，所以他们会选择自己作为合作社的管理者。普通成员由于自身不具备管理者的素质，多数一般不会选自己当管理者；选别人的话也倾向于选择核心成员，这是因为，一是核心成员相对更具备经营管理能力，二是核心成员对合作社进行了较多的投入，相对更可信。基于此，在农民专业合作社内部，无论是从稀缺贡献的角度，还是从经营管理能力的角度，或者社员选择的角度，核心成员都相对更容易进入理事会和监事会等管理层，掌握自然控制权的同时获得主要剩余控制权（黄胜忠，2007）。

普通成员也拥有合作社的剩余控制权，主要体现在与其拥有的合作社的出资相对应的选择控制权，比如投票、异议和退出等，但是，这种剩余控制权的影响相对而言是有限的。所以在成员异质性条件下，农民专业合作社的控制权的分配是非均衡的，所谓"民主管理"在多数情况下很难真正付诸实践。实际情况也确实如此，合作社的经营决策事务主要由核心成员组成的理监事会把握，普通成员对合作社事务大多不太关心，合作社也会定期召开社员大会或者代表大会，甚至进行必要的社务公开，但大多流于形式。

三　业务参与

成员的业务参与是指成员通过产品参与（生产的农产品交售给合作社或者通过合作社购买农业投入品）和服务参与（技术培训、标准化生产等）参加合作社的组织运行活动。

在产品参与方面，核心成员由于已经对合作社进行了较多的投入，并且将自己的生产与合作社绑定在一起，他们会全力以赴地参与，将全部产品都通过合作社进行销售。虽然与价格优惠相比，农民专业合作社的惠顾额返还制度更为合理、正规和稳定①，但是绝大多数普通成员一般情况下更加愿意采取以比市场价优惠的价格将产品销售给农民专业合作社，直接变现收益，他们通常不太愿意接受合作社本来应有的结算方式：先将产品按照内部价格交售给合作社，由合作社统一组织销售，再按照惠顾额返利。由此可见，很多普通成员与合作社的关系更像是市场买卖关系，交易关系并不稳定，一旦出现其他市场主体的所出收购价格高于合作社所给的价格情形，很多普通成员就会毁约不把产品交售给合作社，转而把产品交售给其他市场主体。当然，在那些经营状况良好，操作比较规范有序，市场效益较好的农民专业合作社当中，普通成员通常情况下也会获得基于惠顾额返利的部分收益。

在服务参与方面，作为以服务成员为宗旨的组织，农民专业合作社一般都会为社员提供技术培训，促成信息与经验共享，帮助成员提高生产和经营能力。尽管各种专业化服务不能为成员带来直接的经济收益，但是，为了合作社的发展，核心成员一般会积极主动地利用合作社平台为普通成员提供各类服务，并鼓励和引导普通成员的参与。因为是免费，甚至有时候还有一定的额外贴补，在多数情况下普通成员也愿意进行服务参与，并尽可能享受合作社提供的各种服务。然而，由于多数农民专业合作社尚处于成长初期，其开展专业化服务的能力还比较薄弱，成员的服务参与存在形式单一、内容较少等问题。

通过上述比较和分析可以发现，农民专业合作社的核心成员与普通成

---

① 孙亚苑、余海鹏：《农民专业合作社成员合作意愿及影响因素分析》，《中国农村经济》2012 年第 6 期。

员在参与行为方面具有明显的差异性。一般而言，核心成员在出资参与、管理参与和业务参与较强，而普通成员在这三个方面都相对较弱（见表5.2）。

表5.2　　　　　　　　　　　成员的三种参与行为比较

	核心成员	普通成员
出资参与	强	弱
管理参与	强	弱
业务参与	强	弱

第四节　理事长胜任特征及其对组织绩效的影响

一　理事长胜任特征及其重要意义

作为一种特殊的经济组织形式带头人，理事长的胜任力对于农民专业合作社的成长和发展具有举足轻重的影响。促进农民专业合作社的发展壮大，需要培养和造就一批具有良好胜任力的农民专业合作社企业家。对于农民专业合作社的研究长期集中于组织本身，近年来才开始有研究关注合作社管理人员问题。例如，孙计东（2009）在其研究中提出了要加强合作社带头人的学习，计慧（2009）提出了发展合作社人才是发展合作社的关键，杨灿君（2010）对合作社不同种类的组织者与成员之间的信任对合作社发展产生的影响进行了研究，鞠立瑜等（2012）对合作社理事长的内部社会资源进行了分析。对于合作社理事长胜任力也有所涉及。例如，刘文凯、胡同泽（2011）通过进行文献归纳和半结构访谈等方法制定了知识、能力、工作态度和意识四个维度，共15项特征的农民专业合作社带头人模型。霍丽丽（2011）通过文献归纳和行为事件访谈等方法归纳出公共服务能力、应对突发事件能力、专业技术能力、沟通协调能力、学习能力、民主参与能力、战略决策能力、市场导向、创新能力、成就导向、培养人才和个人表率等12项农民专业合作社带头人的胜任力特征，并在此基础上提出了带头人培训的建议。郝松伟（2012）对农民专业合作社的特点进行了分析，并在此基础上总结出协调沟通能力、决策能力、整合资源能力、专业技术能力、经营管理能力、知识完备、学习力、政策认知、责任感、敬业精神、民主精神、奉献精神、市场意识和品牌意识等14条合作社带头人胜任力要素。关于农民专业合作社理事长胜任力的研究，虽然已经有了初步的进展，但仍有较多的缺陷，需要进一步探索：（1）对农民专业合作社内外部的社会资源以及管理者的创业精神等要素较少考虑；（2）模型的构建主要依靠文献回顾和访谈等方法归纳总结出相关的特征因素，这些较多特征因素的提取相对主观，且内部多有相关性，这样就比较影响特征因素的区分，进而影响制定措施的效率；（3）对理事长胜任力与合作社绩效之间的关系缺乏研究，难以清晰地分辨特征因素之间的差别与重要性。因此，有效识别理事长的胜任力特征因素及其对合作社绩效的影响，进而促进农民专业合作社理事长胜任力的甄别、培养和开发，在理论和实践上都是亟须解决的问题。

二　研究方法

（一）农民专业合作社理事长胜任特征的度量

人类对于胜任力的研究，最远可以追溯到古罗马时期对"好的战士"进行描述的"胜任轮廓图"（Competency Profiling）。20世纪初，泰勒的科学管理则被认为是现代最早的胜任力研究，他通过对不同工作进行研究，寻找出对工人动作或体力产生的相应要求，而这种要求则被认为是胜任力的要求。McClelland于1973年提出了以"胜任力"为指标来克服传统人才甄选方法出现的人才与岗位和组织目标不匹配的问题，这被认为是最早对胜任力进行的系统研究。1976年，McClelland《工作胜任力评测指南》的出版，标志着胜任力在实践中的应用。此后，越来越多的学者将胜任力研究应用于实践工作，并对胜任力进行了不断地发展，并构建了多个胜任力模型。Spencer等（1993）通过多年对胜任力的研究，提出了五个通用胜任力模型，其中，企业家的胜任力模型包括六个方面的特征：成就、思维和问题解决、个人成熟、影响力、指导和控制、体贴他人。在此之后，胜任力模型的研究逐渐朝着特定领域的专用模型发展。我国于20世纪末引入胜任力的概念，国内的学者们利用胜任力模型的基本原理，对多个特殊行业或者特殊层级人员的胜任力特征进行了分析，并构建了相应的模型。

作为一种特殊的企业组织形式，农民专业合作社理事长的胜任力特征既有一般企业管理者的特征，也有基于合作社特殊性形成的特征。我们利用德尔菲法对合作社理事长胜任力特征因素进行确定。笔者共选择了 12 位专家进行测试，其中，长期致力于合作社研究的学者、农业行政管理部门合作社业务分管领导以及任职 5 年以上的省级以上示范合作社的理事长各 4 名。这 12 名专家被要求写出其认为农民专业合作社理事长最重要的 15 种胜任力特征因素，笔者通过电子邮件的方式搜集并反馈信息，通过 4 次交流，最终确定 12 项较为统一的因素。

确定的 12 项特征因素分别为：领导能力、人际能力、沟通能力、专业能力、规划能力、问题解决能力、个人特质、人际特征、职业需求、管理技能、外部社会资本和企业家精神。在这些特征因素中，前 10 项都是对管理者概念、人际和技术技能的细化区分，其中也包含了同社员的联系。外部社会资本作为对外部社会资源的资本化认识，是衡量合作社理事长在该方面实力的重要指标。企业家精神的基本内容主要包括：创新、冒险、创业、合作、执着、学习以及诚信等方面。对反映合作社理事长胜任力特征的 12 个指标，每一个下面设置 2—5 个问题，对每一个问题采用李克特五点度量表进行赋值，通过问题赋值的加总反映每个胜任特征变量的得分（见表 5.3）。

表 5.3　　　　　　　　农民专业合作社理事长胜任特质变量的定义

胜任力特征因素	变量名	定义
领导能力	A_1	1. 懂得运用各种方式，提高社员和合作社士气 2. 创造一个令人信服的远景，且使社员愿意付出 3. 言出必行，赏罚分明，勇于负责且有信用 4. 及时告知最新信息，让社员了解发生什么事 5. 对已经做成的决策，说出合理的解释
人际能力	A_2	1. 能够倾听并了解社员的想法 2. 喜欢和社员、客户与政府部门工作人员建立与保持和谐关系 3. 主动征求社员和他人的建议与意见 4. 在与人相处过程中尽量减少冲突与摩擦
沟通能力	A_3	1. 简洁明了地形成方案，并且很容易使他人理解 2. 在开会前做充分的准备工作，能够直接解释 3. 意见和方案经常可以得到理事和社员的认同 4. 与听者进行互动，表达重点并简洁明了

续表

胜任力特征因素	变量名	定义
专业能力	A_4	1. 对发展农民专业合作社有兴趣 2. 通过阅读、谈论与参与培训等方式获得政策信息和经营动态 3. 具备领导合作社需要的知识与技能 4. 积极探索新的方法，并应用在工作中
规划能力	A_5	1. 将短期的执行计划与长期规划相联系 2. 规划一个有远景且成本节约的计划 3. 表现出深谋远虑，经常根据长期的规划做决定 4. 通常可以预计 3—5 年的发展方向
问题解决能力	A_6	1. 了解情况并能合理区分，分析和寻求解决方法 2. 对于问题有备选解决方案，了解何时可以解决 3. 具有良好问题解决技巧，逻辑思维能力强 4. 解决问题中适用很好的判断和信息
个人特质	A_7	1. 具有事业心，渴望有所建树，能够设立并努力达成富有挑战性的目标 2. 具有较高的政治觉悟，有强烈的社会责任感，具有为"三农"献身的精神 3. 积极主动开展工作，努力辨识机会和问题，快速采取行动，不轻言放弃 4. 能使用讲道理、激发情感等技巧去影响他人，激发热情并达到成功
人际特征	A_8	1. 注意组织成员分享所有相关或有用的信息，共同完成或达到目标 2. 帮助服务他人，无论是社员还是客户，了解并满足其需要 3. 以培养下属为己任，通过良好的沟通和教导发挥员工潜能 4. 公平对待所有社员，提升社员的归属感和一体感，增进士气和生产能力
职业需求	A_9	1. 环境发生变化时，能针对情况或他人的反应，主动调整以适应环境 2. 主动积极、持续不断地寻找收集合作社发展方面的相关信息 3. 能够适应不同类型的社员，通过表达使自己的想法、观点在社员中形成共识 4. 掌握农业生产经营规律，熟知合作社经营管理
管理技能	A_{10}	1. 充分考虑自身决策对周围环境的影响，从而作出对全局最有益的方案和行动 2. 引导社员进行变革，帮助合作社不断改进 3. 设定富有工作计划，确定最适合的方法和合理的资源，以达到预定目标 4. 勇于探索、开拓进取，运用知识对现有环境和工作方法进行不断改进

续表

胜任力特征因素	变量名	定义
外部社会资本	A_{11}	1. 您认为您拥有的社会关系资源较为丰富 2. 一般情况下，您获得资金（私人借款、银行贷款）较容易
企业家精神	A_{12}	1. 在从事投资和生产经营活动时，您对各种创新采取的态度积极 2. 在从事投资和生产经营活动时，您对各种风险采取偏好的态度 3. 在从事投资和生产经营活动时，您对各种不确定性情况的处理能力很强 4. 在从事投资和生产经营活动时，您对各种市场机会的把握能力很强

注：每一个问题的回答及赋值为：非常不同意＝1；不同意＝2；一般＝3；同意＝4；非常同意＝5。

（二）农民专业合作社绩效度量

农民专业合作社是一种较为特殊的经济组织，既具有互助性经济组织的特点又是一种需要在市场中进行竞争的经济主体。因此，合作社绩效则需要统筹经济绩效和社会绩效两个方面进行度量。在经济绩效方面，主要采用业务增长情况、盈利能力情况两个指标来衡量；在社会绩效方面，主要采用社员满意度和社会效应两个指标来测量。由于绝大多数农民专业合作社缺乏规范的统计数据和财务信息，本书采用问卷调查的方式对绩效进行度量。本书将反映合作社绩效的四个指标分别设置3个具体的问题，对每一个问题采用李克特五点度量表的方式进行赋值，通过问题赋值的加总反映每个绩效变量的得分。在得到结果后，将四个指标的得分加总，由低到高分为三个层级：总分低于9为第一层级，总分为9为第二层级，总分为10为第三层级，以此类推，直至总分15为第八层级（见表5.4）。

表5.4　　　　　　　　　农民专业合作社绩效变量定义

合作社绩效	变量名	定义
业务增长情况	Y_1	1. 合作社2012年的业务增长速度与管理层年初的预期相比 2. 合作社2012年的业务增长速度与前两年的情况相比 3. 合作社2012年的业务增长速度与业务相近的同行相比 （差很多＝1；差一些＝2；差不多＝3；好一些＝4；好很多＝5）
盈利能力情况	Y_2	1. 合作社2012年的盈利能力与管理层年初的预期相比 2. 合作社2012年的盈利能力与前两年的情况相比 3. 合作社2012年的盈利能力与业务相近的同行相比 （差很多＝1；差一些＝2；差不多＝3；好一些＝4；好很多＝5）

续表

合作社绩效	变量名	定义
社员满意度	Y_3	1. 总体而言，社员对合作社所提供服务的满意程度为 2. 总体而言，社员对合作社管理事务的满意程度为 3. 总体而言，社员对合作社的认可和接受程度为 （非常低=1；比较低=2；一般=3；比较高=4；非常高=5）
社会效应	Y_4	1. 合作社在教育农民、提高农民素质方面的积极作用 2. 合作社在增进政府和农民和谐关系方面的积极作用 3. 合作社在改善基础设施，促进当地经济社会发展方面的积极作用 （非常不显著=1；不显著=2；一般=3；显著=4；非常显著=5）

（三）计量模型选择

由于衡量农民专业合作社绩效的 4 类指标"业务增长情况""盈利能力情况""社员满意度"和"社会效应"都是分层级的有序变量，它们与胜任力特征因素指标之间的关系不能用简单的回归进行估计。因此，本书采用 Ordinal Probit Regression（有序概率回归）估计两者之间的关系。设回归方程为：

$$Y_i = \beta X_i + \mu_i \quad (i=1, 2, \cdots, n) \tag{1}$$

（1）式中，Y 为因变量，在本书中就是衡量合作社绩效四个指标的层级；X 是合作社理事长胜任力特征因素的集合；β 为估计的参数向量；μ 是随机误差项。Y 作为一种分类层级，无法直接观测，且无法认为两个层级间的距离相等，但 Y 会落在 m 个序列当中的某一组。当 Y_i 属于第 j 组时，则：

$$\alpha_{j-1} < Y_i < \alpha_j \quad (j=1, 2, \cdots, m) \tag{2}$$

（2）式中，α 为常数的集合，$\alpha_1 = -\infty$，$\alpha_m = +\infty$ 且 $\alpha_1 < \alpha_2 < \cdots < \alpha_m$。由于 Y_i 只能被序列式观察，则假设 Var（μ）=1，E（μ）=0。

定义 Z_{ij}，如果 Y_i 落在第 j 组，则 $Z_{ij}=1$；否则 $Z_{ij}=0$。

$$P(Z_{ij}=1) = \Phi(\alpha_j - \beta X_i) - \Phi(\alpha_{j-1} - \beta X_i) \tag{3}$$

对（3）式进行最大似然值估计（Maximum Likelihood Estimator），即可求的参数的估计值。

（四）数据来源

本书的数据是笔者 2013 年对参加重庆市农业委员会举办的三期农民专业合作社理事长培训班的学员现场调查获得的。共发放问卷 200 份，回收问卷 199 份，其中有效问卷 157 份，有效回收率为 78.5%。问卷的信度系数（Cronbach's Alpha）为 0.936，结果是可以接受的。

三　实证结果及其解释

（一）农民专业合作社理事长胜任特征的基本情况

从表 5.5 的结果可以看出，十二种类的胜任力特征因素都受到了合作社理事长的普遍认可，每一种因素的得分值和满分的比值都是在 3.5 以上，也就是说，合作社理事长普遍认为这些因素都是出于"比较重要"的水平。

表 5.5　　　农民专业合作社理事长胜任力特征因素概况

因素名称	得分值	得分标准差	得分比重	项目满分
领导能力	21.503	2.642	0.860	25
人际能力	17.739	2.004	0.887	20
沟通能力	17.382	3.837	0.869	20
专业能力	17.656	1.877	0.883	20
规划能力	17.122	1.998	0.856	20
问题解决能力	16.720	2.331	0.836	20
个人特质	17.331	2.147	0.867	20
人际特征	17.344	2.174	0.867	20
职业需求	16.942	2.150	0.847	20
管理技能	17.261	2.039	0.863	20
外部社会资本	6.089	1.375	0.609	10
企业家精神	15.000	2.006	0.750	20

（二）农民专业合作社理事长胜任特征的因子分析

相关分析表明，反映农民专业合作社理事长胜任特征的 12 个因素之间或多或少都存在了一定的关联。如果直接依据这些相互关联的指标进行分析解释，容易造成结论模糊不清的情况，因此，需要对这些特征因素进行进一步提取。

通过 KMO 和 Bartlett 球体检验判断这些特征因素是否适合做因子分析。通过检验，KMO 值为 0.928；Bartlett 球体检验的值为 1223.712，其 P 值小于 0.001。这两项都表明反映农民专业合作社理事长胜任力的 12 个特征因素之间具有显著的相关性，非常适合做因子分析。

　　主要成分分析结果显示，这 12 个特征存在四个公因子，并且四个公共因子的累计方差贡献率达到了 78.363%，这表示它们能够较为完整地反映原始数据所表达的信息。为理解公共因子的实际意义，采用最大旋转法（Varimax）对因子进行旋转，使得每个因子上的负载尽量向着坐标轴靠近，统计结果见表 5.6。

表 5.6　农民专业合作社理事长胜任特征最大旋转法后的因子载荷矩阵

特征因素	公共因子 1	公共因子 2	公共因子 3	公共因子 4
领导能力	0.709	0.132	0.332	0.023
人际能力	0.760	0.073	0.283	-0.130
沟通能力	0.221	0.950	0.090	-0.016
专业能力	0.832	0.113	0.102	-0.145
规划能力	0.719	0.345	0.136	0.013
问题解决能力	0.792	0.284	0.112	0.196
个人特质	0.860	0.095	0.061	0.123
人际特征	0.848	0.159	0.179	0.082
职业需求	0.832	0.057	0.230	0.032
管理技能	0.854	0.121	0.144	0.073
外部社会资本	0.037	0.010	0.110	0.973
企业家精神	0.304	0.102	0.910	0.142

　　从表 5.6 可以看出，第一公共因子对 12 个特征因素中的 9 个因素都有较高负载（除了沟通能力、外部社会资本、企业家精神），而这 9 个因素是一般管理人员都需要具备的能力，因此，对该公共因子，将其命名为"通用管理胜任力"X_1。第二公共因子只有对沟通能力有较高负载，沟通能力本身也是管理者应当具备的能力之一，但因子分析的结果说明该公共因子与其他公共因子之间的相关度为 0，因此该公共因子应当认为是合作社理事长与社员进行内部沟通时，需要的与其他管理者——员工沟通需求不同的能力，将其命名为"特殊沟通能力"X_2。第三公共因子只有对企业家精神因素具有较高负载，将其命名为"企业家精神"X_3。第四公共因子只对外部社会资本有较高负载，将其命名为"外部社会资本"X_4。相关分析表明，这些新生成的特征因素不仅方差解释度高（78%），而且

相互之间两两正交，没有相关性。

（三）农民专业合作社绩效与理事长胜任力特征因素的关系

由于将合作社绩效分为了4个部分，最终将建立4个农民专业合作社理事长胜任特征——绩效模型。这4个模型揭示了经过因子分析后得到的关于农民专业合作社理事长胜任力的特征因子 X_1、X_2、X_3、X_4 同有序层次变量 Y_1、Y_2、Y_3、Y_4 之间的关系。4个模型都在1%的水平下显著，卡方值分别为38.491、39.777、48.954以及68.707（见表5.7），这说明模型的拟合度较高。第二、第三、第四、第五列分别表示农民专业合作社理事长胜任力特征因子同合作社业务增长、盈利能力、成员满意度和社会效益回归系数的估计结果。实证分析说明如下。

表5.7　　　　　　　　有序概率回归的估计结果（不含截距项）

自变量	业务增长（Y_1）	盈利能力（Y_2）	成员满意度（Y_3）	社会效益（Y_4）
通用管理胜任力	0.380 ***	0.341 ***	0.454 ***	0.660 ***
	(0.087)	(0.086)	(0.090)	(0.095)
特殊沟通能力	−0.004	0.072	0.191 **	0.200 **
	(0.085)	(0.083)	(0.087)	(0.086)
企业家精神	0.377 ***	0.436 ***	0.424 ***	0.397 ***
	(0.088)	(0.088)	(0.090)	(0.090)
外部社会资本	0.191 **	0.102	0.073	0.064
	(0.086)	(0.085)	(0.087)	(0.088)
样本数	157	157	157	157
卡方值（X^2）	38.491 ***	39.777 ***	48.954 ***	68.707 ***
自由度	4	4	4	4
Pseudo R^2	0.220	0.226	0.271	0.358

注：（1）*，**，*** 分别代表 $P<0.10$，$P<0.05$，$P<0.01$。（2）系数估计值为正表示趋向高绩效，为负表示趋向低绩效；括号内为该系数的标准差。

第一，理事长胜任力特征因素中，通用管理胜任力对合作社绩效的4个方面都有显著的积极影响（都在1%的置信水平下显著）。这表明，农民专业合作社作为一种特殊的企业组织，理事长在管理方面的能力有着不容置疑的要求，这个要求无论是对于合作社营运能力、财务能力还是处理内外部关系的能力都是必需的，这是关乎合作社成功与否的关键。该结果至少有两个方面的内涵：其一，合作社理事长必须具备一定水平的管理经验或能力的。其二，对于合作社理事长的培训，需要有类似于对企业管理者的计划，无论是从管理技能、人际技能还是技术技能都需要统筹兼顾。

第二，理事长胜任力特征因素中，特殊沟通能力对成员满意度和社会效应两方面都有显著的积极作用（在5%的置信水平下显著）。这说明，合作社理事长特殊沟通能力在同农民的交流中尤其明显，一方面可以协调好内部社员的关系，使之在获得合作社带来利益的同时感受到公平、公正，而社员的满意也会影响周边农民对农民专业合作社的认识；另一方面，这种沟通能力可以将合作社成立与发展过程中的经验传递给周边群众，使之对合作社的优越性有清晰、正面的认识。然而，特殊沟通能力对合作社的业务增长和盈利能力的影响并不显著，这说明特殊沟通能力对合作社的经济绩效影响有限。

第三，合作理事长胜任力特征因素中的企业家精神对合作社绩效的四个方面都有显著正向影响（在1%的置信水平下显著）。其主要原因在于，目前农民专业合作社还处于发展初期，包括创新、冒险、创业、合作、执着、学习以及诚信等内容的企业家精神对于初创且处于较小规模的农民专业合作社来说至关重要。合作社理事长只有具备较强的企业家精神，才能够带领社员克服困难、打开局面，进而取得较好的经济绩效和社会效益；同时，这种精神也能够感染内部社员为合作社的发展而努力，使其获得内心的满足感，并进一步带动周边村社。

第四，合作社理事长胜任力特征因素中的外部社会资本对业务增长有显著正向影响（在5%的置信水平下显著），对其余三个方面影响都不显著。其一，在经济绩效方面，外部社会资本能够为合作社带来更多的优惠政策，更加良好的发展条件以及更多的业务，因而能够积极推动合作社业务的增长；其二，合作社的盈利能力主要来源于市场经营行为，外部社会资本的影响对于其盈利能力并没有明显的作用；其三，由于外部社会资本因子对合作社盈利能力的影响不显著，在某些情况下并不能给社员的经济利益带来明显的改善，因此对其社员满意度没有积极影响。

四　总结与启示

本节通过实证分析系统讨论了农民专业合作社理事长胜任力特征因素，及其与合作社绩效之间的关系问题，研究结论如下：（1）农民专业合作社理事长胜任力特征因素主要由通用管理胜任力、特殊沟通能力、企业家精神和外部社会资本等方面构成。通用管理胜任力是合作社理事长必备的能力，企业家精神是处于发展初期的农民专业合作社亟须的重要能力，特殊沟通能力主要在于协调内部社员的能力，而外部社会资本则是利用外部关系推动合作社成功的要素。（2）在农民专业合作社理事长胜任力特征中，通用管理胜任力和企业家精神对合作社绩效有积极的、显著的作用。这说明，在甄别、培训理事长胜任力的情况下，应当优先考虑通用管理胜任力和企业家精神两个方面。（3）特殊沟通能力对农民专业合作社成员满意和社会效益有显著的积极作用。特殊沟通能力的作用主要体现于农民专业合作社的社会绩效，一般来说，农民专业合作社的建立往往是要依托于所在区域的农户，因此保证与农户良好关系的特殊沟通能力在这些方面尤其重要。（4）外部社会资本仅对农民专业合作社的业务增长有明显的积极作用。让有外部社会资本的成员担任理事长，有助于农民专业合作社的发展。

第六章

农民专业合作社的经营行为

第一节 集群网络嵌入与农民专业
合作社成长能力提升

传统的资源观（RBV）将组织视为由一系列资源/能力组成的独立的个体，通过占有独特的、难以模仿的、难以替代的资源/能力而获得竞争优势（Barney，1991），其绩效主要体现于创造李嘉图租金和准租金（qusai-rent）。Peteraf（1993）进一步指出，是资源异质性、资源不完全流动性、资源获取前的竞争阻绝（ex ante limits to competition）和资源获取后的竞争阻绝（ex post limits to competition）确保了组织创造经济租金并拥有持续竞争优势。也有越来越多的学者将企业竞争优势的研究视角转向组织之外，提出组织的资源不仅包括内部资源，也可能跨越组织边界，嵌入组织间的联结之中（Dyer 和 Singh，1998）。产业集群领域的研究丰富而具代表性，它强调大量组织集聚在一定区域范围内，建立复杂的联结关系网络，而嵌入网络中的单个组织有机会共享其外部资源所创造的优势，尤其是与知识相关的资产和能力。这些集聚在一起的组织或个人将形成统一的文化，以及一系列显性和隐性的规则，进而产生合作行为和信任氛围（Lazerson 和 Lorenzoni，1999）。集群主体间的合作和信任进一步促进集群共有的制度、个性、价值的形成，约束经济主体的行为，并引导企业间的互动，增强集群网络的黏性，有利于促进集群整体增长和集群内单个组织的成长（Farrell 和 Knight，2003）。

近年来，农业的集群式发展在我国各地呈现良好的势头，农业生产、加工、销售等主体和相关服务机构在特定的区域内通过合作形成完整的价值网络，使得以家庭为单位的小农经济通过融入价值网络进行专业化生产，获得发展所需的信息、技术和其他生产要素，成为解决分散式农业生产弊端的一种有效手段。但与集群中的企业或大户相比，单个农户所拥有的经济力量差距悬殊，既缺乏独特、难以流动的资源和能力，也无法阻绝其他经济主体的竞争，致使农户在参与上下游交易时话语权低，交易对象对其缺乏依赖性，所投入要素难以创造可观的经济租金。农民专业合作社作为将农户组织起来合作开展产销活动的重要组织形式，将单个农户凝聚成一个联合体，呈现出生产、销售、采购等多环节的规模经济，增强了农户在市场交易中的谈判力量，其优势已逐渐凸显。由于发展历史较短，目前我国各地的农民专业合作社普遍还处于初创期，具有新创组织的典型特征，如发展具有高度的不确定性，搜寻与获取资源的能力加之声望缺乏，导致缺乏必要的外来资本和在传统市场上开展交易的能力（黄江圳、董俊武，2002）。如果仅依靠内生成长，即依靠内部社员的资源和能力实现成长，必然会发展缓慢，融入市场的障碍较大。通过融入外部网络，改善合作社成长的外部条件，实现对外部资源的战略性使用，将有助于克服内生成长面临的诸多资源约束，学习先进的流程方法和管理知识，迅速提升合作社的成长能力。

处于农业产业集群中的农民专业合作社，因邻近集群网络而更具嵌入优势。农业集群网络为合作社的发展提供了一个丰富的组织外资源池，使其可以突破自身边界掌握更多资源，相应地，其成长能力不仅蕴藏在其自身资源之中，集群网络所提供的资源同样是其成长能力之源。尽管现有研究组织网络的文献数不胜数，但较少涉及农民专业合作社这种独特的组织如何嵌入农业集群网络中以提升其成长能力。本节期望通过探讨农业产业集群网络的特性，分析集群网络对集群中的农民专业合作社成长能力提升的影响，展示农民专业合作社如何嵌入集群中的关系网络，通过制度安排整合集群资源，从而创造更大的价值和租金。

一　集群网络与组织成长

组织在特定区域内的集聚，一方面可以产生外部经济和自然禀赋，另一方面通过嵌入地方制度结构的网络组织衍生出创新、竞争与合作、"干中学"等效应，可以为区域内企业成长和发展带来好处。自20世纪80年代以来，中小企业的集聚及基于社会、政治等网络连接下的合作行为，使一些区域在国内国际市场竞争中取得了巨大成功。典型的如"第三意大利"，众多中小企业在意大利中部和东北部一些农业区集中，它们不仅在空间上相互靠近，更重要的因素还包括：形成了紧密的联系网络；实现了专业分工与合作，相互之间建立起密切的物质投入产出联系；企业间频繁地相互沟通及面对面的接触；组建了产业联合会作为沟通企业间联系的平台，并为企业发展提供指导（王缉慈，2001）。

也正因为集群与企业网络的交叉特性，不少学者直接将集群看作是企业网络的一种形式，是在一条增值生产链中相互联系、相互依赖的企业（包括专业化供应商）形成的错综复杂的生产网络（Roelandt & den Hertag，1999）。Belussi（2004）强调集群的"本地化"特性，即集群是专业化组织的本地化网络，其生产过程通过商品、服务或知识的交易而紧密联系在一起。Ketels（2013）更进一步指出，产业集群是企业网络的一种特殊形式，发展集群应着眼于构建网络。由此可见，网络连接关系对于产业集群存在、延续以及持续成长至关重要。

集群网络的嵌入，强调的是集群企业的本地化经济活动受到各种集群参与主体共同形成的集群生态系统的影响。集群网络的嵌入有利于产业集群的整体发展和竞争力的提升，而其落脚点在于影响集群内企业组织的成长和发展。在产业集群内部，对于诸多竞争力相对较弱的中小企业，一旦借助于发达的网络组织结构连接起来，就会展现出一种区别于单个企业的竞争力的全新集群竞争优势，这比所有单个企业竞争力简单叠加更具优势。很多初创的小企业一旦嵌入这一网络体系中，便可以共享集群整体优势，并有大量机会从企业网络中获取大量外部资源，以保障自身可持续地健康发展。集群内的资源流动是企业与企业间互相影响的主要渠道。① 这使得集群企业快速、低成本地接近其所需要的外部资源，迅速应对市场的需求，在加快创新、降低成本、提高效率和效益等方面均比独自发展面临更好的环境，从而加速其成长步伐。

正因为此，近年来随着集群、联盟等类型的企业间合作愈来愈普遍，对企业价值的评估也开始跨出企业边界。Dyer 和 Singh（1998）就提出，企业的成长和发展已不单纯由其内部资源决定，同时还和其所嵌入的关系

---

① 依据 Gnyawai and Madhavan（2001），企业网络关系中主要存在三种类型的资源流动：一是资产流动：网络所连接公司间的资金、设备、技术和组织技能等资源的流动；二是信息流动：网络所连接公司间有关其竞争意图、战略及资源等方面的信息和知识；三是地位流动：合法性（legitimacy）、权力、认可（recognition）从高地位公司向低地位公司的流动。

网络的资源状况息息相关。通过与外部合作伙伴的关系交换，企业可以取用外部各种有形无形的网络资源，进而影响其决策和战略行为（Gulati，1999）。如 Saxton（1997）发现，企业可以从其外部合作者的良好声誉中获益。因此，企业所能够控制的资源很重要，通过多种途径去运用外部的网络资源同样关键，企业的绩效是内部资源与外部资源相互作用的结果。如果企业所处的产业集群中的网络资源具有价值性、稀缺性、难以模仿性、难以替代性等特征，对于企业来说这些资源就具有战略意义，也是其持续竞争优势的来源（Fensterseifer & Rastoin，2010）。所以 Lavie（2006）强调，企业的价值不能仅以其自有资源来衡量，还要考虑到其外部合作网络的价值。

二　农业集群网络结构对农民专业合作社成长能力的影响

企业是集群网络中的节点，两个企业节点之间存在的关系是一条线，而众多线则形成了集群网络。集群的具体形成方式各有差异、其演变历程也往往不同，这就导致了企业间的关系也会呈现出显著差异，而在网络层面，则体现出不同形式的集群网络结构。依据 Johnston（2004），集群网络可划分为基于信任的社会联系、基于契约的市场联系和基于联盟的交易联系三类。黄中伟（2004）将产业集群网络分为市场关系网络和社会关系网络两种，而产业集群网络是这两种形式网络的叠加，二者共同把集群内的所有企业连接起来。曹丽莉（2008）则把集群网络分为市场型（众多中小企业分散化的市场交易）和中卫型（强调众多中小企业以大企业为中心在产业链上的分工协作）两种基本的形式，这两种形式的网络存在于不同的产业集群中，这一分类中主要考虑了企业之间的交易关系，而将社会关系隐含于产业链上的企业与企业的合作关系之中。从上述三种分类上大致可以看出，集群的网络关系既包含市场交易关系，也包含社会网络关系。

农户作为农业生产的主体，是集群生产原材料的主要提供方，也是农业集群中最基本的生产单位及农业集群最主要的参与人。农业集群内的企业主也大多是本乡农户或回乡创业的本地人，他们在本地范围内因地缘、血缘、亲缘等产生着千丝万缕的联系，这种本地根植性使他们形成了紧密的关系，尤其是在中国的农村，当前传统文化中的"关系本位""伦理本位"，依然是我国乡村众多农民行动的基本准则（翟学伟，2003），这更强化了他们之间的网络关系。与此同时，由于集群区域内这种丰富复杂的社会资本以及各种非正式交流成为各主体间信任的基础，这就使得他们之间拥有较高的信任。再加之市场经济在农村地区渗透的程度不足，农业集群中的交易合作关系多是在社会网络关系的基础上衍生的，并进一步加强了社会网络关系。因此，可以认为社会关系网络在一定程度上主导着农业集群的网络结构。

农民专业合作社本身就是一个局域网络组织。它是一个由多个农户组成的战略联盟，参与农户将分散在各自手中的资源集中到合作社中，由合作社统一支配，并根据所贡献的资源获得相应的收益。而且与集群整体网络相同的是，尽管同一个合作社的成员拥有共同的目标，合作社的日常运作也呈现出一般企业的部分特性，但合作社的领办人和一般社员之间不存在行政权威和强制性，农户之所以参与合作组织，主要的诱因是参与的利益多于不参与。相比于一般的企业，合作社对内部资源的控制力度较弱，更多是通过合理的制度安排影响和约束农户，使其愿意服从合作社的安排。因此，农民专业合作社可被视为农业集群网络中的一个小的网络集体，而它在与其他组织产生交易合作关系时，又成了集群网络中的一个节点。但农民专业合作社在农业集群网络中获益多少，很大程度上受到农业集群网络运行特征的影响。

作为一种网络组织，集群能够在竞争中保持相对稳定的边界（李世杰，2006）。但不同的集群网络在组织化程度方面呈现出差异，导致有的集群网络结构集中，而有的分散。高度组织化的集群网络结构体现出一种有效的运作状态：网络内个体之间相互分工协作，团结一致，有秩有序。对组织化程度高的网络节点而言，他们分工明确、资源互补、共同合作、行动一致；而对组织化程度不高的网络内节点间而言，则存在着混乱且盲目的竞争关系、资源内耗、节点冲突激增等问题（曹丽莉，2008）。就我国现阶段而言，李春海等（2011）就指出，当前还不具备"柔性专业化模型"假设的农业产业集群发展的条件。在多数农业产业集群中，各类组织之间还很难形成有效的专业化分工和协作。这样的集群网络是一个相对市场化的、组织化程度较低的网络结构，不同经营主体相互之间的关系比较松散，更看重亲缘血缘关系带来的合作机会，而对缺乏亲缘血缘关系的经营主体更倾向于建立短期交易关系。则在这类网络结构中，农民合作社将面临更大的竞争压力，难以获得其他组织的协作，很难专注于专业化的发展，也缺乏向标杆主体学习的机会。如果集群网络结构是一个高度组织化的网络结构，经营主体间能够形成有效的分工协作，并具有强约束力的正式和非正式制度安排，则农民专业合作社面临的竞争压力就相对较小，且是相对有序的竞争、着眼于差异化竞争的环境，能够通过加入集群产业链实现专业化发展，并获得其他经营主体的知识溢出和向标杆主体学习的机会。

集群网络权力的集中度，也会影响农民专业合作社获得连接的机会。一个集群网络的权力是集中还是分散，可以用群体中心性来衡量（Wasserman & Faust，1994）。网络的群体中心性很高，意味着该网络权力集中到少数集群参与主体手中，参与主体间权力关系很不平等，龙头企业往往扮演着领袖角色，而且一般群体中心性较高的集群，组织化程度也相对较高。网络的群体中心性低反映出网络中的权力关系较为分散，参与主体间的合作也呈现出短期、随机特征。因此，在群体中心性较低的农业集群网络中，不存在所谓的网络中心，农民专业合作社也难以获得较多的节点，所能够影响的外部资源相对较少。而在群体中心性高的农业集群网络中，农民专业合作社可以通过与龙头企业或其他拥有更多网络权力的主体建立紧密的连接关系，更加接近网络中心，从而拥有更强的影响力。

据此，可以得出：

假设1：所嵌入的集群网络的组织化程度越高，农民专业合作社越容易提升成长能力。

假设2：所嵌入的集群网络的群体中心性越高，农民专业合作社越容易提升成长能力。

三　农民专业合作社制度安排对集群网络嵌入效果的影响

从农业产业内部来看，集群式发展让农业产业专业分工日益细化；从农业产业外部来看，集群式发展让外部形成链式开发，基于产业链的农业集群把中国农业"小而散、小而全"的生产经营方式引向专业化农业产业生产区，这对降低生产和交易成本十分有利，在区域内的相对集中比较容易获得规模经济和范围效益，进而促进农业生产效益的提高。与此同时，集群还可以通过制定产品生产标准和建立区域品牌，促进农业发展升级，提高区域农业竞争力。总体而言，农业集群网络为集群成员提供了一个丰富的外部资源池，为提升集群网络嵌入对自身成长的积极效应，处于集群网络中的农民专业合作社在内部制度安排中应突出强调充分利用集群网络特性，深度参与集群网络构建，并积极投资于声誉提升和向其他集群主体学习先进的知识与成功经验。

首先，农业集群的强根植性为农民专业合作社参与协作网络构建提供了便利条件。相比于工业产业集群或服务业集群，农业产业集群因附着于特定区域的农产品生产，因而在地方上的根植性更强。而且，正如前文所指出的，农业集群中的网络关系很大程度上依托于参与主体间原本就存在的各种社会关系形式。其中存在的丰裕的社会资本所形成的信任氛围，能够有效降低农业产业集群内交易主体间信息的不对称，并能在一定程度上消除纯粹市场关系中的机会主义行为及未来市场的不确定性，这就降低了风险，节约了交易成本。则集群内经营主体间容易由承诺与信任促成集体行动，如联合采购、渠道共享、管理协作等，建立起紧密的协作网络。当外部环境发生变化时，在网络关系和相关中介机构的协调下，集群内经营主体就能够团结起来，共同应付外部压力。在当前的大环境下，农村地区经济发展存在脆弱性和适应性不足的问题，市场走向的变化通常容易伤害农村地区的经济发展和经济主体的利益。集群网络的嵌入，让各参与主体有机会协作起来开展集体行动，以应对市场需求的转变，甚而如果集体力量足够大，还可以主动改变市场需求。

其次，农业集群中的"软网络"特征有助于农民专业合作社快速学习成功经验。Rosenfeld（2000）指出，城市区域的产业集群网络是一种"硬网络"（Hard Softworks），这主要是企业为了获得更多的经济机会而形成的商业网络；而反观农村产业集群网络是一种"软网络"（Soft Networks），主要是各参与主体为了摆脱发展困境而形成的商业网络。"硬网络"的形成，更多的是基于企业所追求的共同目标，如开发新的市场或新的产品、合作生产、合作销售，以及组成"柔性专业化生产网络"等，企业间可能会形成正式的协议以确定利润的划分、资源共享等事项，参与企业可能需要进行大量的专用性投资，其背后是明确的利润追求目标。这种硬网络甚至可能跨越集群区域范围，在更广泛的地域内寻求网络参与者。而"软网络"的优势主要在于集群内参与主体之间通过特定的社会基础设施进行的知识流动、信息交换、共享专业化的人才和服务，以及获得外部规模经济等。在这种集群网络中，中小参与主体最重要的收益是通过向其他主体学习先进的管理知识、生产技术，不断提高自己的能力，或加入特定的网络团体，以进入更广泛的价值网络，获取更大的市场（Rosenfeld，1996b）。这种基于本地文化的组织网络关系，促进了集群参与主体间的资源共享、风险共摊、优势互补，并加快了知识尤其是隐性知识的流动和碰撞。因为这些原因，农业集群网络的价值评估并不是以短期的获利多少为标准，也不会因为获利降低或利润分配不均而解体，而是通过参与主体间长期互动，逐渐形成了较为稳固的关系模式，并进而影响塑造参与主体的行为模式。

最后，投资于声誉提升有利于农民专业合作社更加接近集群网络中心。嵌入性理论指出，权力关系是网络中企业之间的一种重要关系。一般越接近于网络中心位置的主体，或拥有越多网络连接的主体，往往拥有越大的权力。其中一个重要的机制是网络连接具有择优连接（preferential attachment）的特点（Skvoretz，2002），即参与主体会倾向于选择连接数目较多的网络节点，处于网络中心的主体往往连接关系最为丰富，而这通常意味着有更大的影响力掌控或支配越多的外部资源。由于网络中心的地位相对稳定且不易替换，通过与网络中心主体建立连接关系，农民专业合作社可以更容易接近关键资源，降低经营的不确定性（Kim，2006）。相反，远离网络中心有时甚至被认为是一种危险信号，这意味着被网络边缘化以及被网络中心主体封锁（卢福财、胡平波，2008）。通常集群中存在较长时间的组织在发展过程中能够形成较多的与其他主体的关系连接；还有一些组织通过先进的技术、富有竞争力的产品和良好的管理，在较短的时间内也能获得大量关系连接（蔡宁，2006）。现阶段的农民专业合作社往往发展时间较短，资源有限，则提高声誉是其拥有更多节点的主要途径。这需要合作社在差异化竞争上加大投资，如产品或服务的质量、安全性、便捷性、可追溯性等，不断提高自己的声誉，提升对其他集群主体的吸引力，以获取更多网络内合作的机会，逐步向网络中心靠近。

据此，我们可以得出以下假设：

假设3：农民专业合作社在制度安排中越强调积极构建或参与协作网络，越容易通过集群网络嵌入提升成长能力。

假设4：农民专业合作社在制度安排中越强调投资于学习集群参与主体的最佳实践，越容易通过集群网络嵌入提升成长能力。

假设5：农民专业合作社在制度安排中越强调投资于合作社在集群中的声誉，越容易通过集群网络嵌入提升成长能力。

四　农民专业合作社内部条件差异对集群网络嵌入效果的影响

农业集群网络的嵌入为农民专业合作社通过制度安排获取集群资源，快速提升成长能力提供了平台和机会，但在集群网络中农民专业合作社自身所拥有的能力和资源不同，也会影响集群网络嵌入对其的影响效果。这关键取决于合作社自身的结构尤其是领办主体在网络内的社会关系，以及合作社对外部资源/知识的吸收能力。

农民专业合作社领办主体或领导者的社会关系对集群网络嵌入的效果具有显著影响。我国农民专业合作社的领办主体呈现明显的多元化态势，但总体上看，由小农业生产者牵头自己兴办的少，其他利益相关者领办的较多，其中由大户农业生产者、农业投资者、农业企业、农产品销售商、农资供应商、技术推广服务机构、社区领袖、供销社领办的农民专业合作社占大多数（黄胜忠，2008）。这些不同的领办主体往往拥有不同的社会关系。由社区领袖及供销社领办的农民专业合作社，可利用其特殊的组织资源优势去协调外部网络关系，改善外部经营环境，提供依靠自身力量难以实现或交易成本过高的服务，实现自身的加速扩张（苑鹏，2001）。农业企业领办的合作社，以企业资源整合、放大农业生产者资源，作为企业的下设部门之一，天然地嵌入农业企业的产业链之中，与其他部门形成协同关系，既加强了农业生产者与企业的联系，也通过合作社平台扩展了企业能够控制和使用的资源范围，降低了生产经营风险。其网络关系具有单一性，但也最紧密，对合作社的长期成长的正面影响也最为显著。占据比例相对较大的农民专业合作社是由本地能人和经营大户领办，[1] 这些人往往具有较高的企业家精神，也有较大的威望取得农户信任，他们的权威很大程度上来自于拥有他人所不具有的社会关系，进而可以据此集聚农户的分散资源。在合作社创立初期，进行开创性探索的资源和能力不足，不得不高度依赖于领办者预先存在的个人网络（黄江圳、董俊武，2002）。因此，集群网络对合作社成长的影响大小关键在于领办者嵌入本地关系网络的程度如何，特别是他们与集群内其他经营主体的社会关系，往往决定了他们所领办的合作社在创业初期有多大的市场空间。

---

① 据中国农业信息网发布的《全国 2011 年农民专业合作社发展情况》统计，2011 年年底由农村能人牵头领办的合作社 45.8 万个，占合作社的比重高达 89.9%。

　　集群网络为农民专业合作社创造了丰富的学习机会和大量的外溢知识，但简单的抄袭和模仿并不能帮助合作社快速成长，而必须将这些外部知识内化为自己的知识，吸收能力具有关键的影响。吸收能力指组织评价、消化外部知识并将之应用于商业目的的组织能力（Cohen & Levinthal，1990），它包括获取外部知识、使外部知识内部化、调整外部知识和技术使之与内部特有的流程相适应，并产生新知识的能力（Narula，2004）。农民专业合作社的吸收能力越强，它对于外界环境的掌控能力就越高，越有机会把集群内有益的外溢知识引进合作社内部，转化为合作社的内部知识，从而实现快速成长。吸收能力的高低主要取决于组织自身的行为和资源，具体来看，主要是组织内部累积的知识存量、组织间交往频度、组织内交流氛围和适宜的人力资本（Tu *et al.*，2006；Dyer & Singh，1998）。由于农民专业合作社多数发展时间较短，内部知识积累有限，则可以着意加强与其他经营主体的交流，吸收知识和经验丰富的农户入社，招聘各类技术和经营管理人才，并加大对社员的培训，在合作社内部建立学习交流机制，强化社员间的知识分享，以此不断提升吸收能力，进而实现快速成长。

　　据此，可以得出：

　　假设6：领办主体在集群网络中的社会关系越丰富，越容易提升农民专业合作社的成长能力。

　　假设7：农民专业合作社对外部知识的吸收能力越强，越容易通过集群网络嵌入提升成长能力。

五　总结和讨论

　　农业集群网络具有强根植性和"软网络"的特点，这种集群网络的嵌入为农民专业合作社突破自身资源限制，跨越边界支配更多外界资源以促进自身发展，提供了丰富的机会，对农民专业合作社提升成长能力具有重要影响。研究表明，农民专业合作社所嵌入的农业集群网络的结构在其中发挥着重要的中介性影响：一方面，农业集群网络的组织化程度越高，竞争越规范，各参与主体间更能够形成分工协作的格局，在这种集群网络中，农民专业合作社能避免恶性竞争，有更多的机会专业化发展，并专心于能力提升，而不是时刻要应付竞争对手；另一方面，集群网络的群体中心性越高，即网络权力越集中，农民专业合作社越有可能接近网络中心，从而拥有更大的资源支配能力。为充分获取和使用集群资源，农民专业合作社应该结合所处集群的结构特征，在制度安排中特别强调与集群内的其他主体共同构建协作网络，合作开展集体行动，同时积极向近距离的合作伙伴学习，通过接收隐性知识的传播提升自身能力。此外，积极投资于在集群内的声誉提升，如通过投资于产品或服务的差异化，在与其他组织交易或合作中提升对方获得的价值，将能够吸引更多组织与其产生连接关系，也就更能够接近网络中心。值得注意的是，农民专业合作社的制度安排能否顺利将集群资源引入内容并促进能力提升，还要受其自身条件的影响。如果农民专业合作社领办主体拥有丰富的网络内社会关系，通常会为合作社带来更多的连接关系，尤其是长期的连接关系，更能够扩展合作社的资源边界，提升其成长能力。而加强吸收能力建设，同样是合作社从集群网络中获益的必不可少的一个环节。据此，我们可以把上述分析概括为一个基本的框架，如图 6.1 所示。

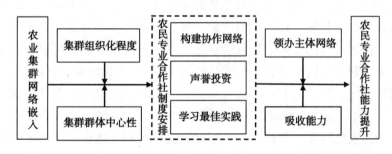

图 6.1 农业集群网络嵌入影响农民专业合作社能力提升的基本框架

上述研究对处于农业集群中的农民专业合作社具有一定的借鉴意义。农业集群本身是一个由众多节点和连接关系组成的网络，在这个网络中蕴含有巨大的资源量，但能否运用和运用好这些自身组织外的资源，对集群内的参与主体是机会也是挑战。农民专业合作社集中了不同社员的资源进行统一支配，已经是一个微小的网络集体，如果能够突破自己的网络边界，深度嵌入更大的集群网络中，更容易实现快速地成长。因此，农民专业合作社需要考察自身所处集群网络的结构特征是什么，然后在制度安排，尤其是参与集体行动、学习最佳实践和声誉投资等方面做出适应性的反应。由于我国农村地区特别注重社会关系，以"关系"为导向形成生意伙伴是一个非常重要的途径，"关系"有时甚至超过了正式制度安排，合作社领办主体必须考虑如何增强关系投资，在集群网络内搭建起自己丰富的社会关系网络，尤其是和资源影响力较大的经营主体之间的关系，如龙头企业，供销合作社、行业协会等。此外，吸收能力低的合作社应通过不断加强对外交流、引进知识和经验丰富的人才、对内培训社员等活动，增强自身捕捉、消化和运用新知识的能力。

第二节　农民专业合作社的产销对接

一　产销对接的供应链效益分析

为化解农产品的"卖难"问题，农民专业合作社的各种产销对接模式效果显著，开始出现农超对接、农社对接以及农校对接等产销对接模式，期望这新型的产销对接模式能够保障农产品的顺畅销售、促进农产品供应链的优化升级、提高农产品的质量安全水平，实现农民、超市和消费者三方的共赢。通过产销对接，供应链成员（如超市与农民专业合作社、社区与农民专业合作社、学校与农民专业合作社）可以有效减少农产品采购的中间环节，降低产品的流通成本，同时最大程度保证农产品的新鲜度。同时，在产销对接模式中，农产品需求方是直接去农民专业合作社、基地进行采购，了解采购源头，可以有效提高食品的质量安全水平。农民专业合作社的产销对接模式虽然对提高农产品流通效率发挥了重要作用，但是，在实际运作过程中，如大型超市利用绝对定价决策权威对合作社进行压价和延期支付货款，以及农产品质量安全等问题时常出现，这不仅降低了供应链系统运作效率，而且还将损害供应链中产销对接双方决策主体的收益。由此，面对供应链中产销对接双方定价决策权威的不同，则需要考虑采取不同的定价决策，以使得产销双方获得各自理想的收益。

（一）基本模型与假设

为了方便分析，本节所构建的定价决策权威模型依赖于以下假设。

假设1：研究由一家超市与一家农民专业合作社组成的产销对接型供应链，产销对接中双方仅交易一种农产品；

假设2：产销对接双方农民专业合作社与超市的交易是无限期的，并且双方间的信息是对称的；

假设3：假定农民专业合作社对农业生产者社员的单位监督成本与农

产品的质量安全水平呈正比关系；

假设4：农产品需求方面临的是一个确定的市场；

假设5：不考虑农产品需求方的库存成本和时间延迟，即订货量和需求量一致。

模型符号说明如下：

p：农产品需求方出售农产品的单位价格，且为决策变量；

e：为提高每单位农产品质量，合作社需付出的努力成本，且为决策变量；

w：合作社与农产品需求方交易的单位中间价格，为决策变量；

c_1：农户生产和备货的单位成本；

c_2：农产品需求方的销售和订货的单位成本；

α：需求函数的价格弹性，由于我国生鲜农产品的价格弹性系数逐渐由缺乏弹性转为富有弹性，这里要求 $\alpha>1$；

β：合作社为保障蔬菜质量安全付出的努力成本的需求弹性，需满足 $0<\beta<1$，$\alpha>1+\beta$；

q：市场的需求量 $q=ap^{\alpha}e\beta$；

$\prod_F$：合作社的利润函数；

$\prod_S$：超市的利润函数；

$\prod_{SC}$：供应链的利润函数。

由以上可得，合作社的利润函数为

$$\prod_F = （w-e-c_1）q$$

农产品需求方的利润函数为

$$\prod_S = （p-w-c_2）q$$

供应链的利润函数为

$$\prod_{SC}（p-e-c_1-c_2）q$$

（二）定价决策模型的建立与求解

依据决策权威的不同，合作社与农产品需求双方间的中间价将表现为四种不同的定价方式：集中定价决策、合作社具有绝对定价决策权威、超市具有绝对定价决策权威、合作社与超市定价决策权威相当，下面将分别分析四种定价方式（决策权威的转移）下中间价对合作社、农产品需求方及整个产销对接供应链运作绩效的影响。

1. 集中定价决策

合作社和农产品需求方完全合作，形成虚拟一体化，决策主体只有一个，决策者根据市场情况决定 p 和 e，以最大化整个供应链的利润。关于供应链的利润函数求最优为

$$\underset{p,\,e}{Max}\prod_{SC} = (p - e - c_1 - c_2)q$$

该问题的解为

$$e_1^* = \frac{\beta(c_1 + c_2)}{\alpha - \beta - 1}$$

$$p_1^* = \frac{\alpha(c_1 + c_2)}{\alpha - \beta - 1}$$

供应链的利润为

$$\prod_{SC1}^* = \frac{a(c_1 + c_2)\left(\dfrac{\alpha(c_1 + c_2)}{\alpha - \beta - 1}\right)^{-\alpha}\left(\dfrac{\beta(c_1 + c_2)}{\alpha - \beta - 1}\right)^{\beta}}{\alpha - \beta - 1}$$

2. 合作社具有绝对决策权威

当合作社具有定价的绝对权威时，合作社先决定 w 和 e 后，农产品需求方根据合作社给出的 w 和 e 决定零售价 p，此时的博弈问题为

$$\underset{w,\,e}{Max}\prod_{F} = (w - e - c_1)q$$

$$s.\,t.\ \underset{p}{Max}\prod_{S} = (p - w - c_2)q$$

该博弈问题的解为

$$w_2^* = \frac{\alpha c_1 + (1 + \beta)c_2}{\alpha - \beta - 1}$$

$$e_2^* = \frac{\beta(c_1 + c_2)}{\alpha - \beta - 1}$$

$$p_2^* = \frac{\alpha^2(c_1 + c_2)}{(\alpha - \beta - 1)(\alpha - 1)}$$

合作社和农产品需求方的最大利润分别为

$$\prod_{F2}^* = \left(\frac{\alpha}{\alpha - 1}\right)^{-\alpha}\prod_{SC1}^*$$

$$\prod_{S2}^* = \left(\frac{\alpha}{\alpha - 1}\right)^{1 - \alpha}\prod_{SC2}^*$$

而整个供应链的利润为

$$\prod_{SC2}^{*} = \frac{2\alpha - 1}{\alpha - 1} \left(\frac{\alpha}{\alpha - 1} \right)^{-\alpha} \prod_{SC1}^{*}$$

3. 超市具有绝对决策权威

当农产品需求方具有定价的绝对权威时，农产品需求方先决定零售价 p 后，合作社根据农产品需求方给出的 p 决定 w 和 e，此时的博弈问题为

$$\underset{p}{Max} \prod_{S} = (p - w - c_2) q$$

$$s.t. \underset{w,\ e}{Max} \prod_{F} = (w - e - c_1) q$$

该博弈问题的解为

$$w_3^{*} = \frac{(\alpha - 1) c_1 + \beta c_2}{\alpha - \beta - 1}$$

$$e_3^{*} = \frac{\beta^2 (c_1 + c_1)}{(\alpha - \beta - 1)(1 + \beta)}$$

$$p_3^{*} = \frac{\alpha (c_1 + c_2)}{\alpha - \beta - 1}$$

合作社和农产品需求方的最大利润分别为

$$\prod_{F3}^{*} = \left(\frac{\beta}{1 + \beta} \right)^{1 + \beta} \prod_{SC1}^{*}$$

$$\prod_{S3}^{*} = \left(\frac{\beta}{1 + \beta} \right)^{\beta} \prod_{SC1}^{*}$$

而供应链的利润为

$$\prod_{SC3}^{*} = \frac{1 + 2\beta}{1 + \beta} \left(\frac{\beta}{1 + \beta} \right)^{\beta} \prod_{SC1}^{*}$$

4. 合作社与超市定价决策权威相当

当合作社与农产品需求方的谈判实力相当，都没有绝对的定价权威时，中间价 w 不能由一方单方面决定，而由双方协商决定，由于谈判价 w^{*} 在区间 $[W_{A2}^{*}, w_{A1}^{*}]$ 内，所以在双方谈判实力相当时，设为 $w^{*} = \frac{1}{2}$ $(w_{A1}^{*} + w_{A2}^{*})$。在这种情况下，双方的博弈问题就变成了同时博弈

$$\underset{e}{Max} \prod_{F} = (w^{*} - e - c_1) q$$

$$\underset{p}{Max} \prod_{S} = (p - w^{*} - c_2) q$$

该博弈问题的解为

$$w_4^* = \frac{(2\alpha - 1)c_1 + (1 + 2\beta)c_2}{2(\alpha - \beta - 1)}$$

$$e_4^* = \frac{\beta(1 + 2\beta)(c_1 + c_2)}{2(\alpha - \beta - 1)(1 + \beta)}$$

$$p_4^* = \frac{\alpha(2\alpha - 1)(c_1 + c_2)}{2(\alpha - \beta - 1)(\alpha - 1)}$$

合作社和农产品需求方的最大利润分别为

$$\prod{}_{F4}^* = 2^{\alpha - \beta - 1}\left(\frac{2\alpha - 1}{\alpha - 1}\right)^{-\alpha}\left(\frac{1 + 2\beta}{1 + \beta}\right)^{1 + \beta}\prod{}_{SC1}^*$$

$$\prod{}_{S4}^* = 2^{\alpha - \beta - 1}\left(\frac{2\alpha - 1}{\alpha - 1}\right)^{1 - \alpha}\left(\frac{1 + 2\beta}{1 + \beta}\right)^{\beta}\prod{}_{SC1}^*$$

而合作社和农产品需求方总的利润为

$$\prod{}_{SC4}^* = 2^{\alpha - \beta - 1}\left(\frac{2\alpha - 1}{\alpha - 1} + \frac{1 + 2\beta}{1 + \beta}\right)^{1 - \alpha}\left(\frac{2\alpha - 1}{\alpha - 1}\right)^{-\alpha}\left(\frac{1 + 2\beta}{1 + \beta}\right)^{\beta}\prod{}_{SC1}^*$$

（三）模型分析

将 e_i^*，p_i^*（$i = 2, 3, 4$）代入 $q = ap^\alpha e^\beta$，可得 $q_i^* = \alpha p_i^{*\alpha} e_i^{*\beta}$，由此进一步可得

$$\frac{de_i^*}{d\beta} > 0,\ \frac{dw_i^*}{d\beta} > 0,\ \frac{dp_i^*}{d\beta} > 0,\ \frac{dq_i^*}{d\beta} < 0$$

据此，可以得到定理1：

定理1　当顾客对农产品质量安全水平更为敏感时，农产品需求方会要求农民专业合作社提供质量安全水平较高的农产品，这势必会导致双方间的成交价格随之升高，与此同时，农产品需求方从个体利益最大化的维度出发，必然会提高其销售价格，这终将导致农产品市场需求量的降低。

通过比较不同情形下的最优解，可得：

$$w_2^* > w_4^* >_3^*,\ e_1^* =_2^* > e_4^* >_3^*,\ p_2^* >_4^* > p_3^* =_1^*$$

由此可得定理2和定理3：

定理2　农民专业合作社的定价决策权威越大中间价越大，农产品需求方的定价决策权威越大销售价格越小，且当农产品需求方具有绝对决策权威时，销售价格与完全合作下的一致。

定理2表明了，随着合作社定价决策权地位的提升，其讨价还价能力也在不断增强；而当农产品需求方定价决策权的地位提升时，由于中间价

格的降低，为了获得更多的需求，农产品需求方也必将降低其销售价格，特别是当农产品需求方具有绝对决策权威时，农产品需求方决策的销售价格将与集中情形相一致。

定理3　农产品的质量安全水平随着合作社的定价决策权威的增大而提升，并且当合作社具有绝对决策权威时，农产品质量安全水平能够达到完全合作下的最佳水平。

定理3说明了在非合作的农超对接模式中，如果合作社为供应链的核心主体，生鲜农产品的质量安全水平将会保持在较高水平，否则将会出现农产品的质量安全问题。

同时，通过比较不同情形下的最优利润可得：

$$\prod\nolimits_{S2}^{*} > \prod\nolimits_{S4}^{*} > \prod\nolimits_{S3}^{*}, \ \prod\nolimits_{F2}^{*} < \prod\nolimits_{F4}^{*} < \prod\nolimits_{F3}^{*},$$

$$\prod\nolimits_{SC2}^{*} < \prod\nolimits_{SC3}^{*} < \prod\nolimits_{SC4}^{*} < \prod\nolimits_{SC1}^{*}$$

由此可得定理4：

定理4　非合作产销对接模式中供应链成员的定价决策权威越大越有利，决策权威相对均衡情形下的整个供应链利润优于决策权威相差较大的情形；合作农超对接模式优于非合作农超对接模式的供应链利润。

（四）小结

本节考虑了生鲜农产品的市场需求依赖零售价格和质量水平的情况，基于合作博弈与非合作博弈理论框架，来研究产销对接型农产品供应链中农民专业合作社与农产品需求方之间的关系，通过对不同情形下农产品需求方与合作社的最优决策的分析，得出如下几个重要结论：

第一，产销对接模式下，从供应链决策主体双方合作的维度来看，农民专业合作社与农产品需求方超市双方合作情形下的最优定价决策，往往优于双方非合作情形下的最优定价决策；双方部分合作的最优定价决策要优于双方各自决策情形；双方合作将有利于定价决策权威较弱的一方，但会损害定价决策权威大的一方的利益，这必将导致具有绝对定价决策权威的主体往往不愿意积极参与合作。另一方面，从双方总绩效的维度来看，合作将会增加整个供应链系统的利润，这时对于具有绝对定价决策权威的主体，如果能够利用合作机制来分配供应链剩余利润以使农民专业合作社与农产品需求方超市双方实现共赢，那么双方的合作便成为可能。由此，如何构建更好的合作机制将直接决定着双方合作的实现。

第二，产销对接模式下，从供应链决策结构来看，当合作社具有绝对定价决策权威时，农产品的质量安全水平会达到最佳水平，然而这时销售价格会达到最高值，供应链系统的整体效益达到最低值；当农产品需求方具有绝对决策权威时，虽然能够实现最低销售价格，但此时农产品的质量安全水平将达到最低，供应链系统的整体效益也会低于农民专业合作社与农产品需求方决策权威相当情形。因此，在产销对接型农产品供应链的实际运营过程中，对于占有绝对权威的农产品需求方，可以按一定比例分担合作社投入的监督成本，增强合作社进行有效监督的积极性，进而确保农产品的质量安全水平，以期增加市场需求，从而提高整个供应链的效益；然后，再依据成本分担比例，对产销对接型供应链盈余进行分配，以实现农民专业合作社与农产品需求方双方的共赢。而对于占有绝对权威的合作社，需要对中间价进行合理控制，以降低销售价格，增加市场需求，从而提高整个供应链的效益；然后，再依据中间价的高低，对供应链剩余进行分配，以达到双方的共赢。

第三，产销对接模式下，从存在决策权威的利润函数看，决策权威越大，利润越高。这就促使供应链成员为了增长利润努力提高核心竞争力，以获得更大的决策权威。因此，为了形成规模供货能力，农民专业合作社将分散的小农业生产者有效组织起来，这不仅提高了农业生产者同超市的对接能力，而且还会提高农民专业合作社的生产经营水平和产品供给能力，由此能够依靠自身实力来获取博弈优势。这充分表明了当前我国主要的几种产销对接模式不仅有利而且未来将会有很大的发展前景。

二　农超对接的利益博弈

农超对接主要是指连锁超市以订单方式从农民专业合作社直接采购农产品，或者农民专业合作社直接向连锁超市供应农产品的一种流通模式。作为一种产销结合的创新模式，农超对接一经提出就得到商务部、农业部以及相关政府部门的支持，诞生以来得以迅速发展。[1] 理论上讲，农超对接模式能有效减少农产品在供应链中的流通环节，降低成本，提高效率，实现商家、农民、消费者共赢的局面。然而，农民专业合作社与超市的合作机制是农超对接有效实施的关键所在[2]，也关系到农产品供应链能否有

---

[1]　姜增伟：《农超对接：反哺农业的一种好形式》，《求是》2009 年第 23 期。
[2]　刘兵、胡定寰：《我国"农超对接"实践总结与再思考》，《农村经济》2013 年第 2 期。

效运作，是值得关注的重要研究问题。

目前关于农超对接的研究，主要集中在农超对接的合理性及其实施的理论探索（朱丹，2011；李莹，2011）、运作模式（熊会兵、肖文韬，2011；胡定寰，2011）、运行的绩效分析（施晟等，2012；秦纪媛，2012）、农民专业合作社参与农超对接的影响因素分析（李莹等，2012），以及政策保障（李莹，2012）等问题的研究。除此之外，部分学者还针对农民专业合作社与超市在合作中的博弈问题进行了研究，例如，刘欢欢等从博弈论的角度出发，通过建立农民专业合作社和大型超市的博弈模型分析得出双方的纳什均衡策略，进而深入分析农超对接模式的现实意义，并进一步提出了富有针对性的建议①；刘磊等分别利用非合作博弈和合作博弈模型，研究了超市与合作社在竞争与合作过程中，农产品质量安全水平、零售价格和市场需求量的差异②；朱军伟运用合作博弈的相关理论，研究了农民专业合作社与超市之间的利益分配问题，基于构建的价格决策模型来研究农民专业合作社与超市之间利益均衡的区间③。然而，上述研究在讨论农民专业合作社与超市双方的博弈问题时，对超市经营生鲜农产品的战略意图（以增加超市客流量为主，以赢利为辅）、延期支付货款的行为缺乏关注；将农民专业合作社看作一般的企业整体，对"生产在家，服务在社""服务成员、民主控制""按交易额（量）分配为主、按股分红为辅"等经营模式和制度安排对农民专业合作社市场交易行为的影响缺乏关注；对政府制定农超对接的扶持政策及其绩效的关注也不足。因此，农超对接研究需要超越仅仅将农民专业合作社与超市作为主体的分析范式，还应该考虑其他利益相关者对于农民专业合作社和超市这两个博弈主体决策的影响。

本节首先分析农民专业合作社与超市对接中主要利益相关者在合作博弈中的利益诉求，进而建立考虑生产者社员满意程度的农产品超市与农民专业合作社双方间的博弈模型，深入分析了延期支付下农民专业合作社与

---

① 刘欢欢、李彤、赵慧峰等：《蔬菜直接配送——农超对接模式的双方合作利益博弈分析》，《江苏农业科学》2012 年第 3 期。

② 刘磊、乔忠、刘畅：《农超对接模式中的合作博弈问题研究》，《管理工程学报》2012 年第 4 期。

③ 朱军伟：《基于合作博弈的农超对接参与主体利益分配研究》，《安徽农业科学》2013 年第 2 期。

超市双方各自的利润，并引入政府政策支持因素，求出考虑不同利益相关者的农超对接利益博弈均衡解以及政府支持对该均衡解的影响，最后给出相应的政策建议。

（一）农超对接的利益相关者分析

有别于以往对于农超对接问题的研究，本节从利益相关者的视角对农民专业合作社与超市双方的合作博弈问题进行分析。事实上，以往对于农民专业合作社与超市双方间博弈的研究，往往都是将农民专业合作社当作独立运营的企业整体来看待，此时双方即等同于一般的供应商企业与零售商企业之间的合作博弈，只关注企业之间的相关关系。然而，从利益相关者视角来看，农超对接这样一个农产品供应链的运作形式中，不但要关注农民专业合作社和超市两个直接发生合约关系的经营主体，同时还必须关注与其经营活动密切相关的个体和群体，以及其他利益相关者对农超对接所产生的影响。图 6.2 是基于利益相关者视角的农超对接的利益博弈关系示意图。

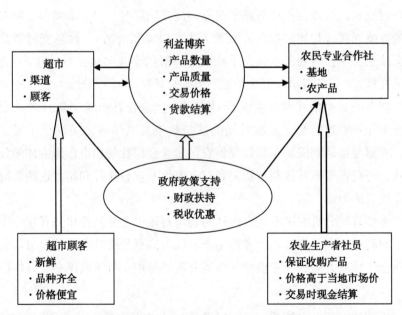

图 6.2　基于利益相关者视角的农超对接利益博弈关系示意图

由图 6.2 可以看到，农超对接的利益相关者除了农民专业合作社和超市外，还包括加入农民专业合作社的农业生产者社员、超市直接面对的顾客以及推进农超对接实施和发展的政府部门，这些利益相关者同农民专业合作社与超市双方都存在较为密切的联系，以下对农超对接的利益相关者之间的关系进行分析。

1. 农民专业合作社与其成员

按照《农民专业合作社法》的界定，农民专业合作社相比其他类型的企业，具有特殊的经济关系和管理方式。与其他追求利润最大化的企业不同，农民专业合作社的特殊之处在于，其主要是由多个社员共同组成的，农业生产者本身为了自身的利益和生产生活需要，追求在销售农产品时能尽快收到现金，在此基础上再考虑尽可能多地获得利益，这与企业整体追求利润最大化的原则并非完全一致。因此，农民专业合作社整体收益和单个农业生产者社员之间既存在共同利益，也存在利益冲突。

2. 超市及其顾客

顾客到超市购买农产品时，最为关注农产品的价格和质量两个方面；此外，绝大部分超市经营生鲜产品的目的主要是聚人气，通过增加顾客流量带动销量的增加，通过经营农产品营利的目的反而在其次。由于运输成本和仓储成本不可避免，这意味着超市为了向顾客提供优质低价的农产品，只能向农民专业合作社转嫁成本，农民专业合作社与超市双方的合作空间进一步受到压缩。

3. 政府

为了实现促进农产品销售、调控物价、抑制通货膨胀、保障食品安全稳定供给等目标，政府积极推动农民专业合作社和超市双方进行产销对接。在市场主导资源配置的背景下，政府主要通过提供财政扶持、税收优惠等手段促进农超双方进行有效合作。政府到底是支持农民专业合作社还是支持超市，具体在哪个环节进行支持才能实现农超双方有效对接，面临现实挑战。

（二）考虑不同利益相关者的农超利益博弈分析

1. 无政府支持的农超博弈模型

首先考虑无政府支持、仅由市场主导资源配置的情况，超市向农民专业合作社采购所需要的农产品。假设超市面对的市场需求为 $D = a - bp$，由于超市一般都有固定的订货周期 T，因此每次订货时超市都以价格 ω 向农民专业合作社采购数量为 Q 的农产品，且超市自身的运营成本为 c_s；当农产品进入超市仓库或卖场之后，在其全部销售完之前，超市必须对其进行保存，因此超市的单位时间单位库存成本为 h，相应的，在任意 t 时

刻的库存为 $I(t)$。同时，假设农民专业合作社对农产品的单位生产成本为 c_f。一般情况下，超市都无法立即支付采购农产品的货款，因此，农民专业合作社会给出一定的期限，让超市在规定的期限内支付采购货款，设该期限为 M。由于考虑到延期支付，必然会有利息的存在，设 I_c 为每年每单位货币的利息支付，I_d 为每年每单位货币的利息收入。

（1）超市利润模型

对于超市而言，随着农产品的销售，其库存逐渐减少，因此库存满足 $\dfrac{dI(t)}{dt} = -D = -a + bp,\ t \in [0, T]$。由于不允许缺货，因此 $I(T) = 0$，则可得到 $I(t) = (T - t)D$，而订货量 $Q = I(0) = DT = (a - bp)T$。

下面将根据延期支付期限的不同，将其分为以下两种情况分别予以考虑：

1）$M \geqslant T$

这种情况下，超市在 T 时间内销售所有 DT 的产品，并将在 M 时刻向农民专业合作社支付 ωDT 的采购货款。由于在规定期限内支付货款，超市无须支付利息，在这段时间内持有资金所获得的利息收入为

$$\frac{pI_d\left[\int_0^T Dt\,dt + DT(M - T)\right]}{T} = pI_d D\left(M - \frac{T}{2}\right) \tag{1}$$

则超市的单位时间利润函数为

$$\pi_{s1} = (p - \omega)(a - bp) - \frac{(a - bp)Th}{2} - \frac{c_s}{T} + pI_d(a - bp)\left(M - \frac{T}{2}\right) \tag{2}$$

2）$M < T$

该情形意味着超市还未销售完所有的产品时，已经达到了规定的支付期限，超市的利息收入为

$$\frac{pI_d \int_0^M Dt\,dt}{T} = \frac{pI_d DM^2}{2T} \tag{3}$$

余下的时间 $[M, T]$ 内超市将为其库存的农产品支付利息为

$$\frac{\omega I_c \int_M^T I(t)\,dt}{T} = \frac{\omega I_c D}{T}\left(\frac{1}{2}T^2 - TM + \frac{1}{2}M^2\right) \tag{4}$$

则超市的单位时间利润函数为

$$\pi_{s2} = (p - \omega)(a - bp) - \frac{(a - bp)Th}{2} - \frac{c_s}{T} + \frac{pI_d(a - bp)M^2}{2T} -$$

$$\frac{\omega I_c(a - bp)}{T}\left(\frac{1}{2}T^2 - TM + \frac{1}{2}M^2\right) \tag{5}$$

因而, 超市的总利润函数为:

$$\pi_s = \begin{cases} \pi_{s1}, & M \geq T \\ \pi_{s2}, & M < T \end{cases} \tag{6}$$

（2）农民专业合作社利润模型

如果将农民专业合作社的运营形式看作企业的运营形式, 那么假设其产销平衡, 其利润为产销之间产生的收入, 而由于其允许超市在一段时间之后再支付货款, 则农民专业合作社会损失这个时间段里由收入产所生的利息。因此, 农民专业合作社单位时间内的利润函数可表述为

$$\pi_f = \frac{(\omega - c_f)Q - M\omega QI_c}{T} \tag{7}$$

农民专业合作社的运作与一般企业不同之处在于, 它是由多个均具有自主经营权的农户组成的。对于社员农户而言, 除了希望能够得到更多的收入, 也希望能够尽快获得现金。受长期形成的"多得不如少得, 少得不如现得"的思维习惯影响, 农户可能愿意在收入上有一定的减少, 但能够尽快获得现金。我们将农户对现金的意愿量化成其收入相对于时间的损失, 将单位时间的损失设为$f(t)$, 其值随着时间t的增加而增加, 因此改进的农民专业合作社的单位时间利润函数为

$$\pi_f = \frac{(\omega - c_f)Q - M\omega QI_c}{T} - \frac{1}{T}\int_0^T f(t)\,dt \tag{8}$$

进一步, 假设$f(t) = kt$, 该函数的二次形式意味着随时间的递增, 农户由于未能及时收到现金, 其感觉上收入相对于时间的损失越大, 因此改进的农民专业合作社的单位时间利润函数具体形式为

$$\pi_f = \frac{(\omega - c_f)Q - M\omega QI_c}{T} - \frac{1}{T}\int_0^T kt\,dt = (\omega - c_f)(a - bp) -$$

$$M\omega(a - bp)I_c - \frac{1}{2}kT \tag{9}$$

（3）农超斯坦伯格博弈模型

在农超对接中，由于超市往往占据强势地位，不愿意立即支付货款，因此农民专业合作社允许超市进行延期支付。由此，在这个斯坦伯格博弈中，通过逆向推导方式，农民专业合作社决定延期支付的时间区间，超市则根据农民专业合作社给出的延期支付期限，确定最终的采购数量。

对于超市而言，其决策变量为对农产品进行定价，因此将（2）式和（5）式分别对价格 p 求导，则分别可以得到

$$\frac{\partial \pi_{s1}}{\partial p} = (a - b\omega)2bp + \frac{bTh}{2} + (a - 2bp)(M - \frac{T}{2})I_d \qquad (10)$$

$$\frac{\partial \pi_{s2}}{\partial p} = (a - b\omega)2bp + \frac{bTh}{2} + \frac{(a - 2bp)I_dM^2}{2T} + \frac{\omega I_c b}{T}(\frac{1}{2}T^2 - TM + \frac{1}{2}M^2) \qquad (11)$$

分别令 $\frac{\partial \pi_{s1}}{\partial p} = 0$ 和 $\frac{\partial \pi_{s2}}{\partial p} = 0$，即可得到超市的最优定价为

$$p = \begin{cases} p_1 = \dfrac{\dfrac{bTh}{2} + a(M - \dfrac{T}{2})I_d}{2b((M - \dfrac{T}{2})I_d - (a - b\omega))}, & M \geqslant T \\[4ex] p_2 = \dfrac{\dfrac{bTh}{2} + \dfrac{\omega I_c b}{T}(\dfrac{1}{2}T^2 - TM + \dfrac{1}{2}M^2) + \dfrac{aI_dM^2}{2T}}{2b(\dfrac{I_dM^2}{2T} - (a - b\omega))}, & M < T \end{cases} \qquad (12)$$

由于农民专业合作社和超市一般在农产品正式交易之前就签订好采购合同，并规定了交易价格，因此，这里只考虑农民专业合作社的决策变量为决定最优的支付期限，即农民专业合作社根据超市可能的最优市场价和对应的订购数量，给定有利于自己的支付期限，要求超市尽可能在这个期限内支付采购货款。因而进一步将（12）式中的两个价格公式分别代入订购数量表达式 $Q = (a - bp)T$ 和农民专业合作社的利润函数（9）式中，分别可得

$$\pi_{f1} = (\omega - c_f)(a - bp_1) - M\omega(a - bp_1)I_c - \frac{1}{2}kT \qquad (13)$$

$$\pi_{f2} = (\omega - c_f)(a - bp_2) - M\omega(a - bp_2)I_c - \frac{1}{2}kT \qquad (14)$$

分别在（13）式和（14）式中将利润函数对支付期限 M 求导，并令 $\frac{\partial \pi_{f1}}{\partial M} =$

0，$\dfrac{\partial \pi_{f2}}{\partial M} = 0$，即可求出对应的最优支付期限 M_1 和 M_2 值，并代入到各自的表达式中，即可得到两种不同情形下农民专业合作社的最优利润 π_{f1}^* 和 π_{f2}^*，若 $\pi_{f1}^* > \pi_{f2}^*$，则农民专业合作社制定的最优支付期限为 M_1，反之为 M_2。

2. 存在政府支持的农超博弈模型

现阶段，政府正大力支持和推动农民专业合作社的发展以及"农超对接"的实施，由图 5.2 可知，一般来说，政府可以采取财政项目方式给予支持，也可以采取税收优惠方式给予支持。其中前者可以认为是政府对农民专业合作社进行资金投入，后者可以认为是政府减少超市的部分税收。下面分析两种不同情形下的农超博弈模型。

（1）政府对农民专业合作社进行资金投入

政府对农民专业合作社进行财政扶持可以有多种形式，为了便于分析，这里考虑两种较为简单的扶持方式：一是政府直接给予农民专业合作社一定数量的财政项目资金，二是在农产品的交易价格事先签订合同规定下，政府对每单位产品给予农民专业合作社一定的额外支付。如果政府采取税收和补贴持平的政策，即将向超市销售农产品征收的部分相关税收支付给农民专业合作社，那么这与政府向超市减少部分税收的策略相同。此处先分析政府对农民专业合作社进行资金投入方面的扶持对于农产品供应链的影响。

若政府的财政项目资金扶持为固定数量的资金，设其为 F，则农民专业合作社的单位时间利润函数由原先的（13）式和（14）式变为（15）式和（16）式，即

$$\overline{\pi_{f1}} = (\omega - c_f)(a - bp_1) - M\omega(a - bp_1)I_c - \frac{1}{2}kT + \frac{F}{T} \qquad (15)$$

$$\overline{\pi_{f2}} = (\omega - c_f)(a - bp_2) - M\omega(a - bp_2)I_c - \frac{1}{2}kT + \frac{F}{T} \qquad (16)$$

由于农民专业合作社的决策变量是超市的延期支付时间 M，因此将（15）式和（16）式的利润函数分别对延期支付时间 M 求导，并令 $\dfrac{\partial \overline{\pi_{f1}}}{\partial M} = 0$，$\dfrac{\partial \overline{\pi_{f2}}}{\partial M} = 0$，则可得到对应的最优支付期限 $\overline{M_1}$ 值和 $\overline{M_2}$ 值。

值得注意的是，在（15）式和（16）式中，政府对于农民专业合作社的财政项目资金投入 F 是固定值，与决策变量 M 是无关的，因此（15）

式和（16）式的利润函数分别对延迟交付期限 M 求导之后，作为常数项的 F 不再出现在 $\overline{M_1}$ 和 $\overline{M_2}$ 的表达式中，亦即有 $\overline{M_1}=M_1$，$\overline{M_2}=M_2$，这意味着政府对农民专业合作社进行固定数量资金投入，可以提高农民专业合作社的最终利润，但并没有改变农民专业合作社所作出的最优延期支付时间的决策，这对于超市而言，也不会改变其对农产品的采购定价、采购数量以及实际的货款支付时间。因此可以认为，政府对农民专业合作社进行固定资金的投入和扶持，并没有改变农民专业合作社和超市原有的合作关系。

若政府采取的扶持措施是根据超市的实际采购数量，向农民专业合作社给予每单位产品额外的补助，假设该单位产品的补助为 μ，则农民专业合作社的单位时间利润函数由原先的（13）式和（14）式变为（17）式和（18）式，即

$$\overline{\overline{\pi_{f1}}} = (\omega + \mu - c_f)(a - bp_1) - M\omega(a - bp_1)I_c - \frac{1}{2}kT \tag{17}$$

$$\overline{\overline{\pi_{f2}}} = (\omega + \mu - c_f)(a - bp_2) - M\omega(a - bp_2)I_c - \frac{1}{2}kT \tag{18}$$

将（17）式的利润函数对 M 求导，可以得到

$$\frac{\partial \overline{\overline{\pi_{f1}}}}{\partial M} = -(\omega + \mu - c_f)bp_1'(M) - \omega(a - bp_1(M))I_c + M\omega bp_1'(M)I_c \tag{19}$$

令 $\dfrac{\partial \overline{\overline{\pi_{f1}}}}{\partial M} = 0$，并进行变化可得

$$\overline{\overline{M_1}} = \frac{(\omega + \mu - c_f)b}{\omega bI_c} + \frac{a - bp_1(\overline{\overline{M_1}})}{bp_1'(\overline{\overline{M_1}})} \tag{20}$$

作为对比，同样将（13）式进行求导可得

$$\frac{\partial \overline{\pi_{f1}}}{\partial M} = -(\omega - c_f)bp_1'(M) - \omega(a - bp_1(M))I_c + M\omega bp_1'(M)I_c \tag{21}$$

并令 $\dfrac{\partial \overline{\pi_{f1}}}{\partial M} = 0$，进而化简可得

$$M_1 = \frac{(\omega - c_f)b}{\omega bI_c} + \frac{a - bp_1(M_1)}{bp_1'(M_1)} \tag{22}$$

将（22）式代入（19）式中，有

$$
\begin{aligned}
\frac{\partial \, \overline{\overline{\pi_{f1}}}}{\partial M}\bigg|_{M=M_1} &= -\,(\omega + \mu - c_f)\,bp_1'(M_1) - \omega(a - bp_1(M_1))I_c + \\
& M\omega bp_1'(M_1)I_c = -\,(\omega - c_f)\,bp_1'(M_1) - \omega(a - bp_1(M_1))I_c + \\
& M\omega bp_1'(M_1)I_c - \mu bp_1'(M_1) = -\mu bp_1'(M_1)
\end{aligned}
\tag{23}
$$

由于 $p_1'(M)$ 实际上是通过价格 p_1 对延迟支付期限 M 的相关关系进行判断，因此在 （12） 式中可以看到，分母部分 M 对 p_1 的影响为 $2bI_d$，而分子 M 对 p_1 的影响为 aI_d，由于在需求函数中，a 为潜在市场容量，b 为价格对需求的敏感系数，因此一般都有 $a > b$，因而可以认为 $p_1'(M) > 0$，由此 （23） 式满足

$$
\frac{\partial \, \overline{\overline{\pi_{f1}}}}{\partial M}\bigg|_{M=M_1} = -\mu bp_1'(M_1) < 0
\tag{24}
$$

这就意味着当 M_1 使得 $\dfrac{\partial \, \pi_{f1}}{\partial M} = 0$ 时，$\dfrac{\partial \, \overline{\overline{\pi_{f1}}}}{\partial M} < 0$，亦即此时利润函数 $\overline{\overline{\pi_{f1}}}$ 关于 M 的曲线已经向下，则必然有 $M_1 > \overline{\overline{M_1}}$。通过同样的分析方法，进而可以得到 $M_2 > \overline{\overline{M_2}}$。

与前文的分析相同，此时农民专业合作社对于延迟支付期限的选择是根据利润最大化原则进行的，亦即分别将 $\overline{\overline{M_1}}$ 和 $\overline{\overline{M_2}}$ 代入 （17） 式和 （18） 式中求出 $\overline{\overline{\pi_{f1}}}^{\,*}$ 和 $\overline{\overline{\pi_{f2}}}^{\,*}$ 的值，若 $\overline{\overline{\pi_{f1}}}^{\,*} > \overline{\overline{\pi_{f2}}}^{\,*}$，则农民专业合作社的最优延期支付期限为 $\overline{\overline{M_1}}$，反之最优延期支付期限为 $\overline{\overline{M_2}}$。

无论农民专业合作社对于延迟支付期限的决策是 $\overline{\overline{M_1}}$ 还是 $\overline{\overline{M_2}}$，由于有 $M_1 > \overline{\overline{M_1}}$ 和 $M_2 > \overline{\overline{M_2}}$，这意味着政府对于农民专业合作社出售给超市的所有产品进行单位补贴时，农民专业合作社不但没有因为得到了补贴而放宽对超市延迟支付的期限，反而是将这个期限减小了，这样一个结果看似不合常理，但是这恰好是符合实际情况的。因为从农民专业合作社和超市之间的博弈关系来看，通常情况下，超市都在农产品供应链中占据强势地位，尽管表面上看起来采购货款的延迟交付期限是由农民专业合作社制定的，主动权在农民专业合作社这边。但实际上超市的强势导致农民专业合作社依赖超市销售产品之后对货款的支付，所以不得不将延迟交付的期限制定得稍长，否则就难以和超市建立稳定的合作关系。但是，如果政府

对农民专业合作社进行扶持，使其拥有一定的现金，满足入社农户对于现金的要求，这在一定程度上减小了农民专业合作社对超市现金的依赖，使得农民专业合作社在农产品供应链中的地位有所提高，从而可以去制定更有利于自身的延迟交付期限，在我们即表现为制定相对短一点的延迟交付期限。

此外，通过对（23）式的分析知道，有 $p_1'(M) > 0$，即超市对农产品的定价与农民专业合作社给出的延迟交付期限呈正相关，因此农民专业合作社在得到政府的资金支持后，减少其给予超市的延迟支付期限，则此时超市对于农产品的定价降低，即随着延迟支付期限由 M_1 下降到 $\overline{\overline{M_1}}$，超市对于农产品的定价也由 $p_1(M_1)$ 下降到 $p_1(\overline{\overline{M_1}})$。进而由于需求函数为 $D = a - bp$，则实际的需求由 $D(M_1) = a - bp_1(M_1)$ 上升到 $D(\overline{\overline{M_1}}) = a - bp_1(\overline{\overline{M_1}})$，且由于超市向农民专业合作社的订购农产品数量为 $Q = DT$，则超市的订购数量也由 $Q(M_1) = D(M_1)T$ 上升到 $Q(\overline{\overline{M_1}}) = D(\overline{\overline{M_1}})T$；通过对 M_2 与 $\overline{\overline{M_2}}$ 的分析可以得到相同的变化规律。此时可以发现，政府对农民专业合作社销售所有农产品进行单位补贴的方式，可以促进超市降低对农产品的定价，并增加超市向农民专业合作社的订货数量，这对于消费者、超市和农民专业合作社均有好处。一方面，超市降低了农产品的价格，增加了消费者的效益，同时超市也希望增加消费者进入卖场购买农产品进而实现对其他产品的同步购买，增进超市的整体利润；另一方面，超市增加了订货数量，只要是在农民专业合作社的生产能力范围之内，就可以保证农民专业合作社生产的农产品有较为稳定的销售渠道，这也有利于农民专业合作社的稳定发展。

（2）政府对超市减免部分税收

政府对超市减免销售农产品方面的部分税收①，本质上是降低了超市的运营成本，在保证超市利润的情况下，政府的减税政策可以使超市拥有相对更多的现金，从而可以支付给农民专业合作社。为了判断政府的减税政策对于超市和农民专业合作社的影响，仍-然沿用上面的模型来进行分析。

---

① 超市从农民专业合作社购进的免税农产品，可按13%的扣除率计算抵扣增值税进项税额。

当超市订购的产品全部售完所需时间和农民专业合作社制定的延期支付时间满足 $M \geqslant T$ 时，超市的利润函数为（2）式，若考虑政府对超市减少征税，亦即降低了超市的运营成本，则其单位时间利润函数变为

$$\hat{\pi}_{s1} = (p - \omega)(a - bp) - \frac{(a - bp)Th}{2} - \frac{\hat{c}_s}{T} + pI_d(a - bp)(M - \frac{T}{2})$$

（25）

此时同样将利润函数 $\hat{\pi}_{s1}$ 对价格求导，且令 $\frac{\partial \hat{\pi}_{s1}}{\partial p} = 0$，由此可得到此时超市的最优定价为

$$\hat{p}_1 = \frac{\dfrac{bTh}{2} + a(M - \dfrac{T}{2})I_d}{2b((M - \dfrac{T}{2})I_d - (a - b\omega))}$$

（26）

将（26）式与（12）式中当 $M \geqslant T$ 时的最优定价 p_1 的表达式相比，不难发现，有 $\hat{p}_1 = p_1$，即政府减税政策下超市对农产品的最优定价与无政府减税政策时的价格相同。进而将其代入订货数量函数可以发现 $\hat{Q}_1 = Q_1$，即政府减税政策下超市向农民专业合作社的最优订购数量与无政府减税政策时的订购数量相同。进一步分析还可以得到 $\pi_{f1} = \hat{\pi}_{f1}$，其中 $\hat{\pi}_{f1}$ 为在政府对超市减税之后农民专业合作社的利润，且 $M_1 = \hat{M}_1$，其中 $\hat{M}_1$ 为在政府对超市减税之后农民专业合作社制定的最优延期支付期限，这意味着农民专业合作社的最优利润和制定的最优延迟支付期限与无政府减税政策时相同。唯一不同的是，超市在最优市场价格和订购数量、延期支付期限等条件都相同的情况下，由于政府的减税导致运营成本降低，其获得的单位时间利润得到增加。

同样，当超市订购的产品全部售完所需时间和农民专业合作社制定的延期支付时间满足 $M < T$ 时，超市的利润函数为（3）式，若考虑政府对超市减少征税，亦即降低了超市的运营成本，则其单位时间利润函数变为

$$\hat{\pi}_{s2} = (p - \omega)(a - bp) - \frac{(a - bp)Th}{2} - \frac{\hat{c}_s}{T} + \frac{pI_d(a - bp)M^2}{2T} -$$

$$\frac{\omega I_c(a - bp)}{T}(\frac{1}{2}T^2 - TM + \frac{1}{2}M^2)$$

（27）

与上面的处理方式相同，将利润函数 $\hat{\pi}_{s2}$ 对价格求导，且令 $\dfrac{\partial \hat{\pi}_{s2}}{\partial p} = 0$，由此可得到此时超市的最优定价为

$$\hat{p}_2 = \frac{\dfrac{bTh}{2} + \dfrac{\omega I_c b}{T}\left(\dfrac{1}{2}T^2 - TM + \dfrac{1}{2}M^2\right) + \dfrac{a I_d M^2}{2T}}{2b\left(\dfrac{I_d M^2}{2T} - (a - b\omega)\right)} \qquad (28)$$

将（28）式与（12）式中当 $M < T$ 时的最优定价 p_2 的表达式相比，同样可以发现有 $\hat{p}_2 = p_2$，亦即也可以得到 $\hat{Q}_2 = Q_2$，$\pi_{f2} = \hat{\pi}_{f2}$ 和 $M_2 = \hat{M}_2$，这意味着超市对农产品的最优定价和采购数量、农民专业合作社的利润和制定的最优延迟交付期限均与无减税政策时相同。同样，超市在最优市场价格和订购数量、延期支付期限等条件都相同的情况下，由于政府的减税导致运营成本减小，则其获得的单位时间利润得到增加。

通过上面的分析可以发现，政府对超市从农民专业合作社采购农产品进行减税，尽管减少了超市的现金支出，表面上看来可以促进超市尽快支付采购货款，多采购农民专业合作社的产品；然而，事实上政府对超市的减税政策，只是减少了超市的运营成本，增加了其销售农产品的总利润，却未能够使得农民专业合作社缩短其制定的最优延期支付期限，即超市仍然按照最初确定的延期支付期限货款进行支付，没有改善农民专业合作社的产品在超市的销售情况。因此，从促进农超对接发展角度来看，政府对超市的减税政策效果并不明显。

（三）小结

从利益相关者视角采用博弈论的方法，通过建立农民专业合作社和超市的利益博弈模型，分析了三种不同的政府扶持政策下农民专业合作社与超市各自的利润情况以及关于超市采购货款延迟支付期限的制定决策，并同无政府扶持政策下农民专业合作社制定的超市采购货款延期支付期限策略进行了对比，得到以下结论：①政府对农民专业合作社进行固定资金投入，虽然能够增加农民专业合作社的利润，但无法改变农民专业合作社的延迟支付期限的决策。②政府对农民专业合作社销售给超市的农产品进行单位数量的补贴，对于农民专业合作社、超市和消费者均有好处。一方面，该政策不但可以增加农民专业合作社的利润、在农产品供应链中的重要性，制定相对较短的延迟支付期限，还能够增加农

民专业合作社的产品销售渠道的稳定性；另一方面，促使超市降低农产品的价格，使消费者利益得到增加，同时也使超市实现聚集人气，带动其他产品同步销售，总利润得到增加。③政府对超市从农民专业合作社购进的免税农产品进行减税的政策，只是增加了超市的利润，并不能使超市更早地将采购货款支付给农民专业合作社，也不会增加对农民专业合作社产品的采购。

根据以上分析的结论可以发现，虽然从政府角度而言，最为有效的政策是采取结论②的调控政策，即根据农民专业合作社销售给超市的农产品的数量，进行单位数量的补贴。然而实施该策略最大的阻碍是农超双方的交易信息对于政府而言并非是透明的，即政府难以准确了解农超双方实际的交易数量，因此实施该策略必须依靠农超双方主动向政府提交真实准确的交易信息。另一方面，如果要避免政府对于市场交易的过度干涉，或是政府无法充分了解农超双方的交易信息，此时政府可以通过将结论①和结论③的策略结合起来实施，即同时给予农民专业合作社一定的固定资金扶持并对超市进行一定的减税政策，再由农超双方的博弈和自由市场行为来调整采购货款支付的期限，从而起到间接推动农超对接发展，维护农民专业合作社和超市各自利益的目的。

第三节　产品质量控制机制及其对组织绩效的影响

面对城乡居民日益提高的农产品的质量安全要求，频发的农产品质量安全问题引起高度关注，如食品假冒伪劣、农兽药残留、动植物滥用激素事件等。据相关部门 2012 年最新检测报告：广州生产领域肉制品检验合格率为 77.8%，山东德州小麦粉检验合格率 76%，湖南大米检验合格率为 53.3%。国家相关部门对此所采取的监管措施只能在局部地区短期缓解问题的严峻性，并不能从根本上保障农产品的质量安全。从严格意义上来讲，中国的农产品市场属于不完全竞争市场，即产品不具有同质性，并且农产品具有典型的经验品的特征，因此在农产品市场上便导致生产者与消费者之间乃至生产者与生产者之间的信息不对称，柠檬市场现象也便存在于这个市场上，从而导致价格机制失灵，社会资源配置效率低下。[①]

　　早在 20 世纪 80 年代，受可持续发展思想的影响，保障农产品的质量安全便作为农业可持续的重要内容受到广泛关注。众多学者从根源上对农产品质量安全问题展开了卓有成效的研究，基于农产品的经验品属性和农产品的"柠檬市场"困境，格罗斯曼（Grossman）（1986）在其研究中指出，农民专业合作社在把农户组织起来进行生产并进行市场交易的同时向市场传递质优信号，从而对安全农产品的生产产生约束和激励作用。随后有学者对此展开了进一步的研究，如罗伯特（Roberts）等（1997）提出，农民专业合作社在安全农产品生产全过程以及市场的开拓上提供了相应的支持机制。我国农民专业合作社的发展尽管还处于初级阶段，但在合作社和农产品质量安全的关系问题上，基本持有相同的支持意见。如陈曦（2005）提出农民专业合作社在促进生产的标准化、产业化、质量可追溯实现的同时能够保证农产品的质量安全；曾艳和陈通（2008）、夏英（2009）、施轶坤（2010）、李剑锋（2011）等通过规范研究的方法从组织模式、控制作用的表现、相应的改进措施等方面对合作社有利于农产品质量安全控制的问题进行了探讨，认为农民专业合作社是保障农产品质量安全最直接有效的经济组织；任国元、葛永元（2008）和张禄祥与梁俊芬（2008）、高锁平与裴红罗（2009）、赵建欣与王俊阁（2010）、李芳芳与宋欣茹（2011）、楼栋与林光杰（2012）等则分别采用实证研究与案例分析的方法，通过数据的收集与案例的分析来检验农民专业合作社在农产品质量安全控制中的作用，其结论可以归纳为：农民专业合作社能够在降低成本、增加效益的同时保障农产品的质量安全。

　　由于优质农产品生产的成本高、利润低，加之单个农户自身的逐利行为，这就使得农民专业合作社这个兼具服务与赢利双重性质的经济组织存在用武之地。实施农产品安全生产是从源头保障食品安全的关键，但对农民专业合作社实施农产品质量控制的研究缺乏系统性和完整性，具体实施方法的研究也有待完善。本节选取农民专业合作社的农产品质量控制机制及其绩效两个视角，通过适当指标的设定与数据的获取，对二者之间的关

---

① 李功奎、应瑞瑶：《"柠檬市场"与制度安排——一个关于农产品质量安全保障的分析框架》，《农业技术经济》2004 年第 3 期。

系进行实证分析，为农民专业合作社实施农产品质量控制行为提供实证的依据。

一 研究方法

（一）农民专业合作社绩效的度量

作为互助性经济组织，农民专业合作社是兼具经济与社会双重身份的组织，对于其绩效的考察一直是众多学者研究的热点。在绩效评价体系方面，黄胜忠等（2008）、王立平等（2008）、徐旭初（2009）、刘滨等（2009）、赵佳荣（2010）等从不同层面提出了农民专业合作社的绩效评价指标体系和评价模型。

本节采用通过问卷调查设计指标的方式来测度农民专业合作社的绩效。综合考虑合作社在生产、市场领域和社会中所扮演的角色以及发挥的作用，我们选用了 5 个相关的指标来反映当前农民专业合作社的绩效：成长能力、市场影响力、社会影响力，每个指标分别是相应 3 个子指标的评价加总，对每一个子指标采用李克特五点尺度量表（Likert Scale）方式，请合作社的主要负责人进行评价，根据实际回答情况，将反映合作社绩效的三个指标的得分划分为由低到高的 4 个层级：三项得分加总低于 7 的设为第一层级[1]，三项得分加总等于 7、8、9 的设为第二个层级，三项得分加总为 10、11、12 的设为第三个层级，三项得分加总为 13、14、15 的设为第三个层级（见表 6.1）。

表 6.1　　　　　　　农民专业合作社的绩效变量定义

绩效	变量名	定义
生产能力	GA	以下三个指标的评价加总： （1）合作社产品的产量与业务相近的同行相比； （2）合作社产品的质量与业务相近的同行相比； （3）合作社产品的价格与业务相近的同行相比。 （1：低很多；2：低一些；3：差不多；4：高一些；5：高很多）

[1] 合作社绩效三个指标的得分是由三个分数相加而成，最低为 3。合作社负责人在填写问卷时极少会三项都选择"非常差"，因而第一层级由三项得分相加低于 7 的项目组成。

绩效	变量名	定义
市场影响力	MI	以下三个指标的评价加总： (1) 合作社产品的市场需求； (2) 合作社的市场开拓能力； (3) 合作社产品的知名度。 (1：非常低；2：比较低；3：一般；4：比较高；5：非常高)
社会影响力	SI	以下三个指标的评价加总： (1) 合作社带动社员增收的效果； (2) 合作社的示范和带动能力； (3) 合作社为社会提供安全农产品的作用。 (1：非常小；2：比较小；3：一般；4：比较大；5：非常大)

（二）农民专业合作社农产品质量控制机制的度量

农民专业合作社实施农产品质量控制的主要行为集中体现在农民专业合作社与社员之间服务联结机制和利益联结机制的建立过程中，生产过程控制与管理和利益联结约束促成农产品质量安全生产目标的实现。基于以上对农民专业合作社农产品质量控制机制内容的界定并结合优质农产品生产过程性的实际情况，我们总结了 24 个行为变量来揭示当前农民专业合作社的农产品质量控制行为状况（见表 6.2）。

表 6.2　　　　农民专业合作社的农产品质量控制机制变量定义

机制	自变量	定义
产前控制	X_{11}	是否通过多种手段宣传安全生产的重要性，强化社员的安全生产意识
	X_{12}	是否及时搜集、整理、掌握各类市场的准入标准并提供给社员
	X_{13}	是否对社员的种苗、化肥、农药等农资实施统一采购、统一发放
	X_{14}	是否为社员建立了农资使用档案，并实施责任追溯制度
	X_{15}	是否有统一的产品生产规划和标准化示范基地
	X_{16}	是否与社员签订安全生产协议，规范社员的生产行为和权利义务
	X_{17}	是否与社员签订产品收购协议，规定交售产品的质量标准

续表

机制	自变量	定义
产中控制	X_{21}	是否制定了生产技术标准和产品质量安全规程并发给社员
	X_{22}	是否注重在生产过程中开发、引进、推广应用安全生产技术
	X_{23}	是否有专门的联络员或技术员对社员的生产情况进行检查监管
	X_{24}	是否将划分作业区，并设专人指导和监督作业区内社员的安全生产
	X_{25}	是否对社员进行分组、分片，通过捆绑式管理强化社员之间的互相监督
	X_{26}	是否要求社员建立生产信息档案
	X_{27}	是否提供安全生产技能培训
	X_{28}	是否为社员提供安全生产的参观学习、现场示范和指导
产后控制	X_{31}	是否统一组织农产品的采收
	X_{32}	是否购置设备自行检测或通过农业部门进行农产品质量检验
	X_{33}	是否对采收后的产品实施统一的存放、包装和运输
	X_{34}	是否对社员销售给合作社的产品有完整的销售记录
	X_{35}	向成员收购产品时是否采取分级收购政策，根据质量等级支付不同价格
	X_{36}	对严格执行质量控制制度并提供大量优质产品的社员是否有额外的奖励
	X_{37}	对不按质量控制制度执行，产品质量不合格的社员是否有惩罚措施
	X_{38}	是否有相关的农产品质量认证
	X_{39}	是否在工商部门注册了商标

选择 X_{11}—X_{17} 七个变量来反映农民专业合作社对农产品质量进行的产前控制行为。①X_{11} 和 X_{12} 测度合作社强化社员安全生产认知的程度，基于社员普遍存在的机会主义倾向以及农民专业合作社所扮演的领导者角色，在质量控制行为实施之前，通过有效的概念获取与信息传递来增强社员的质量安全认知是非常必要的。②X_{13} 和 X_{14} 测度社员生产资料使用状况，安全农产品的生产与生产资料的投入息息相关，农民专业合作社统一供应生产资料，并对使用情况进行记录，不但能够通过大规模购买形成买方议价能力，降低投入成本，而且有利于合作社对投入资料的安全性进行控制并为后续的安全责任追溯提供保障。③X_{15}、X_{16} 和 X_{17} 测度合作社对社员安全生产行为的管理和约束监督，农民专业合作社作为一个社员集体组织，需要通过规划与示范对社员的行为进行管理和引导，更需要通过签订双方协议的形式对社员的生产行为及交售标准进行约定，以此来约束并监督社

员的安全生产行为。

选择 X_{21}—X_{28} 八个变量来反映农民专业合作社对农产品质量进行的产中控制行为。①X_{21}、X_{22} 和 X_{23} 测度农民专业合作社对安全生产技术的利用情况，越来越精细化的生产方式需要通过安全生产技术的使用来提高生产效率、减少病虫害的发生并保证产品的质量安全，这就要求合作社引进技术并通过书面指导和专人指导的方式来确保技术的顺利实施。②鉴于农民专业合作社进行安全生产的集群性特征，X_{24}、X_{25} 测度合作社对生产进行分组分片管理监督的情况，这直接关系着合作社质量控制的成本和便利程度。③X_{26} 测度合作社对社员生产过程的指导监督情况，即通过社员对生产情况的记录，合作社能够及时获取生产信息并指导社员的生产行为。④由于社员文化素质水平普遍较低，生产技能比较粗放，合作社需要通过技能培训、参观指导的方式提高社员安全生产的相应技能，X_{27}、X_{28} 即对此进行测度。

选择 X_{31}—X_{39} 九个变量来反映农民专业合作社对农产品质量进行的产后控制行为。①X_{31}、X_{32} 测度的是合作社在安全农产品收购环节的规范化程度，统一地采收以及质量安全性检测既能够降低社员采收成本，最大程度减少浪费，又能够在产品进入市场之前进一步核定产品的质量安全。②X_{33} 测度合作社对产品的存放、运输和包装管理情况，由于合作社参与产业链的深度决定了农产品质量控制对合作社的价值和降低风险的作用，因此农民专业合作社倾向于加深产业链参与度来确保产品质量安全来获取产品溢价。③X_{34} 测度合作社的社员销售记录情况，从而进一步为农产品的质量安全追溯提供保障。④X_{35}、X_{36} 和 X_{37} 测度合作社依据收购产品质量所采取的措施，合作社通过支付不同的价格以及相应的奖惩措施，既体现了公平性，又能够对社员的安全农产品生产形成反向的激励。⑤X_{38}、X_{39} 测度合作社产品质量认证及商标注册情况，合作社需要认证或商标品牌来形成自身的声誉，更需要优质产品的供应来维持自身的声誉，从而实现在市场中获利，完成合作社的经济使命。

（三）计量模型选择

这里所探讨的是反映农民专业合作社绩效的三个变量"生产能力""市场影响力""社会影响力"与农产品质量控制机制变量之间的关系，这三个变量都是分层级的有序变量，而农产品质量控制机制变量则是由多个变量构成的一组行为变量。因而，应当采用有序回归模型进行分析。常用的有序回归模型包括有序 logit 模型、有序概率模型，以及有序互补双对数模型等。前两者需要潜在变量服从 Logistic 分布和正态分布，根据对数据的基本分析，这里不适合采用这两种模型，且对模型拟合度进行检验，同样显示不适合采用。唯有互补双对数模型无论在分布的基本判断，以及对模型拟合度检验，都说明是适合的。

因此，我们将采用有序互补双对数模型来估计两者之间的关系。

设回归方程为：

$$Y_i = \beta X_i + \mu_i \quad (i = 1, 2, \cdots, n) \tag{1}$$

（1）式中，Y 为因变量，在这里就是衡量合作社绩效指标的层级；X 是单个合作社农产品质量控制行为的集合；β 为估计的参数向量；μ 是随机误差项。Y 作为一种分类层级，无法直接观测，且无法认为两个层级间的距离相等，但 Y 会落在 m 个序列当中的某一组。当 Y_i 属于第 j 组时，则：

$$\alpha_{j-1} < Y_i < \alpha_j \quad (j = 1, 2, \cdots, m) \tag{2}$$

（2）式中，α 为常数的集合，$\alpha_1 = -\infty$，$\alpha_m = +\infty$ 且 $\alpha_1 < \alpha_2 < \cdots < \alpha_m$。由于 Y_i 只能被序列式观察，则假设 Var（μ）= 1，E（μ）= 0。

定义 Z_{ij}，如果 Y_i 落在第 j 组，则 $Z_{ij} = 1$；否则 $Z_{ij} = 0$。

$$P (Z_{ij} = 1) = F (\alpha_j - \beta X_i) - F (\alpha_{j-1} - \beta X_i) \tag{3}$$

互补双对数模型的分布函数为：

$$F (u) = 1 - 1/\exp (e^u) \tag{4}$$

联立（3）、（4）式进行最大似然值估计（Maximum Likelihood Estimator），即可求的参数的估计值。

二 实证结果及其解释

（1）农民专业合作社绩效和质量控制的基本统计特征

这里使用的数据来自于对重庆市各区县农民专业合作社的问卷调查。问卷调查的对象是 2012 年之前在工商部门登记注册的，并一直在运作过程中的生产经营性合作社。问卷由合作社的主要负责人填答，总计发放问卷 200 份，回收有效问卷 151 份，有效回收率为 75.5%。信度分析结果显示，问卷的信度系数为 0.850，问卷调查获得的评价结果是可以接受的。农民专业合作社的绩效分布情况（表 6.3）显示，农民专业合作社的 3 个绩效指标中有较多的较高分类例数，适合采用有序互补双对数模型。

表6.3			农民专业合作社的绩效分布		单位:%
绩效得分的层级	1	2	3	4	合计
生产能力	2.0	17.2	57.0	23.8	100
市场影响力	0.7	13.9	55.6	29.8	100
社会影响力	1.3	2.6	49.7	46.4	100

通过对调查问卷统计结果的初步分析，可以得出以下初步的认识：

从合作社成立的年份来看，2007年成立的有21家，2008年成立的有29家，2009年成立的有23家，2010年为34家，2011年为26家，从2007年至2011年间成立的合作社数量占到统计总数的88.08%，可见农民专业合作社在2007年《农民专业合作社法》出台并获得相关政策支持以来呈现快速发展的态势。

从农民专业合作社质量控制行为实施的情况来看。①超过80%的合作社实施了安全农产品生产的产前安全控制措施。②除变量 X_{25}（是否对社员进行分组、分片，通过捆绑式管理强化社员之间的互相监督）外，各项产中控制行为的采用率都在80%以上，因此合作社在对社员相互之间行为的重要性上要提高关注，并采取相应的激励监督措施。③合作社产后控制相应措施的实施比率仍然较高，但重视程度不如产前、产中明显，其中变量 X_{32}（是否购置设备自行检测或通过农业部门进行农产品质量检验）、X_{36}（对严格执行质量控制制度并提供大量优质产品的社员是否有额外的奖励）、X_{37}（对不按质量控制制度执行，产品质量不合格的社员是否有惩罚措施）和 X_{38}（是否有相关的农产品质量认证）相应措施采用率比较低，表明合作社在产成品质量的关注度上有待进一步提高。

（2）农民专业合作社的绩效与质量控制机制的关系

计量模型估计结果如表6.4所示。三个模型估计的卡方值分别为6.665、15.111和14.394，生产能力达到10%的显著水平，其他两项都达到1%的显著水平，模型整体效果较好。第一列是农民专业合作社的生产能力与质量控制变量的估计结果，第二列是农民专业合作社的市场影响能力与质量控制变量的估计结果，第三列是农民专业合作社的社会影响力与质量控制变量的估计结果。实证结果的说明如下：

表6.4　　　　　　　有序概率模型的估计结果（不含截距项）

自变量	生产能力（GA）	市场影响力（MI）	社会影响力（SI）
产前控制	-0.153 (0.147)	0.279* (0.151)	0.391* (0.162)
产中控制	0.046 (0.078)	0.149* (0.081)	0.066 (0.088)
产后控制	0.116* (0.051)	0.018 (0.052)	0.042 (0.058)
样本数	151	151	151
卡方值	6.665*	15.111***	14.394***
自由度	3	3	3
Pseudo-R^2	0.044	0.096	0.092

注：括号内为该系数的标准差；***、**和*分别代表系数的估计值在1%、5%和10%的水平下显著。系数估计值为正表示趋向较高绩效，为负表示趋向较低绩效。

首先，产前控制对合作社的市场影响力和社会影响力有显著的正面影响（在10%的置信水平下显著）。可以认为，农民专业合作社在生产前进行的诸如建立农资使用档案、实施责任追溯制度、统一采购原材料、统一规划和标准化的示范基地等措施，能够给市场更多的信心，进而带来更好的经济效应，并能够对合作社内外部产生有益的激励。然而，产前控制对合作社的生产能力反而没有明显的影响。这个结果应该与合作社的互助性质有关，通过制定规章制度难以给农户带来明显的激励。

其次，产中控制对合作社关于生产能力、市场影响力、社会影响力都有正面影响，但对于生产能力和社会影响力的效果都不显著，只有对于市场影响力的效果比较显著（在10%的置信水平下显著）。产中控制主要是农民专业合作社通过诸如食品安全监督、培训、提高技能等方式提高农产品安全生产水平的控制措施。估计结果显示，这些产中控制措施，能够对合作社的市场影响力方面的绩效有明显的影响。但是，产中控制对生产能力和社会影响力正面影响不显著，也一定程度上说明了目前的产中控制措施还有待改善，尚不能对合作社的真实产出带来实质影响。

第三，产后控制水平越高，合作社的生产能力方面绩效越高（在10%的置信水平下显著）；产后控制对市场影响力和社会影响力没有显著影响。产后控制的主要措施在于生产之后，依据农产品的情况，制定农产品收购价格并实施奖惩措施。这种方式实质上就是在对农户的行为进行正面和负面的强化，进而影响农户的生产行为。

三 结论与启示

本节通过实证分析系统讨论了农民专业合作社质量控制机制问题，研究结论如下：①食品安全问题目前受到了全社会的广泛关注，农产品质量控制机制对农业发展、农村建设有着重要影响和深远意义。②农民专业合作社质量控制机制由产前控制、产中控制及产后控制构成，其中，产前控制对合作社绩效的影响最大。③产前控制对合作社市场影响力、社会影响力方面具有较为明显的正面效用。④产中控制对农民专业合作社市场影响力方面的绩效有明显的正面效用。⑤产后控制对合作社的生产能力有明显的正面效用。

研究结果对农民专业合作社的健康、规范的发展有如下启示：①质量控制机制对提高农民专业合作社绩效有着显著的影响，构建质量控制机制对合作社健康、规范发展有重要意义。②提高农产品的产量与质量，应当在产后控制方面采取措施。③增强合作社农产品的市场影响力，可以从农产品产前、产中的质量控制方面入手。④农民专业合作社采取有效的产前质量控制，对其提升社会影响力将有显著的推动作用。

第四节 农民专业合作社的联合与合作

随着农民专业合作社的快速发展，部分合作社之间的联合与合作也呈现快速发展的态势。据农业部农经统计数据显示，我国在 2015 年年底共有农民专业合作社联合社 3629 个、农民专业合作社联合会 835 个。农民专业合作社的联合，一方面，能够通过横向一体化实现规模经济，并且能最大限度地降低合作社的交易成本、提高议价能力，改善为社员的服务，解决合作社仅依靠自身力量难以解决的核心问题；另一方面，还可以通过纵向一体化经营，向农产品深加工领域进行纵向延伸，扩大合作社的经营业务范围，增强合作社的市场地位。[①] 当然，随着农民专业合作社之间联合与合作的实践发展，一系列问题有待进一步深入研究，比如，农民专业

---

① 苑鹏：《农民专业合作社联合社发展的探析——以北京市密云县奶牛合作联社为例》，《中国农村经济》2008 年第 8 期。

合作社在联合的过程中究竟应该采取什么样的形式？在联合社发展到一定规模后，如何保证合作社之间的联合一致行动？这些问题的解决对于促进我国农民专业合作社规范运行具有重要理论和现实意义。本节接下来借用交易价值理论，构建基于交易价值的农民专业合作社联合模式分析模型，并结合案例进行比较分析，以此为基础，提出了我国农民专业合作社有效进行联合的具体建议。

一　交易价值理论概述

目前，在分析不同组织的联盟时，往往是基于交易成本理论（TCE）和资源观念理论（RBV）进行研究，其中，TCE 认为联盟目的是为了最小化交易成本，RBV 则认为联盟目标是最大化内部价值。这两种视角都是基于组织内在目标出发，强调最大化组织自身的价值。然而，这两种理论视角忽略了不同组织合作过程中存在的交易价值和组织内部本身存在的内部化成本，从而无法完全解释组织之间的联盟问题。区别于 TCE 以最小化交易成本为目标和 RBV（包括 KBV 和 DCV）以最大化内部价值为目标，基于交易价值视角的相关研究者认为，不同组织应通过合作来追求最大化共同价值，对于存在竞争而又相互依赖的个体之间，强调应该取得整体的、动态的、辩证的平衡[①]。从理论层面来看，依据 Li 扩展 Zajac 和 Olsen 的定义而提出的交易价值理论[②]，能够很好地回答"在相互依赖和交换的组织关系中，价值是如何产生的"[③]。从实践层面来看，农民专业合作社之间的联合与合作是为了利用不同合作社的优势，通过彼此之间的合作以创造新的价值，从而实现各个成员共同发展的目标，因此，交易价值理论可以用于解释农民专业合作社之间的联合与合作问题。

基于交易价值维度的研究融合了交易成本（Transaction Cost，TC 具体指交易中存在的机会主义成本）、交易价值（Transaction Value，TV 具

---

① 周杰、Peter Ping Li：《供应链联盟学习的双元模式：交易价值视角》，《情报杂志》2010年第 3 期。

② Li, Peter Ping. "Towards a geocentric framework of organizational form: a holistic, dynamic and paradoxical approach" [J]. Organization Studies, 1998, volume 19, No. 5: 829–861.

③ Zajac Edward J., Olsen Cyrus P. "From transaction cost to transaction value analysis: implications for the study of inter-organizational strategies" [J]. Journal of Management Studies, 1993, 30 (1): 131–145.

体指交易中由于彼此之间的信任而密切合作产生的共享价值）与内部化成本（Hierarchy Cost，HC 具体指在组织内部由于组织刚性的局限性而产生的成本）、内部化价值（Hierarchy Value，HV 指组织本身拥有的能力给企业带来正面的内部化价值）。

由此，基于交易价值的维度来研究农民专业合作社的联合问题，能够兼顾到联合体成员内部和成员之间两个方面，能够更好地解释为什么农民专业合作社要以不同的组织形式进行联合的问题。基于对 TC、TV、HC、HV 的深入分析，交易价值视角能够更好地解释存在合作与竞争的农民专业合作社的联合问题，至于在实践运营层面，农民专业合作社到底采取哪种方式去进行联合，则取决于 TC、TV、HC、HV 四种因素共同作用的结果。

二　联合体的治理模式

通过上述分析可以发现，农民专业合作社的联合存在着不同的形式，这既是源于实践的观察，也源于理论的分析。农民专业合作社存在不同的联合动机，不同的联合动机导致了不同的联合形式，不同的联合形式则需要采取不同的治理机制。从交易价值视角看，高交易成本和高交易价值将会使农民专业合作社采取成立联合社（新的法人实体）的联合方式进行联合，而高内部化成本和高内部化价值则会使农民专业合作社之间采取联合会的形式进行联合。因此，基于交易价值视角提出农民专业合作社联合模式分析模型（如图 6.3 所示）。

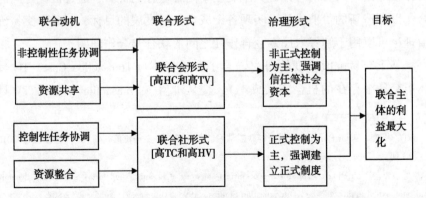

图 6.3　基于交易价值视角的农民专业合作社联合模式分析模型

（一）联合会形式的联合

农民专业合作社联合会是较早出现、影响力较大的一种农民专业合作社联合形式（李玉文，2011），是农民专业合作社比较常见的一种联合形式。联合会一般是由某个区域内的涉农企事业单位、农民专业合作社、大户农业生产者或者是由不同的农民专业合作社自愿组成的社团组织，其注册登记部门为民政部门，登记为社团法人。

1. 联合会的联合动机

通常情况下，联合会的功能主要定位是为成员提供信息交流、教育培训、行业自律等服务，一般不会直接从事营利性的生产经营活动，其目标更多的是为了加强会员之间、会员与政府部门之间的联系和合作。通过联合会搭建的交流与合作平台，能够促进不同产业的合作社之间实现信息共享、资源互通，并充分发挥不同合作社的优势。同时，联合会的会员构成异质性程度较强，包括的农民专业合作社经营范围较为广泛、成员较多。因此，如果农民专业合作社联合的动机主要是为了获取不同的信息、资源，并且在整个运作的过程中不需要对各个成员合作社的行为进行严格的控制，也就是说，如果农民专业合作社的联合目的主要是为了共享异质性的资源，所涉及的活动不需要采用严格的控制性活动，适宜采用联合会形式进行联合。

2. 联合会的治理形式

联合会中各成员合作社之间实际上是一种松散型的联盟关系（李玉文，2011），在这样的关系下，联合会的治理形式必然是一种非正式的治理形式，强调非正式的控制。由于联合会各成员之间的关系松散，不具备强制的约束性。因此，联合会强调基于信任等社会资本的非正式控制。这种非正式的控制也可以从联合会的治理机构的具体职能看出：会员大会的作用是通过形成决议来指导会员合作社的行动，这些决议对于会员合作社并无强制性的约束力，更多的是强调对各会员合作社的指导作用，而指导作用是否能够达到预期效果，则取决于各会员合作社之间的信任，也取决于会员合作社对联合会的信任；联合会中的理事会作为常设的管理机构，主要负责会员大会决议的执行，代行有关部门的某些职能等，这些行为更多地强调理事会的服务功能，也不具备强制性的约束力。因此，联合会的治理形式强调以非正式的控制为主，强调信任等社会资本的约束作用。

（二）联合社形式的联合

农民专业合作社联合社的发展主要表现为两种形式：一种是封闭式的

联合，即只在农民专业合作社之间进行联合，另一种则是开放式的联合，合作社与其他从事相同业务甚至是相关业务的企业、个体户等的联合（苑鹏，2008）。从联合社的成员构成来看，既有横向的联合，比如，农民专业合作社之间组建的销售联合社，其目的是为了集中各农民专业合作社所拥有的销售能力；也有纵向的联合，比如，产业链条上的产、供、销等主体组建的联合社，其目的是为了对产业链进行整合，更好地开展原材料采购、生产、加工、销售、运输等活动。

1. 联合社的联合动机

从实践来看，联合社既能实现各农民专业合作社之间的功能联合（如销售、生产等功能），也能实现各农民专业合作社之间的要素集聚，即建立产、供、销一体化的联合体。因此，农民专业合作社之间、农民专业合作社与上下游企业之间组建联合社的目的可以归结为两个方面，即控制性任务协调和同质性资源整合。具体来说，所谓的控制性任务协调，就是要加强对各项活动的控制。农民专业合作社通过组建联合社，可以通过完善成员大会、理事会、监事会的各项规章制度，把原来各成员社单独的活动纳入联合社中进行统一管理，这将加强对各项活动的控制，能够有效地调配各项资源来进行生产、加工、销售、运输等活动，从而发挥联合社内部控制的优势，降低成本。从另一个方面来看，联合社成立的目的主要是为了加强对各成员社所拥有的资源进行整合，通过整合为一个联合社所拥有的资源，促进整个产业链成员之间的联合，进而发挥联合社规模大、能力强的优势，更好地完成生产、销售、加工、运输等任务。

2. 联合社的治理形式

联合社的组织机构包括成员大会、理事会、监事会。在治理的过程中，联合社的各个组织机构按照规章制度各负其责，各行其职，其治理形式更多强调基于正式制度的控制，强调规章制度的约束力。具体的来说，成员大会决定联合社的重大决策，大会所形成的决议对联合社成员均具有约束力；理事会主要发挥决策功能，按照规章制度对各项决策进行充分论证并做出科学的决策；监事会则主要对理事会的经营管理活动做好监督工作。在联合社中，所有的部门一般都有明确、详细的工作程序、章程、制度和职责，各部门在运作的过程中都有明确的行为规范标准。

三　典型案例分析

在案例选择方面，主要通过实地调研、收集网上相关报道、提取科研论文中的典型案例等方法获取资料。具体来说，在联合社方面，主要收集了黑龙江省讷河市大豆合作社联合社①、潍坊然中然农产品专业合作社联合社②、重庆市万州区满隆农产品专业合作社（联合社）三家的相关资料；在联合会方面，主要收集了赣州市农民专业合作社联合会③和瑞安市农民专业合作社联合会④的有关资料。在对所收集的资料进行了分类整理后，形成了农民专业合作社联合的动机及治理形式表（具体如表 6.5 所示）。

表 6.5　　　　　　农民专业合作社的联合动机及治理形式

名称	联合动机	治理形式
潍坊然中然农产品专业合作社联合社	整合资源：通过成立联合社，降低经营成本，形成发展合力	正式控制（制度化）：成立成员大会、理事会和监事会，并做出要求生产活动必须接受联合社的监督与指导
	控制性任务协调：统一包装、统一商标、规范食品管理措施和标准	
重庆市万州区满隆农产品专业合作社（联合社）	整合资源：横向联盟，抱团发展，拓展农民专业合作社农产品销售渠道	正式控制（制度化）：组建成员大会、理事会、监事会、办公室、采购部、销售部、加工部、财务部等"三会一办四部"管理机构，健全完善财务管理、采购管理等 18 个内部管理制度，实行按制度办事，用制度管人
	控制性任务协调：共同开展"农超、农社、农校、农企"等销售对接工作	
黑龙江省讷河市大豆合作社联合社	资源整合：形成产业规模，克服分散弊端	正式控制（制度化）：成立成员大会、理事会、监事会，理事会发挥决策功能，监事会做好监督，各部门、各分社抓好落实
	控制性任务协调：经营管理"九统一"，共同创建品牌	
瑞安市农民专业合作社联合会	资源共享：促进合作社之间的产业整合、优势互补、资源共享、互利互惠	非正式控制（非制度化）：引导和帮助会员拓展业务、创立品牌；提供信息咨询、会计代理等服务；除此之外，还需要引导会员严格执行国家有关标准和规范，帮助会员实施农产品生产全程质量控制，做到标准化生产，生态化种养等
	非控制性任务协调：为农民专业合作社联系市场、沟通政府，提供服务和帮助	

① 朱启臻：《联合社的作用远非经济——以黑龙江省讷河市大豆合作社联合社为例》，《中国农民合作社》2012 年第 4 期。

② 宋学宝等：《探访我省首家农民专业合作社联合社》，大众日报，2011 年 3 月 31 日。

③ 赣州市农民专业合作社联合会简介，http：//www.gzsnlh.com。

④ 瑞安市农民专业合作社联合会简介，http：//www.ralhh.com/about.asp。

续表

名称	联合动机	治理形式
赣州市农民专业合作社联合会	资源共享：开展专业教育和业务培训；提供科技、信息、农副产品开发项目等服务 非控制性任务协调：引导农民专业合作社等各类农民合作经济组织规范运作、健康发展	非正式控制（非制度化）：组织会员单位开展和参加各类农产品销售活动，积极帮助扩展农产品的销售渠道；为各类农民合作经济组织提供科技、信息、管理、市场营销、农副产品开发项目等方面的服务

通过对上表中的内容进行分析，可以看出在实践中联合会和联合社组建的动机以及治理形式与前面所提出的分析模型基本吻合。从联合社的实践来看，3个联合社成立的动机都可以归结为对已有资源的整合，通过集约化、规模化经营来降低成本，形成规模优势，以克服单个农民专业合作社分散经营的劣势；在治理措施上，各联合社都强调了要在联合社内成立成员大会、理事会、监事会等机构，并且，明确规定要建立相应的规章制度，规范各成员社的行为，比如，潍坊然中然农产品专业合作社联合社要求生产活动必须接受联合社的监督与指导，要求规范生产且产品包装也必须接受联合社的指导和认可，并且统一使用"然中然"商标；重庆市万州区满隆农产品专业合作社（联合社）完善了合作社章程和民主管理、财务管理、采购管理、销售管理、收益分配、社务公开等18个内部管理制度，实行按制度办事，用制度管人。因此，联合社的治理形式更强调正式控制，强调制度在联合社经营过程中的作用。

相反，联合会的成立动机更多是为各个会员提供服务和帮助，从而实现各农民专业合作社之间的资源共享，加强相互间的交流，并促进农民专业合作社与政府、市场的联系，促进信息交流；在治理举措上，各个联合会也建立了相应的理事会、代表大会等机构，但是，从其业务范围看，这些活动对于各农民专业合作社更多的是起指导、帮助的作用，而非强制性的要求，也没有统一的规章制度约束各个农民专业合作社的活动。因此，联合会的治理形式更多强调非正式的控制。

四　结论与启示

上述研究表明，当农民专业合作社的联合动机是为了降低成本、提高内部价值时，应该以联合社的形式进行联合；当农民专业合作社的联合动机是为了提高交易价值、降低内部化成本时，则应该以联合会的形式进行联合。对于农民专业合作社的联合与合作，有如下结论与建议。

第一，联合社是农民专业合作社之间联合的主要形式，但联合会也是重要的联合形式，两者都不可或缺。从实践看，已经有越来越多的农民专业合作社考虑采取联合社的方式来进行联合，联合社已经成为主要的联合形式，通过联合社可以发挥规模经济、降低交易成本、共创产品品牌、共建加工实体、共拓市场。联合社联合了多个农民专业合作社、企业，能够通过正式的控制调配原有各个成员的资源，因而具有更强的实力，能够更好地达成目标。但是，值得注意的是，联合会在某些时候，也是重要的联合形式，当农民专业合作社联合的目的仅仅是为了共享信息、进行教育培训，或者是出于行业自律的目标时，采用联合会的形式是比较合适的，特别是，联合会的目标是加强会员之间、会员与政府之间的联系和合作，具有很强的服务性，而不具备营利性。因此，农民合作社在进行联合与合作时，应当出于自愿原则，认真思考联合的目的是什么，不应该为联合而联合。

第二，联合社的治理应该以正式控制为主，但是，基于信任的社会资本约束应当作为重要的补充。联合社的治理应该强调建立正式的规章制度、规范等进行控制，但是，联合社在治理的过程中，为了加强纵向一体化经营，对农产品进行深加工、扩大业务范围，这需要各个农民合作社、企业的共同努力，在强调正式控制时，也要强调信任的作用，特别是在联合社成立之初，应该通过加强各合作社之间、合作社与企业之间、农户与联合社之间的联系，通过加强联系、接触，提高各成员、农户对联合社的信任，从而能够避免成员主体不信任联合社、为自身谋利益等不利于联合社发展的行为。

第三，农民专业合作社联合的目的是农户、农民专业合作社、生产加工企业等参与主体的利益最大化。无论是联合会还是联合社，都应该考虑如何最大化各参与主体的利益，特别是对于联合社而言，这一点尤为重要。从联合社的成员来看，有农民专业合作社，也有加工企业，还有运输企业等，在农民专业合作社中还包括很多的农户。当联合社成立后，应该考虑如何使各主体获得更多的利益，这样才能让各参与主体愿意继续合作。

第四，联合不是必须的，应该考虑联合的成本与收益。虽然，联合社、联合会已经在实践中获得了很大的发展，但是，从交易价值视角来看，联合并不是必须的，应该考虑联合的成本与收益，即比较联合后获得的收益、成本与不联合的收益、成本，然后，决定是否联合，而不是为了联合而联合。因为，联合后虽然降低了交易成本，但是，也提高了内部整合成本，特别是，当联合后采用统一品牌时，部分主体的不道德行为还可能给联合体的统一品牌带来很大的风险。

第五节　农民专业合作社的经营效率分析

随着农民专业合作社数量的增长和各地政府引导扶持力度的加大，农民专业合作社越来越受到人们的重视，其效率水平直接影响到农民专业合作社自身的发展及各社员自身的根本利益。然而不可忽视的是，当前我国农民专业合作社效率依然较低，在自身管理和发展方面仍面临诸多难以回避的问题。因此，现阶段农民专业合作社效率水平如何以及如何度量，如何提高经济效益，增强市场竞争力，是中国农民专业合作社面临的重要课题。

目前，我国有关农民专业合作社效率评价的研究处于起步阶段，学者多从农民专业合作社选取类型、评价理论基础、评价指标体系、评价方法等方面进行研究。多数研究者将焦点集中在合作社效率理论的研究，关于合作社效率评价的实证研究较少，且并无一个大家公认的标准的、统一的评价指标体系和评价方法。[①] 本节在理论分析的基础上，分别选取重庆、浙江和山东三个具有代表性的区域，从区域差异的角度重点分析农民专业合作社的效率问题，进一步挖掘区域差异对农民专业合作社效率的影响。

一　模型、指标与数据

（一）DEA 模型

DEA 方法理论中最具有代表性的是两大模型，一是 Charnes 等（1978）基于规模报酬不变（Constant Return to Scale，CRS）的 CCR 模

---

① 徐旭初、吴彬：《治理机制对农民专业合作社绩效的影响——基于浙江省 526 家农民专业合作社的实证分析》，《中国农村经济》2010 年第 5 期。

型，另外一个是 Banker 等（1984）提出的基于可变规模报酬（Variable Return to Scale，VRS）的 BCC 模型。在 CCR 模型中，前提存在着一种不符合实际的假设状况，然而，在利用 DEA-CCR 模型测量的效率中，无法区分决策单元的技术效率和规模效率，即规模大小不会对效率产生影响，这说明了 CCR 模型做出的效率评价不能有效地反映现实状况。基于此，我们对农民专业合作社的效率评价主要是在可变规模报酬下，对其技术效率、纯技术效率和规模效率等三个效率评价。

（二）投入产出指标

选取合适的投入产出指标是效率评价的关键，我们选取的投入产出指标力求做到能够体现效率评价指标的重要性。为了体现所选取指标的重要性，通过对指标的标准差、变异系数和协调系数分散的分析，获得了对效率评价结果有重要影响的指标。同时考虑到了所需的投入产出指标数据易于收集以及数据收集成本的可控性。目前有些针对农民专业合作社效率研究的学者，选取了如种子、农药、小型机械和化肥等原材料为投入指标（Galdeano Gómez，2008；黄祖辉等，2011），虽然选取更多的投入指标可以更为准确地把握细节，但同时，指标的增加会在一定程度上增加多重共线性的风险，因此，为了尽可能真实地反映客观现实同时避免这一问题，我们选取合作社成员数量（个）、固定资产净值（万元），以及购买生产品的支出和管理费用等的总支出（万元）为投入指标，选取当年合作社总收入（万元）为产出指标。

（三）数据说明与描述

本节所使用的数据来源于课题组的实地调查，以及重庆、浙江和山东2013 年统计年鉴，这些数据包含了作为样本三省范围内的全部农民专业合作社，但数量较为冗杂，真正意义上的合作社与不规范甚至名存实亡的合作社交织在一起，而且研究所选取的合作社是一种具有相同或相近产品类型的农民专业合作社，因此，我们对数据进行了科学处理。通过已有数据以及实地调查，剔除了其中数据不完备以及入不敷出的合作社，筛选出118 家合作社，其中重庆40 家、浙江36 家以及山东42 家，具体结果见表6.6。通过表6.6 可以发现，重庆市的40 家合作社的社员数量、固定资产、总支出和总收入的均值和离差在三个省市中最小；而山东省的42 家合作社的社员数量、固定资产、总支出和总收入的均值和离差在三个省市中最大。

表 6.6　　　　　　　　　　　**各省市合作社样本的描述统计**

指标	重庆		浙江		山东	
	均值	标准差	均值	标准差	均值	标准差
成员（个）	412.96	803.78	586.12	1706.94	663.82	2215.45
固定资产（万元）	87.07	1641.74	98.13	21316.48	134.38	64531.23
总支出（万元）	226.87	75498.10	382.33	118703.67	762.14	314368.79
总收入（万元）	237.56	82801.23	397.95	153105.23	883.73	528793.68

二　评价结果及其分析

这里将测度重庆、山东以及浙江三省市农民专业合作社处于同一生产前沿下的总体效率，并对其效率水平进行比较。同时又将分别评价某一省市合作社处于不同生产前沿下的效率，并对各省市合作社内部的效率差距进行比较。

（一）总体效率评价结果

利用 DEA 评价方法中的 BCC 模型对重庆、浙江和山东三省市 118 家合作社的效率进行评价。为使效率评价清晰有效，我们在三省市整体效率评价的基础上，又进行了分别评价，即各省市里的不同效率进行汇总，具体见表 6.7。

表 6.7　　　　　　　　　　**农民专业合作社总体评价效率均值**

省市	合作社总数	有效个数	技术效率	纯技术效率	规模效率
三个省市	118	21	0.784	0.859	0.913
重庆	40	2	0.673	0.768	0.876
浙江	36	6	0.783	0.879	0.890
山东	42	13	0.896	0.931	0.962

从表 6.7 可以发现，在 118 家样本农民专业合作社中，只有 21 家达到有效，有效率不到 1/5。由此可见，我国农民专业合作社的整体效率水平较低。通过对达到有效的 21 个农民专业合作社进行实际调查发现，这些效率有效的合作社都具有一定的规模，在市场占有一定的地位，其竞争

优势非常明显，总的来说其农业专业化水平和农民组织化程度都较高。然而，从三个省市农民专业合作社总体技术效率均值为 0.784 可以看出，其技术效率水平偏低。针对效率评价结果，结合实际调查，可以认为造成农民专业合作社效率低下的有两个主要原因，一是当前我国的农民专业合作社在发展过程中存在着很多诸如供求信息不充足、获取信息的渠道单一、技术落后和管理水平低级等问题。二是我国多数的农民专业合作社规模较小，难以彻底地发挥其经济优势。

此外，从表 6.7 最后三行所呈现的数据可以发现，山东省农民专业合作社的三个平均效率值远高于相应的总体平均效率值，分别为 0.896、0.931 和 0.962。重庆市农民专业合作社的三个平均效率值却远低于相应的总体平均效率值，分别为 0.673、0.768 和 0.876。为了进一步分析三省市农民专业合作社的平均效率值之间是否具有显著异质性，利用 t 检验分别对合作社的三个平均效率值进行两两检验。检验结果显示，在技术效率和纯技术效率方面，浙江和山东两省合作社之间的异质性在统计上不显著，而重庆市合作社显著低于浙江和山东两省的合作社，在规模效率方面，根据检验结果显示，重庆、浙江、山东三省市农民专业合作社之间都不存在明显差异。

（二）分省市评价结果比较

这里将 118 家合作社根据所属省市划分为三类，利用 DEA 中的 BCC 模型分区域对各省市农民专业合作社效率进行测量，具体结果见表 6.8。

表 6.8　　　　　　　　　**各省市合作社内部效率均值**

省市	合作社数	有效个数	技术效率	纯技术效率	规模效率
重庆	40	28	0.956	0.980	0.976
浙江	36	15	0.876	0.937	0.934
山东	42	24	0.950	0.970	0.979

从表 6.8 中可以发现，分区域测量后，重庆市效率有效的合作社个数最多而且所占比例最大，这主要是因为 DEA 是一种相对有效的评价方法，由于重庆市中各个合作社差异性不明显，各个指标数据离散程度较小，从而增加了合作社的有效数量。结合表 6.7 与表 6.8，还可以看出，重庆市农民专业合作社的内部在经营、技术、规模优势等方面的能力差异并不明显，因而三个平均效率值差距小，分别为 0.956、0.980 和 0.976。然而，

浙江省农民专业合作社内部在经营、技术、规模优势等方面的能力差异明显，三个平均效率值分别为 0.876、0.937 和 0.934，其差距较大。而山东省农民专业合作社的规模效率均值为 0.979，说明其内部各合作社之间规模经济效率的差异性最小。

通过表 6.7 和表 6.8 的比较，可以发现各个效率值并不一致，造成这种现象的原因是，在两表中，农民专业合作社所比较的基准不相同，表 6.7 是总体效率，其评价数量是所有 118 家合作社，而表 6.8 以区域将合作社分为了三类，分别针对各省市农业专业合作社进行效率评价，其评价数量分别为 40、36 和 42。我们通过比较表 6.7 和表 6.8 中的三个平均效率值，发现重庆市农民专业合作社的整体平均效率值在三省市合作社中最低，但其内部平均效率值，除规模效率以外却是最高的。浙江省合作社的技术效率、纯技术效率水平略低于山东省合作社，略高于重庆市合作社。但其内部各合作社之间效率水平最低，且其效率值差距最大。山东省合作社无论是整体效率水平还是内部效率水平都在一个较高的水平，这说明山东省合作社在经营管理、技术利用、规模优势等方面较突出，具有一定的竞争优势。

(三) 效率异质性产生的原因

为了更深层次地对上文各省市所表现出的效率差异问题进行探索，我们认为存在着多种因素对农民专业合作社的效率产生影响，特别是区域差异，如不同区域的经济发展水平，所位于的地理位置等，例如，山东省的农民专业合作社不仅要与本省市的农民专业合作社进行竞争，还要与周边省市的农民专业合作社进行竞争，在市场经济下的优胜劣汰机制下，使得山东省的农民专业合作社不断地完善管理办法，促使组织管理能力不断提高，而效率也随着提升。但对于浙江省合作社，由于经济发展水平较高，地处沿海，主要从事的都是附加价值较高的水产养殖类产品，较少关注于附加价值较低的蔬菜水果类产品，所以对于蔬菜水果类合作社效率水平的差异性就较大。重庆市由于地处西南属于山城，经济发展水平相对也不高，目前重庆市蔬菜水果类合作社所生产的产品主要供应于本市内部，属于在管理、技术和规模上都不高，且差异性也不明显。此外，我们发现，我国当前的农民专业合作社，虽然数量较多，但是规模却较小，所以，作为样本的这三个省市的农民专业合作社的规模效率的差异性并不显著。

三　结论与启示

以重庆、浙江、山东这三个省市为样本，通过 DEA 方法，对这三个省市的农民专业合作社整体，以及各省市农民专业合作社的技术效率，进行了系统的评价和分析。研究结果说明，不同区域的农民专业合作社会呈现出不同的发展状态，因为会受到当地的经济发展条件、自然资源状况以及所处的地理位置等因素的影响。具体可以得出如下启示。

第一，基于不同的省市地区，对农民专业合作社的扶持措施及支持政策均需因地制宜，也就是说要尊重农民专业合作社发展的差异性，尊重既有的差异性既是有效地促进农民专业合作社发展的基础，也是前提。就现阶段的农民专业合作社而言，虽然加入这一组织已是一种形式和发展趋势，但政策的作用却更为巨大，不仅影响着农民专业合作社发展数量，也影响着农民专业合作社的发展质量。但是，现阶段我国的政策却存在不容忽视的问题，这些问题集中表现在，政府支持显现出了示范偏好和规模偏好，扶持的侧重点是规模大的、发展好的农村专业合作社；此外，在具体的政策制定过程中，各级部门以自身角度为出发点，政策有不同的侧重，导致重叠性和冗杂性；政策缺乏对不同地区的不同农民专业合作社发展情况的具体性，没有整体的科学规划，也缺少财务制度和管理制度。因此，依据区域差异，制定科学有效的扶持措施，通过控制不同区域的扶持力度，使得支持方式具有针对性和协调性，使得不同区域属性的农民专业合作社优势互补，协调创新以促发展。

第二，因地制宜，依据不同省市的战略位置，针对市场需求，发展具有竞争优势的合作社。随着农民专业合作社的发展壮大以及所生产农产品的细化，农产品类型在不断地增加，但是并非每个产品都能成为畅销产品，都不一定适合各个区域。因此，农民专业合作社应注重对区域性农产品的开发与推广。但是，不同农民专业合作社有不同的发展特点和优势，不是所有的合作社都适合区域性的农产品推广，比如有些产品的生产成本和适合范围较狭窄。要想使农民专业合作社在市场竞争中取得较好的成绩，就需要制定和实施一种适合当地区域产品市场的产品，从而提高我国农民专业合作社整体效率水平。

第三，重视发展走出去战略，通过不同区域的农民专业合作社的合作，从而提高不同区域的农产品的市场化程度。这种跨区域的农产品产业化的经验方式，是指某一区域的农民不仅应本区域市场发展要求，同时以外部区域的市场需求为发展目标，涉及区域外部的投资生产、办厂加工以及销售，通过与外部区域的合作，实现资源的合理配置和优势互补，进而提升农业专业化水平。通过走出去，可以优化资源配置，拓宽农业发展空间，稳定农产品货源，促进农民专业合作社发展，使得农民专业合作社走上一条资源有效共享、不同区域间的优势互补的外向型发展的道路。这样一来，不仅能够促进我国的农民专业合作社的效率水平的提升，而且对我国促进农业产业化、现代化有重要的意义。

第七章

农民专业合作社的运行机制

第一节　成员选择与激励机制

国际合作社联盟于1995年明确了合作社应遵循的七项原则：自愿与开放的成员；成员民主控制；成员经济参与；自治和独立；教育、培训和宣传；合作社之间的合作；关心社区。其中前三项原则是核心，目的是保证合作社是成员联合所有、民主控制的共同体。依据2007年颁布的《农民专业合作社法》第三条规定，我国农民专业合作社应当遵循的五项原则为：成员以农民为主体；以服务成员为宗旨，谋求全体成员的共同利益；入社自愿、退社自由；成员地位平等，实行民主管理；盈余主要按照成员与农民专业合作社的交易量（额）比例返还。其实在农民专业合作社的实际运营过程中，无论是按照国际合作社联盟确定的原则还是按照我国《农民专业合作社法》确定的原则，农民专业合作社对成员都不能有歧视性选择行为、应对成员采取公平的激励行为。

从中国农民专业合作社形成逻辑来看，绝大多数农民专业合作社从一开始都是典型的异质性成员之间的合作：（1）个体成员之间在年龄、受教育程度、工作经历上存在差别；（2）成员之间的资源禀赋（资本资源、自然资源、人力资源和社会资源等）有着明显不同；（3）成员之间在生产规模、生产成本、技术水平、生产策略上差别明显；（4）在农产品纵向一体化体系中，不同成员处于产业链的不同位置；（5）成员之间在风险偏好和利益诉求方面存在差别。在成员异质性条件下，农民专业合作社实践中面临现实困境：面对其他主体的竞争压力、农业的产业化变革以及市场环境的快速变化，如果按照《农民专业合作社法》的规定，合作社在选择成员时，不设要求和标准，只要成员愿意加入，不考虑其资源能力、参与意愿和态度、团队意识、技术水平等因素，会导致入社成员参差不齐、难以采取有效的集体行动；在激励机制上，限制资本收益、主要按交易量（额）分配盈余，缺乏对要素投入和承担风险的成员的激励，容易挫伤部分承担资本、技术、管理等稀缺要素并承担经营风险的成员的积极性。同时，内部自愿与开放的成员原则还使得农民专业合作社的经营规模处在不稳定的状态中。在大多数农民专业合作社中，当成员参与合作社事务积极性不高，参与意愿不强，很多成员对合作社的事情漠不关心、事不关己、高高挂起的心态普遍存在，"有利则来，无利则往"的成员大量存在，合作社很难实现规范运作和可持续发展。

面对上述困境，部分农民专业合作社开始调整其成员选择与激励政策，以克服集体行动的困境。例如，在浙江、山东、江苏等地，为了保持农民专业合作社的竞争力、成员获得更大收益，农业生产者进入合作社的门槛在抬高，专业农业生产者逐渐取代普通兼业农业生产者成为合作社成员的主体。出于节约成本和降低风险的考虑，部分农民专业合作社通过在章程中限制成员的入社条件，成员退社时已购股金不能退回而只能转让等方法，以及通过设置严格的退出机制来限制合作社骨干成员的退社行为，以期维持合作社的稳定运行，避免"搭便车"行为。在经营过程中为了获取信贷支持，有效开拓市场，部分合作社往往不需要过多成员参与，而选择性接受成员。与此同时，许多农民专业合作社向成员提供选择性激励等措施，明晰合作社公共积累的产权，完善成员股份的可增值与可转让机制，给合作社成员兑现"一份付出、一分收获"，用"公平"替代原来的平等，从而使成员得到不同于集体利益的选择性激励。

在农民专业合作社从数量增长型发展向质量提升型发展的背景下，立足于成员异质性的客观现实，建立有效的成员选择与激励机制是保障农民专业合作社可持续发展的必要条件之一。鉴于此，本节以成员异质性为出发点，采用信号传递博弈模型刻画研究的问题，并构建对应模型；通过对模型求解及分析，探寻成员异质性条件下农民专业合作社的成员选择与激励机制，进而为推动农民专业合作社的规范运行和可持续发展提供决策参考。

一　成员选择与激励模型建构

（一）成员选择模型

信号传递（Singaling）是指在博弈过程中拥有信息优势的一方为使对

方确信其行为的有效性，通过某种方式和渠道向对方发送相关信息以兹证明的过程。实践中，农民为显示自己有能力、有责任感、有团队合作意识、有技术和资金实力等，一般会向农民专业合作社发送相关信息，通过显示自己的能力以获取合作社的加入许可。通过筛选，在变成正式成员后，合作社面临的又一重要问题是如何通过利益分配机制激励其积极参与合作社的各项事务，增强合作社的实力和竞争力。当合作社收益分配比率超过某值时，成员可能会努力参与合作社事务，关心合作社发展，不置身事外；当收益分配比率太低，低于某值时，成员可能没有参与的积极性，得过且过，存在偷懒、敷衍了事等行为。合作社成员选择及激励流程如图 7.1。

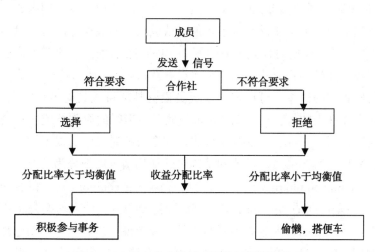

图 7.1　农民专业合作社成员选择及激励流程

　　为使模型简化，假设只有一个农民专业合作社，需要挑选有资源、有能力、有合作意识、有团队协作意愿的成员加入，以满足其可持续发展需求，有 i （ $i = 1.2, \cdots, n$ ）位成员，他们选择加入合作社。假设农民专业合作社和成员的行为都是理性的，即以实现或追求自身利益最大化为目标，且都为风险中性。若某成员没有成功加入合作社，其可以把资源和能力投入到其他项目上，换句话说，单个成员每期期末都会有一定收益。假设博弈过程有两个时期 T_1 和 T_2， η_i 为第 i 位成员在 T_2 期间获得的收益，且 η_i 在区间 $[0, m_i]$ 上服从均匀分布，成员知道 m_i 的真实值，即知道自己的真实类型，且该信息为其私人信息，即合作社不知道 m_i 的确切值，但知道第 i 位成员属于 m_i 的先验概率分布 $f(m_i)$ 。在 T_1 时期，第 i 位成员根据自己的类型首先向合作社传递信号 θ_i，信号中包含的信息有成员的资金实力、责任感、团队合作意识、奉献精神、管理能力、市场开拓能力、技术水平等。合作社从收到的信号中推断成员的收入水平为 $\eta_i(\theta)$，且 $\eta_i(\theta) = m_i(\theta)/2$。其中，$m_i(\theta)$ 为合作社依据成员发送的信号 θ_i 而推断该成员最大的收入水平。在第二个时期 T_2，成员的收益状况取决于三种可能情况：成功、一般（什么事都不做）或失败。就单个成员而言，其目标是使 T_1 时期的收益和 T_2 时期的期望收益的加权平均值最大，即：

$$U(\theta_i, m_i, \eta_i(\theta)) = (1 - \lambda_i)\eta_{0i}(\theta) +$$
$$\lambda_i[m_iP_{1i}(m) - \kappa_{2i}P_{2i}(m) - \kappa_{3i}P_{3i}(m)] \tag{1}$$

其中，$\eta_{0i}(\theta)$ 为第 i 位成员在时期 T_1 时的收益，λ_i 为第 i 位成员在时期 T_2 时预期赢利的权重，$0 \leqslant \lambda_i \leqslant 1$，$P_{1i}$ 为第 i 位成员在周期内成功的概率，可理解为投资某项目和从事其他事情成功，如成功加入合作社等；P_{2i} 为第 i 位成员在周期内收益一般的概率，即不赔不赚，可理解为成员休闲在家，或投资某项目或从事其他事情没有获得收益；P_{3i} 为第 i 位成员在周期内彻底失败的概率，可理解为该成员投资某项目或其他事情完全亏损，如加入合作社失败等；κ_{2i} 为第 i 位成员收益一般时的净收益或净损失，其净值为零，即 $\kappa_{2i} = 0$，κ_{3i} 为第 i 位成员完全失败时发生的损失。

信号传递博弈的所有可能的精练贝叶斯均衡可以划分为三类：分离均衡（separating equilibrium）、混同均衡（pooling equilibrium）和准分离均衡（semi-separating equilibrium）（张维迎，2006）。分离均衡是指不同类型的发送者以 1 的概率选择不同的信号，或者说，没有任何类型选择与其他类型相同的信号。在这种均衡下，信号准确地揭示出信号发送者的类型。就这里而言，成员发送的信号能反映它的真实类型，能够给合作社的判断提供充分的信息和依据，这是合作社所期望的均衡结果。我们只讨论分离均衡的情形①。由以上分析可知，$\kappa_{2i} = 0$，$P_{3i}(m) = \theta_i/m_i$，把其代入式（1）可得：

$$U(\theta_i, m_i, \eta_i(\theta)) = (1 - \lambda_i)\eta_{0i}(\theta) + \lambda_i[m_iP_{1i}(m) - \kappa_{3i}P_{3i}(\theta_i/m_i)]$$
$$\tag{2}$$

对式（2）求 θ_i，m_i 的偏导数得：$\dfrac{\partial^2 U(\theta_i, m_i, \eta_i(\theta))}{\partial\theta_i\partial m_i} = \lambda_i\kappa_{3i}/m_i^2 \geqslant 0$

---

① 这里只分析了信号传递的分离均衡情况，而混合均衡和准分离均衡情形未加讨论，这将是未来研究需要解决的问题。

从上式可知，成员的收入水平越高，意味着其能力、责任心、团队意识或技术水平等积极因素就越好，其加入合作社的成功概率就越大，失败的概率就越小。把 $\eta_i(\theta) = m_i(\theta)/2$ 代入式（2），可得：

$$U(\theta_i, m_i, \eta_i(\theta)) = (1 - \lambda_i) m_i(\theta)/2 + \lambda_i [m_i P_{1i}(m) - \kappa_{3i} P_{3i}(\theta_i/m_i)] \tag{3}$$

对式（3）求 θ_i 的导数得：

$$U(\theta_i, m_i, \eta_i(\theta)) = (1 - \lambda_i) m_i{}'(\theta)/2 - \lambda_i \kappa_{3i}/m_i \tag{4}$$

根据前文的假设，农民专业合作社可以从成员传递的信号 θ_i 中有效推断 m_i，据此可知 $m(\theta(m)) = m$，且知 $\partial m_i/\partial \theta_i = (\partial \theta/\partial m_i)^{-1}$，把 $m(\theta(m)) = m$，$\partial m_i/\partial \theta_i = (\partial \theta/\partial m_i)^{-1}$ 代入式（4）并令其等于零得：

$$U(\theta_i, m_i, \eta_i(\theta)) = (1 - \lambda_i)/2 - \lambda_i \kappa_{3i}/m_i((\partial \theta/\partial m_i)) = 0 \tag{5}$$

对式（5）两边求积分得：

$$\theta_i(m) = \left[\left(\frac{1 - \lambda_i}{4\lambda_i \kappa_{3i}} \right) m_i{}^2 \right] + A \tag{6}$$

其中，A 为常数。式（6）为成员的均衡结果，对式（6）进行整理得，$m_i(\theta) = 2 \left[(\theta_i - A) \frac{\lambda_i \kappa_{3i}}{1 - \lambda_i} \right]^{\frac{1}{2}}$

如果在合作社中，成员参与合作社事务的积极性不高，参与意愿不强，很多成员对合作社的事情漠不关心，事不关己、高高挂起的心态普遍存在，这显然会影响合作社的发展。因 $\eta_i(\theta) = m_i(\theta)/2$，故可得：

$$v' = \eta_i(\theta) = \left[(\theta_i - A) \frac{\lambda_i \kappa_{3i}}{1 - \lambda_i} \right]^{\frac{1}{2}} \tag{7}$$

式（7）即为合作社根据成员发送的信号 θ 而推断出的成员的收益状况。由等式不难看出，成员的能力越强（资金实力、合作意识、团队意识、技术能力等综合体现），成员的收益越高，其加入对合作社发展的价值就越大。尽管合作社不能直接观察到单个成员的能力，但其可通过观测成员的收入状况来判断其能力，从而为其选择决策提供参考。若该收益水平符合合作社的标准，则选择该成员加入合作社，否则拒绝其加入。假设合作社的标准为 v_0，有以下两种选择：

① 若 $\eta_i(\theta) = \left[\frac{\theta_i - A}{1 - \lambda_i} \lambda_i \kappa_{3i} \right]^{\frac{1}{2}} \geq v_0$，则表示成员符合合作社的选择标

准，接受其加入合作社；

②若 $\eta_i(\theta) = \left[\dfrac{\theta_i - A}{1 - \lambda_i}\lambda_i\kappa_{3i}\right]^{\frac{1}{2}} \leq \nu_0$，表示成员的自身情况没有达到合作社的选择标准，拒绝其加入合作社。

（二）成员激励模型

假设 $\eta_i(\theta) = \left[\dfrac{\theta_i - A}{1 - \lambda_i}\lambda_i\kappa_{3i}\right]^{\frac{1}{2}} \geq \nu_0$，即成员符合合作社的选择要求。

当该成员加入合作社后，合作社需要通过设计利益分配机制促使其积极参与到合作社事务和发展的进程中来，避免该成员参与不足，对合作社事务漠不关心及搭便车现象的发生。

假设农民专业合作社经营一段时间后的收益为 R，该收益在 i $(i = 1.2，\cdots，n)$ 位成员间分配，第 i 位成员获得的收益分配比率为 $\tau_i(0 \leq \tau_i \leq 1)$，该收益分配比率由合作社决定，合作社可以通过调节比率来达到自己的决策目的，因为成员加入合作社的目的明确，就是能够节约成本，获得更多的收益，所以收益分配方式对其行为的影响是明显的。当然，合作社为自身发展，需要在多给成员收益同时，也会考虑自身收益留存问题。收益分配原则就是：一方面能够让成员积极参与合作社事务中来，为合作社发展尽心尽力；另一方面为合作社未来发展留存尽可能多的收益。法律要求合作社以服务成员为宗旨，即尽可能多地分配收益给成员，这也是合作社吸引成员加入的原因之一；但是，随着合作社进一步发展及产业链条的进一步延伸，其在发展过程中大多会遇到资金短缺问题，已危及其生存的程度，所以在其收益分配中，保留部分收益是必要的。假设成员偷懒获得的收益小于 ν'。则成员和合作社的收益分别为：$\varphi_i = \tau_i R$，$\varphi_a = \left(1 - \displaystyle\sum_{i=1}^{n} \tau_i\right) R$。

合作社在制定收益分配比率时，会对成员实际分配的收益额与推断出的成员收益水平进行比较。其比较过程如下：

当 $\varphi_i > \nu'$，即 $\tau_i R > \left[(\theta_i - A)\dfrac{\lambda_i\kappa_{3i}}{1 - \lambda_i}\right]^{\frac{1}{2}}$ 时，易得

$$\tau_i > \left[(\theta_i - A)\dfrac{\lambda_i\kappa_{3i}}{1 - \lambda_i}\right]^{\frac{1}{2}}/R \tag{8}$$

此时，合作社可以调低其收益分配比率，因为收益分配比率此时位于

$$\left[\frac{\left[(\theta_i - A) \frac{\lambda_i \kappa_{3i}}{1 - \lambda_i} \right]^{\frac{1}{2}}}{R}, \ 1 \right]$$ 之间，在此之间，成员会选择努力参与合作社

事务。

当 $\varphi_i < v'$，即 $\tau_i R < \left[(\theta_i - A) \frac{\lambda_i \kappa_{3i}}{1 - \lambda_i} \right]^{\frac{1}{2}}$ 时，易得：

$$\tau_i < \frac{\left[(\theta_i - A) \frac{\lambda_i \kappa_{3i}}{1 - \lambda_i} \right]^{\frac{1}{2}}}{R} \tag{9}$$

此时，合作社应该调高其收益分配比率，因为收益分配比率在

$$\left[0, \ \frac{\left[(\theta_i - A) \frac{\lambda_i \kappa_{3i}}{1 - \lambda_i} \right]^{\frac{1}{2}}}{R} \right]$$ 之间时，成员会选择偷懒，对合作社的发展漠

不关心等不作为行为。

当 $\varphi_i = v'$，即 $\tau_i R = \left[(\theta_i - A) \frac{\lambda_i \kappa_{3i}}{1 - \lambda_i} \right]^{\frac{1}{2}}$ 时，易得：

$$\tau_i = \frac{\left[(\theta_i - A) \frac{\lambda_i \kappa_{3i}}{1 - \lambda_i} \right]^{\frac{1}{2}}}{R} \tag{10}$$

此时，合作社不需要对收益分配比率再做调整，维持该收益分配比率是最好的选择。

二　成员选择与激励机制设计

由前文的式（7）可知，成员能力（团队意识、资金实力、合作意愿、技术水平等）越强，其预期收益水平就越高，合作社根据发展需要，制定相应的成员选择策略：若合作社发展处于快速上升阶段，则应选择资金实力较强的成员；若合作社处于市场开发阶段，则应选择技术水平、创新型成员加入；若合作社处于产业链延伸拓展阶段，则应侧重选择管理能力、组织能力较强的成员。通过这种方式把能力高且合作社发展需要的成员吸引进来，有利于合作社的健康运作和可持续发展。合作社应先制定好

标准，根据成员发送的信息来的判断其是否合作社满足这一标准，若达到，则选择其加入，否则拒绝。

由前文的式（8）可知，当收益分配比率 $\dfrac{\left[(\theta_i - A)\dfrac{\lambda_i \kappa_{3i}}{1 - \lambda_i}\right]^{\frac{1}{2}}}{R} < \tau_i \leqslant 1$ 时，即成员在参加合作社后获得的收益大于预期收益时，其会努力参与合作社交易、增加交易量且积极投身到合作社事务中来，为合作社的发展出谋划策，不会选择偷懒或搭便车。此时，合作社可以调低收益分配比率，以保留更多收益，以备未来发展所需。若合作社所处发展阶段不需要保留收益，则可尽可能多地把收益分配给成员。只要分配比率位于该区间，成员就不会发生道德风险问题。

由前文的式（9）可知，当收益分配比率 $0 \leqslant \tau_i < \dfrac{\left[(\theta_i - A)\dfrac{\lambda_i \kappa_{3i}}{1 - \lambda_i}\right]^{\frac{1}{2}}}{R}$ 时，即成员在参加合作社后获得收益小于其预期收益，合作社知道若不调高该收益分配比率，成员会选择偷懒，不关心合作社的事务。成员的不积极作为对合作社影响很大，不利于合作社的发展，甚至会导致合作社倒闭。所以合作社的最优选择是调高收益分配比率，分配更多收益给成员。同时，成员清楚自己能力强，不努力工作对合作社造成的损失很大，所以此时，成员也会认为合作社会增加对他们的收益分配额。

由前文的式（10）分析可知，当收益分配比率 $\tau_i = \dfrac{\left[(\theta_i - A)\dfrac{\lambda_i \kappa_{3i}}{1 - \lambda_i}\right]^{\frac{1}{2}}}{R}$ 时，即成员获得收益等于预期收益，此时达成均衡状态，一方面合作社不会调高该比率，因为合作社知道此时成员会努力工作，不会偷懒，为保留更多留存收益，合作社没有必要再提高分配比率；另一方面也不会调低该比率，否则成员会选择偷懒，对合作社事务不关心，出现道德风险问题。

三　结论与启示

高质量的成员对合作社生产规模扩大、市场的有效开发、产品的不断创新、战略方向的正确选择等都具有积极影响，是农民专业合作社健康可持续发展的必要条件。本节运用信号传递博弈模型研究了合作社对成员的选择问题，建立了相应模型，给出了结果，并探讨了利益分配机制，得出了利益分配均衡点。本节从成员异质性视角出发，针对经典合作社理论和《农民专业合作社法》对成员选择和激励的规定与农民专业合作社实践中成员选择和激励行为之间存在冲突的现实问题，分别构建了理论分析模型，通过模型求解探讨了农民专业合作社的成员选择与激励机制设计问题。研究结果表明：在成员异质性条件下，农民专业合作社应先制定好标准，根据成员发送的信息来判断其是否达到合作社发展的要求。农民专业合作社要合理确定收益分配比率，一方面要满足成员的需求，确保成员积极参与合作社事务，不发生道德风险问题；另一方面，要合理确定保留收益比例，以确保进一步发展需要。

本节所探讨的成员选择及激励机制问题对农民专业合作社的规范运行和可持续发展有如下启示：第一，考虑到成员异质性的客观现实，对农民专业合作社的成员选择行为要持宽容态度，不宜生搬硬套经典合作社原则和法律要求而对其过于苛求和责备，要以能否有利于促进合作社发展的要素集聚和成员参与问题的解决为出发点衡量合作社成员选择的具体措施；第二，基于成员异质性这一前提，农民专业合作社要在对留存收益，成员获得收益与其预期收益进行充分的调查和摸底的基础上，合理设计成员激励机制，在有利于实现组织可持续发展的同时，针对不同成员的利益诉求确定差别化的收益分配机制，从而激发成员的积极参与。

第二节　土地承包经营权入股与要素合作

代理理论（agency theory）认为，组织就是存在于各群体之间的各种合约（nexus of contracts），管理者、所有者、投资者、员工向组织提供各种投入，相应地从组织获得各种回报（Staatz，1989）。作为一种兼有企业和共同体双重属性的社会经济组织，[①]农民专业合作社在本质上是不同利益相关者为了共同利益而结成的契约组织。为了形成并发挥组织功能，农民专业合作社需要有效集中成员的资源并通过合作经营的方式为成员服

---

① 在1995年举行的合作社100周年代表大会上，国际合作社联盟（ICA）对合作社的定义是：合作社是人们自愿联合、通过共同所有和民主管理的企业，以满足经济、社会和文化需求和愿望的一种自治组织。

务。目前，我国农民专业合作社的发展总体上尚处于初期阶段，在快速发展的进程中仍然面临诸如规模小、结构松散、运行不够规范、经营不稳定、竞争力弱、带动力不强等问题，亟须创新产权制度。随着《农村土地承包法》以及土地承包经营权流转相关政策的推行，土地承包经营权作价出资入股具有了理论和现实可能性，成为了农民专业合作社产权制度创新的重要突破口。农业部农经统计数据显示，截止到 2015 年年底，全国有 78304 个农民专业合作社采取了土地股份合作方式，占农民专业合作社总数的比重为 6.88%，入股土地面积 35456651 亩，社均入股面积为452.81 亩，入股成员 4275892 个，社均 54.61 人。由此可见，成员选择将土地承包经营权入股农民专业合作社并开展多要素合作已经具有一定规模，并呈现良好发展势头。

一　土地承包经营权入股的必要性

（一）增强农民专业合作社资本筹措能力的需要

农民专业合作社作为独立的法人所开展生产、经营是以合作社依法享有的独立财产作为责任财产。成员出资的方式、数额、变现程度，是合作社法人财产数量与质量的直接制约因素，并且附带性地决定了其与相关交易方之间交易风险大小。目前，资本筹措能力有限、有效的法人财产的缺乏是农民专业合作社发展中普遍存在的问题。其表现为如下几个方面。

（1）成员出资有限，非农民成员（即涉农企业、事业单位或者社会团体成员）缺乏主动出资的动力。出于对农民成员的倾向性保护，《农民专业合作社法》对合作社中农民成员与非农民成员在成员总数中所占比例做了明确限定。一方面，法律将农民在农民专业合作社的成员总数中所在最低比例限定为 80%，并且严格限制企业、事业单位或者社会团体成员的数量，[①] 但农民成员却不可避免地存在出资能力有限的问题；另一方面，《农民专业合作社法》中明确规定，农民专业合作社成员大会作为"权力机构"在实际运行中实行基本表决权（"一人一票"）和附加表决权（按照章程规定出资额或者与本社交易量（额）较大的成员享有），其

---

① 尽管《农民专业合作社法》并未设定农民专业合作社的出资额及出资比例，但却在其第 15 条第二款规定，农民专业合作社成员总数二十人以下的，可以有一个企业、事业单位或者社会团体成员；即使是成员总数超过二十人的情况下，企业、事业单位和社会团体成员也不得超过成员总数的百分之五。该款实质上是立法者严格限制企业、事业单位或者社会团体成员的数量。

中对附加表决权的总票数做了一定的限制：不得超过本社成员基本表决权总票数的 20%，并且还规定了章程可以限制附加表决权行使范围，这无疑大大降低了非农民成员控制或实际参与农民专业合作社经营、管理的可能性，是其出资动力不足的主要原因之一。

（2）资本报酬有限，成员向合作社投资激励不足。成员出资有限、非农民成员动力不足，以及市场风险等各种不确定性的存在，使得农民专业合作社可分配盈余往往并不明显，并间接影响到资本报酬额；相反，资本报酬获取的有限性，却又制约了成员或潜在成员向合作社投资的积极性。

（3）成员退社时可以将出资带走，自有资本缺乏稳定性。《农民专业合作社法》第 19 条对社员退社做出了明确规定，农民专业合作社成员可以依据要求退社，并且严格限制成员提出退社请求的期限，即农民成员应当在"财务年度终了的三个月前向理事长或者理事会提出"，非农民型成员则"应当在财务年度终了的六个月前提出"，但不可避免地会影响到农民专业合作社法人资本的稳定性和生产、经营的持续性。

（4）盈余有限，公共积累不足。农民专业合作社是在家庭承包经营基础上，主要以成员为服务对象的合作组织。由于农业生产经营收益普遍较低、农民专业合作社成员出资有限以及经营管理者的专业能力普遍不高等多方面因素制约，因此，农民专业合作社的盈余能力非常有限，同时依据《农民专业合作社法》第 35 条的规定，这势必会导致农民专业合作社从当年盈余中提取的公积金存在不足的问题。

（5）抵押财产缺乏，贷款融资困难。《农民专业合作社登记管理条例》第 8 条明确规定了农民专业合作社的两种出资方式：其一是货币出资；其二是以实物、知识产权等能够用货币估价并可以依法转让的非货币财产。不过，由于农民专业合作社是以农民成员为主，但农民却在货币出资方式上的出资额较少，加之非农民成员往往又缺乏大量投资的动力，因此农民专业合作社普遍存在缺乏充足的抵押财产的问题。缺乏必要的抵押财产，又间接导致了贷款融资困境。

（6）政府支持有限，扶持资金较少。尽管《农民专业合作社法》第七章明确将"扶持政策"纳入立法作专章规定，但目前中央政府和地方各级政府总体上尚存在财政支农资金有限的问题，加之财政税收体制机制固有积弊、商业性金融机构往往缺乏向农民专业合作社提供相关金融服务的风险保障和投资积极性等因素，以致我国政府对农民专业合作社发展的支持力度仍然是有限的，缺乏充足的扶持资金。

鉴于此，农户通过土地承包经营权作价出资，有利于扩大农民专业合作社成员的出资途径，有利于增强合作社的资本筹措能力。在实践运营中，有的农民专业合作社在接受成员以地入股的同时，要求成员对入股的土地每亩配套缴纳一定数额的现金出资；有的农民专业合作社将入股土地统一规划以后租赁给业主经营时，向业主每亩收取一定数额的押金；有的农民专业合作社要求入社的社员以其投入农民专业合作社的土地承包经营权为合作社提供担保。

（二）增进成员与合作社之间利益联结的需要

农民专业合作社作为法人，原则上应当以成员向农民专业合作社提供资本作为其获得合作社成员资格的首要前提。然而，对于合作社成员的出资问题，《农民专业合作社法》并未明确规定成员的出资额、具体出资方式以及是否出资等问题，成员资格的取得相对比较容易。在农民专业合作社章程中对于成员出资的要求也千差万别，没有统一的规定和要求。在实践中，由于绝大多数农民专业合作社的形成和发展主要依赖大户农业生产者、农业投资者、农业企业、农产品销售商、农资供应商、技术推广服务机构、社区领袖、供销社等利益相关者的牵头与运营，因此，这些核心成员往往承担了农民专业合作社的出资任务；相反，绝大多数农业生产者作为普通成员，却拥有较为紧缺的货币资产，也缺乏货币出资意识。在这种"核心成员出资、普通成员不出资"的组织联结体中，"有利则来，无利则往"成为缺乏货币出资能力的普通成员参与合作社事务的主要原则，导致其与农民专业合作社的利益联结性较为松散。对此，农民专业合作社采取以地入股的方式，则往往会形成两个主要方面的优益：一方面，强化成员的出资意识，增强成员与合作社之间的利益联结度；另一方面，通过土地承包经营权作价出资（有的配套投入一定现金出资），让成员拥有更多股份并"按股分红"，增加成员的收入，加固成员与合作社之间利益联结。

（三）农民专业合作社开展适度规模经营的需要

土地零碎分散、土地规模化程度低、耕地抛荒、土地增值收益分配不公等现实情况，是蓬勃发展了30余年的农村家庭承包经营制度在当代的真实写照。对此，全国各地普遍在坚持以家庭承包经营为基础、统分结合的双层经营体制的基础上，推进土地承包经营权流转，探求应对农村家庭经营制度窘境的有效措施。十七届三中全会《决定》对土地承包权做出了明确规定，其核心精神是在土地承包关系保持稳定长久不变的前提下，允许以多种形式流转土地承包经营权，发展多种形式的适度规模经营。坚持以农户的自愿加入的基本原则，农户以土地入股，对农户的土地承包经营权作价出资以后交给农民专业合作社统一经营、管理，这不会改变家庭承包经营性质，不会改变农户原有的土地承包关系，也不会改变土地权属和土地用途，更不会损害农民土地承包权益。一方面，这种模式满足了农民专业合作社对土地规模经营的需求，有利于合作社打造规模化生产基地，增强辐射带动能力，提升土地经营规模；另一方面，这种模式还坚持了农户对承包土地的经营权、控制权和收益权，[①] 避免了工商资本大量进入农业、大规模租赁农户承包地而对农业和农村经济社会所可能引致的负面冲击。

（四）农民专业合作社实施标准化生产的需要

为了提高合作社所生产农产品的产量与质量，农业标准化生产日益受到重视。农业标准化生产是指以生产技术把农业生产的产前、产中、产后全过程纳入规范化的生产和管理轨道，包括产前农资供应，产中生产监管、生产技术控制、产品质量和生产标准的控制，以及产后农产品销售等多个环节。对于"一家一户"的分散的小规模生产而言，实施标准化生产确有较大难度。相反，以地入股农民专业合作社，则将成员分散的土地通过以地入股的方式集中起来，大大降低了规模化、标准化经营的成本，较好地改变了成员分散组织生产、经营的局面，有利于相对集中、规模化的生产基地的建立和发展，推动农民专业合作社开展标准化生产，不断提高农副产品的产量和质量。

二　以地入股农民专业合作社的运行特征

基于实地调研的分析发现，以地入股农民专业合作社在经营模式、资本结构、决策结构以及收益分配等方面具有以下基本的运行特征。

（一）实行"统分结合"的经营模式

以地入股农民专业合作社是农户为了增进共同利益而采取的集体行

---

① 农民专业合作社是"民办、民管、民收益"的组织，土地承包经营权入股合作社以后，农户仍然是合作社的所有者。

动，属于以家庭承包经营为基础、统分结合的双层经营体制的基本内容。在保持土地所有权和承包经营权不变的前提下，农民专业合作社将统筹安排对土地的使用。一般情况下，对入股的土地合作社首先进行统一规划整治，然后统筹安排生产，如合作社统一规划品种、统一采购农产品生产原资料、统一农产品生产技术与生产管理、统一对销售农产品等服务；田间生产管理主要由入社农户分片管理或者由合作社雇员管理。对于没有以地入股的成员的产品生产，合作社一般提供技术服务，以优惠的价格统一收购产品，成本、收益独立核算，盈余按交易量（额）返还。

（二）采取货币出资与土地承包经营权作价出资为主的资本结构

在以地入股农民专业合作社，除了外围的"联系成员"以外，绝大多数成员都是出资者。大户农业生产者、农业投资者、农业企业、农产品销售商、农资供应商、技术推广服务机构、社区领袖、供销社等主体是货币资本、人力资本和社会资本等稀缺的关键生产要素的所有者，往往出于自身的利益考量而倾向于采取货币资产出资方式，并持有相对多数出资额。① 其目的在于，通过出资掌握合作社的实际控制权，进而获得更多服务和利润。一般农业生产者则由于货币资本有限，并且不愿承担过多风险，虽然会承担一定货币资产出资，但却相对较少（少数成员甚至不缴纳货币出资），反而倾向于以土地承包经营权作价出资，通过出资获得合作社的服务并分享利润。对于土地承包经营权的作价出资，多数合作社采取的做法是由全体成员评估作价，而不是请专业的评估机构评估作价；在出资年限上，一般综合考虑入社农户的意愿、合作社经营的存续期、农产品的生产周期、承包地二轮承包的剩余年限等因素确定；在具体的作价方法上，大多参考土地承包经营权预期收益、当地的土地流转价格，根据土地的类型和等级以及合作社经营收益情况综合确定。

（三）建立以"三会"制度为主体的决策结构

通过使以地入股成员与合作社的利益连接变得更加紧密，成员对合作社的参与意识也得以普遍提高。为此，以地入股农民专业基本都按照《农民专业合作社法》以及有关规定，建立健全了成员（代表）大会、理

---

① 生产大户一般也会把土地承包经营权作价出资入股到合作社，拥有关键技术的成员也会采取技术作价出资方式。

事会、监事会"三会"制度。按照章程规定，成员（代表）大会是农民专业合作社的最高权力机构，在合作社进行选举和表决时实行基本表决权（一人一票）和附加表决权（以出资额或者与本社交易量（额）为依据分配享有权）；日常事务由理事会负责，重大事项由成员（代表）大会民主决策。但是，由于成员（代表）大会召开次数和发挥的作用有限，因此理事会和监事会实际拥有对农民专业合作社的控制决策权和经营决策权。在理事会和监事会成员中，由于大户农业生产者、农业投资者、农业企业、农产品销售商、农资供应商、技术推广服务机构、社区领袖、供销社等成员居多，并且大多拥有一定社会资源并且在合作社拥有较多出资额，因此尽管在决策机制上能坚持民主管理，但"一人一票"所体现的成员平等参与管理决策的精神并未能得到有效坚守。

（四）实行以"保底收益+按股分红"为主的收益分配方式

通过集聚成员的土地承包经营权，以开展规模化、集约化经营，使得以地入股农民专业合作社具有较之于未开展以地入股的农民专业合作社具有更强的盈利能力。在盈余分配方面，以地入股农民专业合作社的经营收益，首先按照章程或者协议约定，对农户入股的土地承包经营权支付固定收益（与当地土地流转租金相当），这部分支出在财务上一般被视为经营成本。扣除各类经营成本以后的盈余，一般按照弥补亏损、提取公积金、股份分红的先后顺序分配。提取公积金的主要原因在于，成员的货币资本投入有限，还处于发展初期的以地入股农民专业合作社需要这部分资金用于弥补亏损、扩大生产经营或者转为成员出资，以增强合作社的发展能力和服务能力。以地入股农民专业合作社的可分配指的是对弥补亏损、提取公积金以后的当年盈余，按照章程规定或者经成员大会决议确定的具体分配办法，返还或分配给成员（实践中主要以股份分红方式在成员之间进行分配）。

三　以地入股农民专业合作社的产权分析

（一）以地入股农民专业合作社的财产所有权

对于以地入股农民专业合作社而言，由于成员投入合作社的生产要素包括土地资源、资本资源（主要是现金）、人力资源（包含技术）和社会资源等，其财产所有权的界定变得复杂化。

首先，如何界定成员入股的土地产权是一个关键问题。从实际运行情况来看，一般都将土地承包经营权作价出资部分计入合作社的出资总额，但这部分出资需要特别注明。成员入股的土地在产权上具有以下四个特点：其一是农户将土地承包经营权作价入股合作社后未办理财产的转移手续，因此，土地的集体所有性质没有变化，入社农户仍然是土地承包权人，入股的承包地也不是合作社法人的独立财产，合作社没有占有权。其二是为了获得股权，入社农户需要将承包地的经营权让渡给合作社，也就是说，合作社对入社农户的承包地在约定的入股期限内可以行使使用权。其三是对于入股到合作社的承包地，入社农户拥有收益权。入社农户按照土地承包经营权作价出资形成的股份，可以参与合作社相应的盈余分配。其四是由于入股土地没有办理变更土地登记手续，合作社对入社农户的土地没有处置权。多数以地入股农民专业合作社的章程都对土地承包经营权做出了明确规定，在解散、破产清算时，土地承包经营权不得用于清偿农民专业合作社的债务，不得作为剩余资产进行分配。合作社终止时，入股土地将退回原承包农户。

在资本资源方面，大户农业生产者、农业投资者、农业企业、农产品销售商、农资供应商、技术推广服务机构、社区领袖、供销社等主体由于资本资源相对丰裕而缴纳较多现金出资；部分以地入股农户根据合作社的要求缴纳与入股土地面积相匹配的现金出资；部分农户由于资本资源有限和不愿承担过多风险等因素而缴纳少量现金出资甚至不出资。对通过货币出资方式投入合作社的资本金，成员一般拥有占有权（在成员退出合作社时，章程规定可以退回入社资金），使用权（可以向合作社投售产品和使用合作社提供的服务等）和收益权（按出资额分配盈余），但一般没有转让权。

在人力资源和社会资源方面，大户农业生产者、农业投资者、农业企业、农产品销售商、农资供应商、技术推广服务机构、社区领袖、供销社等主体一般是这两种资源的所有者。对于人力资源和社会资源而言，从产权的属性上归其所有者占有，但一旦这些成员将其投入到合作社就很难排除其他成员的使用和收益，比如，一般农业生产者可以通过参加合作社，分享农产品销售商的销售渠道、大户农业生产者的技术、社区领袖的社会关系等资源，并获得这些资源的部分收益。在对其所投入的人力资源和社会资源要素产权残缺的条件下，这些资源的投入者或者通过直接作价出资方式参与收益分配；或者通过现金出资占有相对多数股份的方式获得合作社的实际控制权，进而通过有利的剩余分配方式以实现资源的控制权和收益权。

（二）以地入股农民专业合作社的剩余控制权

对于以地入股农民专业合作社而言，剩余控制权的关键在理事会和监事会的构成以及决策机制。

首先，从以地入股农民专业合作社的形成过程来看，大户农业生产者、农业投资者、农业企业、农产品销售商、农资供应商、技术推广服务机构、社区领袖、供销社等主体出于自身利益的考量，充当了合作社创建和发展的主导力量，同时提供了合作社创建和发展所需要的资本资源、人力资源和社会资源等生产要素。由于"先天"参与了合作社的经营管理活动并掌握经营管理所需要的一些资源，比如，市场渠道、社会关系和企业家才能等，这些成员拥有合作社生产经营上的自然控制权。对于一般的入股农业生产者而言，由于在资金融通，人力资本、组织网络、物质资产等资源禀赋上的种种缺陷，他们不愿意也没有能力掌握合作社生产经营控制权。

其次，从以地入股农民专业合作社的资本结构来看，以地入股在拓展合作社的出资途径的同时，也扩大了合作社出资者的规模，但是，不同成员之间的出资额仍然存在差异。大户农业生产者、农业投资者、农业企业、农产品销售商、农资供应商、技术推广服务机构、社区领袖、供销社等主体虽然人数相对较少但单个出资额相对较多，为了维护自己的出资权益，他们更愿意也更有可能获得与经营管理相联系的剩余控制权；而一般入股农户由于人数相对较多和个体出资相对较少，获得与经营相联系的剩余控制权的激励不足，而更愿意将与经营相联系的剩余控制权委托给有资源和能力的人员，保留与出资相联系的剩余控制权。

再次，从以地入股农民专业合作社的决策机构来看，理事会和监事会一般都是由成员选举产生。在理事会和监事会成员的选择上，成员有权决定谁来行使合作社的经营控制权。大户农业生产者、农业投资者、农业企业、农产品销售商、农资供应商、技术推广服务机构、社区领袖、供销社等主体由于在合作社创建和发展提供了关键生产要素和专用资产，承担了合作社创建的组织成本和经营风险，他们都希望拥有合作社的经营控制权，所以他们会选择自己作为合作社的管理者。其他成员由于自身不具备管理者的素质，多数一般不会选自己当管理者；选别人的话也倾向于选择那些有资源和能力的人，一是这些成员相对更具备管理能力，二是这些成员对合作社进行了较多的投入，相对更可靠。

因此，从资源禀赋、产权结构以及成员选择的角度来看，大户农业生产者、农业投资者、农业企业、农产品销售商、农资供应商、技术推广服务机构、社区领袖、供销社等主体一般更可能成为合作社的管理者，由他们组成的理事会和监事会获得合作社的自然控制权的同时拥有合作社的主要剩余控制权。对于理事会和监事会的决策机制，一般会坚持民主管理原则；但是，少数大股东或者个别有能力、有威望的成员对决策的实际影响力较大。值得注意的是，一般入社农户由于将土地承包经营权作价出资入股到合作社，他们跟合作社之间有资本的纽带，利益联结更加紧密，他们会积极参与合作社的各项事务，也希望获得合作社的剩余控制权。

（三）以地入股农民专业合作社的剩余索取权

对于以地入股农民专业合作社而言，剩余索取权的关键在于对以地入股统一经营产生的盈余（收入在扣除所有固定的合同支付的余额）的要求权的确定。

从实际情况来看，以地入股农民专业合作社客观上至少存在六种不同类型的成员，即单纯以现金入股的成员，单纯以地入股的成员，单纯向合作社交易产品的成员，兼有以现金入股和以地入股的成员，兼有以现金入股和向合作社交易产品的成员，兼有以现金入股、以地入股和向合作社交易产品的成员。由于不同成员与合作社的要素投入和交易关系不同，他们对收益权的要求自然不同。例如，有现金入股的成员期望其投入的资本获得满意的回报；有以地入股的成员期望在获得入股土地稳定可靠收益的前提下尽可能参与合作社的盈余分配；有产品交易的成员期望在获得产品销售稳定可靠的回报的前提下尽可能参与合作社的盈余分配。因此，如何平衡成员对合作社收益权的要求对以地入股农民专业合作社的可持续健康运行尤为重要。

以地入股农民专业合作社当前的主要经营模式是通过集中成员的土地开展规模化、集约化经营，进而提升竞争和服务能力。因此，那些既没有以现金入股也没有以地入股的成员通常会被视作合作社的"外围"成员，不能分享以地入股统一经营部分的收益。当然，这部分成员也能分享合作社的收益。一般而言，以地入股农民专业合作社将"外围"成员与合作社的交易单独核算，扣除固定支付以后的盈余先提取公共积累，然后，将可分配盈余按照成员与合作社的交易量（额）比例返还。

农户以地入股合作社以后，以前拥有的土地经营权让渡给了合作社，意味着丧失了家庭经营土地的收益，但可以凭借持有的股份参与合作社的收益分配。由于对合作社的盈利前景和盈余缺乏稳定的预期，加之不愿意承担监督管理者的成本，以地入股农户大多不会接受"风险共担，利益共享"原则，让其入股的承包地承担与现金出资同样的风险。所以，出于现实的利益考虑，他们一般要求入股的承包地首先获得一个相对稳定的收益（一般与土地流转收益相当），然后再参与盈余分配（将土地流转给其他主体所不能享受的收益）。一旦合作社承诺支付给成员入股的承包地稳定的收益，并通过合同的形式确定下来，那么，这部分支付实际就变成了合作社的经营成本（与其他经营成本没有本质区别），应该从合作社的收益中扣除。因此，以地入股农民专业合作社的剩余索取权不包括对成员入股的承包地的固定收益的要求权。

大部分合作社通常会从盈余中提取公共积累（例如，公积金、风险金）扩大合作社的经营和服务能力，然后，将提取公共积累以后的可分配盈余在入股成员之间进行分配。对分配到入股成员个人的盈余的索取权而言，关键的问题是剩余索取的基础（依据）的确定，也就是这部分盈余如何在入股成员之间进行分配的问题。由于农户以地入股后，其投入的承包地获得了相应的股份，并取得与现金出资形成的股份同等的剩余索取权，以地入股农民专业合作社对扣除各种支出以后的可分配盈余的索取基础非常明确，那就是按成员持有的股份份额进行分配。对于现金出资较多的成员，他们贡献了较多的货币资本（部分是人力资源、社会资本投入的外在体现），付出了较多的经营努力，承担了更多经营风险，通过股份分红获得相对较多的剩余索取权满足了其当初的期望；对于以地入股的成员，在获得入股承包地的稳定收益的前提下，通过股份分红获得了分配盈余的剩余索取权也满足了其当初的期望。

由此可见，上述基于现实博弈形成的剩余索取权安排满足了参与各方的利益诉求，是一种均衡的制度安排。以地入股农民专业合作社上述剩余索取权安排是否违背了《农民专业合作社法》规定的盈余分配原则呢?①
这需要本着实事求是的态度客观地加以分析。对于以地入股农民专业合作
社而言,少数成员作为资本资源、人力资源和社会资源的拥有者,一般跟
合作社没有产品交易;以地入股农户将土地承包经营权让渡给合作社集约
经营以后,与合作社也不再有产品交易,因此,坚持"按合作社成员与
本社的交易量(额)比例返还,返还总额不得低于可分配盈余总额的
60%",显然不具有可操作性。由于以地入股农民专业合作社集聚了成员
的土地资源、资本资源、人力资源、社会资源,通过集约经营的方式生产
产品,成员跟合作社之间存在要素合约关系,因此,按成员的股份分配盈
余在某种程度上是"按交易量返利"的间接体现。问题的关键在于,以
地入股成员的分红和没有入股的成员的交易返利总额是否低于法律规定的
"可分配盈余总额的60%",而这又很大程度上取决于合作社的资本结构,
特别是土地承包经营权的作价出资所占的股份份额,例如,调高土地承包
经营权的作价出资额,其在合作社的股份中所占的比例也会相应提高,对
以地入股成员获得更多可分配盈余显然更为有利。

四　结论与启示

在坚持和完善农村基本经营制度的基础上,如何构建集约化、专业
化、组织化、社会化相结合的新型农业经营体系是当前理论界和实践界面
临的一个重大现实问题。作为一种以多要素合作为主要内容的制度创新模
式,以地入股农民专业合作社的经验值得深入总结。本节从多要素合作视
角探讨了以地入股农民专业合作社的运行机制与产权分析。研究发现,以
地入股农民专业合作社是不同要素所有者为了共同的利益而结成契约组
织,成员之间在要素投入上的差异性会深刻影响合作社的产权安排:在财
产所有权上,由于土地承包经营权的作价出资入股,以地入股农民专业合
作社客观上存在的资本资源、土地资源、人力资源和社会资源等多要素出

---

① 《中华人民共和国农民专业合作社法》第 37 条规定:"在弥补亏损、提取公积金后的当
年盈余,为农民专业合作社的可分配盈余。可分配盈余按照下列规定返还或者分配给成员,具体
分配办法按照章程规定或者经成员大会决议确定:(一)按成员与本社的交易量(额)比例返
还,返还总额不得低于可分配盈余的百分之六十;(二)按前项规定返还后的剩余部分,以成员
账户中记载的出资额和公积金份额,以及本社接受国家财政直接补助和他人捐赠形成的财产平均
量化到成员的份额,按比例分配给本社成员。"

资格局，必然导致股份化资本结构安排。股份化的产权结构，一方面使得各投入要素的产权界定复杂化，另一方面会形成少数大股东与多数小股东并存的状况。在以地入股农民专业合作社的剩余控制权上，从资源禀赋、产权结构以及成员选择的角度来看，大户农业生产者、农业投资者、农业企业、农产品销售商、农资供应商、技术推广服务机构、社区领袖、供销社等主体一般更可能成为合作社的管理者，由他们组成的理事会和监事会获得合作社的自然控制权的同时拥有合作社的主要剩余控制权。在剩余索取权上，"外围"成员与合作社的交易一般会单独核算（与以地入股统一经营的收益区隔开），这部分可分配盈余按照成员与合作社的交易量（额）比例返还；对入股成员而言，合作社统一经营产生的可分配盈余主要按股份份额进行分配，这在某种程度上是"按交易量返利"的一种间接体现。作为一种制度创新模式，以地入股农民专业合作社通过合约的方式以股份为纽带有效积聚了土地、资本、技术、管理等多种生产要素，既顺应了当前土地以承包经营权流转的趋势，也找到了一条符合农村实际的适度规模经营道路。对以地入股农民专业合作社而言，大户农业生产者、农业投资者、农业企业、农产品销售商、农资供应商、技术推广服务机构、社区领袖、供销社等主体充当了资本家和企业家的双重角色，他们把剩余索取权和剩余控制权相对应，使得风险承担者和风险制造者相统一，既解决了集体行动所面临困境问题，同时也避免了各种代理问题。从"激励相容"的角度来看，以地入股农民专业合作社的产权安排在现阶段是合理的、有生命力的。

作为一种土地流转制度创新，以地入股农民专业合作社尚处于发展初期，在实践中还面临着一些现实问题。例如：以土地为主要的入股要素，但资本、技术等稀缺生产要素的注入相对不足，尚未形成多元化的要素投入机制，进而制约了合作社经营规模的扩大和经营能力的提升；部分以地入股农民专业合作社的"三会"制度流于形式，大户农业生产者、农业投资者、农业企业、农产品销售商、农资供应商、技术推广服务机构、社区领袖、供销社等有资源和能力的核心成员掌握合作社决策权的现象较为普遍；以地入股农民专业合作社缺乏有效的激励和约束机制，等等。为了促进以地入股农民专业合作社的健康可持续发展，需要在坚持的"不得改变土地集体所有性质、不得改变土地用途、不得损害农民土地承包权益"的前提下，结合发展实际，着力推进如下主要的经营机制创新。

一是创新要素集聚机制。积极发动和吸收拥有土地承包经营权的农户（特别是常年在外务工的农户、已经或者即将转户进城的农户）入社，壮大成员队伍；鼓励和支持入社农户通过作价出资入股将承包地集中到合作社，扩大土地集约经营面积；鼓励和倡导全体成员多出资，支持成员在以地入股的同时配套增加现金投入，将承包地作价出资和货币出资、技术出资有机结合，扩大出资规模，优化资本结构；加强土地承包经营权入股合作社机制的规范化，建立土地承包经营权作价评估机制。

二是创新规范化运行机制。规范以地入股农民专业合作社的组织形式，切实实施"三会"制度，确保合作社的信息对称、公开；在发挥核心成员的带动作用的同时，调动普通成员参与合作社管理的积极性和主动性，提高合作社民主管理水平；切实做好社务公开，提高合作社的公信力和透明度。

三是健全激励和约束机制。遵循"利益共享，风险共担"机制，完善以地入股农民专业合作社的收益分配制度，体现制度创新公平与效率兼顾的目标；对核心成员，通过依法入大股、实行薪酬制、落实经济责任制等方式增强激励的同时，通过落实岗位责任制、强化定期报告制度、接受审议和监督等方式加强约束；对普通成员，通过提供优质服务、实施多劳多得，开展奖励活动等方式激励其提高生产效率的同时，通过完善入社和退社机制、强化在社遵章等方式加强约束。

四是建立成员维权救济机制。加强对成员权利侵害行为的责任追求，加强成员合法权益的保护力度；通过《农民专业合作社法》及其他相关法律的完善，将合作社利益维护作为"三会"的基本职责，建立符合实际的合作社利益维护机制；明确赋予符合比例的成员，在"三会"不维护或怠于维护合作社利益时代表合作社维权的代位诉讼机制；将促进、扶持合作社发展作为各级政府的基本责任，明确政府促进和扶持合作社发展以及维护合作社权益的具体实施机制，完善对政府责任履行的约束机制。

第三节　非货币财产作价出资与产品交易的定价

《农民专业合作社登记管理条例》第八条规定，农民专业合作社成员可以用货币出资，也可以用实物、知识产权等能够用货币估价并可以依法转让的非货币财产作价出资。随着实践的发展，农民专业合作社不仅仅停留在单一产品的生产或销售层面，劳务合作、土地合作、资金合作等新情况不断涌现，多种生产要素合作的局面日益丰富。多要素合作实现了"有人出人、有力出力、有钱出钱、有地出地"的发展态势，有机整合了各种生产要素的优势，使得合作社更具竞争力。当然，多要素合作也带来了合作社内部各种生产要素的评估作价、不同要素所有者之间的利益平衡问题。

在农民专业合作社实践中，还有一个值得关注的问题是，大多数与合作社有产品交易关系的成员对"二次返利"不太在意，而对以价格改进方式实施的"一次返利"比较重视。农民专业合作社通过价格改进确实可以提高成员的收益，然而，农民专业合作社的这种定价机制也存在一些问题：第一，提供价格改进使合作社的收支均衡面临一定困难；第二，通过价格改进形式返还合作社盈余将会使成员对于他们的产品或投入的真实价值产生错误印象，成员可能根据错误的价格信号而做出行动，甚至购买低于市场价格的产品作为投入，大量制造高于市场价格的产品；第三，成员将价格回报视同于惠顾返还，会低估股份投入的作用。考虑到价格改进只能在成员层面衡量，合作社如何估计成员价格改进收益。

由于非货币财产的作价出资及产品交易价格的确定关系到成员的切身利益，问题的有效解决能够促进成员积极参与合作社事务，对维护合作社稳定和保障持续发展具有积极意义。本节采用讨价还价博弈方法对农民专业合作社与成员关于非货币财产作价出资及产品定价问题进行分析。考虑到双方就价格问题不会一蹴而就，需要经过多次轮流出价才能获得彼此接受的价格，所以运用鲁宾斯坦轮流讨价还价博弈模型来刻画问题。

一　理论模型

鲁宾斯坦模型是对完全信息情形下，博弈双方按照先后顺序轮流进行基本的、无限期的讨价还价过程的模拟，该过程也被视为合作博弈的过程。农民专业合作社是由生产经营内容相同或相似的成员在自愿的基础上结合在一起，意在提高自身谈判能力和市场地位的合作性组织，虽与企业就法律主体地位、交易行为等方面存有区别，且其与成员间就交易产品和非货币资产的信息是不完全的，但双方围绕交易对象的定价问题所开展的讨价还价过程符合鲁宾斯坦模型思想，所以运用该博弈模型的思路，能够刻画双方就非货币资产及交易产品定价问题。

(一) 模型假设

成员对自己在合作社的非货币财产作价出资和产品交易的定价一般会有一个预期，设为 R_f (为方便分析，我们仅用字母 R_f 表示非货币财产和交易产品价格预期)，该信息为成员的私人信息，合作社一般不知道，但其估计 R_f 在 $[a, b]$ 区间服从均匀分布。R_f 的大小与该非货币财产和产品的特性及市场供求等因素有关，若该非货币财产和产品比较稀缺、价值较大，且市场需求旺盛，R_f 值会较大。合作社本身对非货币财产和产品的定价也有一个预期，设为 R_c，该信息为合作社的私人信息，成员一般不知道，其估计 R_c 在 $[a, b]$ 服从均匀分布。R_c 值的大小，受合作社对自身综合经营状况及未来发展前景的影响，发展前景好，R_c 值会越大。易知，若 $R_c < R_f$，即合作社对非货币财产作价出资和产品交易某一时段价格预期小于成员的预期，博弈不会发生，因为成员给出的任何报价都高于合作社的心理预期，合作社不会接受，谈判没有必要。只有 $R_c \geqslant R_f$ 时，博弈才会发生，合约才会达成。假设成员和合作社都具有学习能力，即他们会根据对方的出价不断修正自己对预计价格的估计和认识。如博弈第一阶段合作社出价为 P_{1c} 时，成员会修正对 R_c 的最初估计，对 R_c 的估计修正为在区间 $[a, P_{1c}]$ 上均匀分布。λ_f 和 λ_c 分别为成员和合作社的贴现因子，且 $0 < \lambda_f, \lambda_c \leqslant 1$，可理解为晚达成合约彼此所付出的代价，它取决于参与人的"耐心"程度。"耐心"用来刻画参与人的心理和经济承受能力，相比参与人在谈判中的心理承受能力往往会因人而异，心理承受能力较弱的最终可能仅获得较少的收益；以此类推，如果相比其他参与人有更强的经济承受能力，往往也会获得更多的收益[①]。若没有该因子，双方会倾向于晚达成交易，换句话说，双方会持续地博弈下去，以期获得一个更优的价格，最大化自己的收益。

不失一般化，先研究 n 阶段的讨价还价博弈，合作社与成员轮流出价。在双方博弈过程的第一阶段，首先合作社成员出价 P_{1f}，随后合作社选择接受或拒绝策略，若接受，博弈结束，此时成员的支付为 $(P_{1f} - R_f) q$，其中 q 为成员的非货币财产或产品交易数量，下同。合作社的支付为 $(R_c - P_{1f}) q$。在第一阶段如果合作社拒绝成员给出的报价，

---

① 房宏琳：《讨价还价模型在企业并购价格谈判中的应用》，《学术交流》2002 年第 11 期。

则博弈进入下一阶段；在第二阶段，合作社出价 P_{1c}，成员选择接受或拒绝，若接受，博弈结束，此时合作社的支付为 $\lambda_c (R_c - P_{1c}) q$，成员的支付为 $\lambda_f (P_{1c} - R_f) q$；若合作社拒绝接受成员给出的报价，双方博弈进入第三阶段。照此博弈下去，直至进入第 n 阶段，此时，博弈顺序取决于 n，若 n 为奇数，那么在博弈第 n 阶段，由成员报价，假设为 $P_{\frac{n+1}{2}f}$，此时不管合作社选择接受与否，博弈都将结束。若合作社选择接受，那么合作社的支付为 $\lambda_c^{n-1} (R_c - P_{\frac{n+1}{2}f}) q$，成员的支付为 $\lambda_f^{n-1} (P_{\frac{n+1}{2}f} - R_f) q$；若成员选择拒绝，双方潜在的支付都为 0，可理解为，对成员而言，非货币财产作价出资或产品交易没有成功，意味着无法享有合作社的收益；对合作社而言，没有集聚到非货币财产或收购到产品。若 n 为偶数，在博弈第 n 阶段，由合作社报价，设为 $P_{\frac{n}{2}c}$，同样，不论合作社成员是否接受，博弈均将结束。假若合作社成员选择接受策略，则其收益为 $\lambda_f^{n-1} (P_{\frac{n}{2}c} - R_f) q$，成员此时收益为 $\lambda_c^{n-1} (R_c - P_{\frac{n}{2}c}) q$，若合作社成员选择拒绝策略，双方潜在的支付都为零，理解同上。从双方收益表达式，可以看到当双方进行到第二阶段时，双方收益会受到折扣，折扣大小为 λ，且随着博弈的进行，折扣会大大增加，这种代价的存在会促使双方尽快达成契约。双方博弈过程如图 7.2 所示。

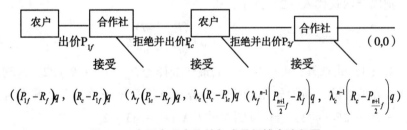

图 7.2 农民专业合作社与成员间博弈流程图

（二）模型求解

由于分析 n 阶段博弈复杂且烦琐，为求解方便，这里仅分析合作社和成员两阶段讨价还价博弈模型，即在博弈第二阶段，成员是否接受合作社的出价，博弈都将结束。尽管我们只分析了双方的两个阶段博弈过程，但这并不影响得出模型的一般结论。

这里用逆向法对该博弈模型进行求解，即先分析第二阶段（假设在博弈第一阶段，成员拒绝合作社给出的报价）合作社的选择策略。对于成员而言，这是最后机会，若拒绝，意味着交易失败，支付为 0，因此，只要合作社在第二阶段给出的报价能够保证成员的支付大于等于零，即 $\lambda_f(P_{1c} - R_f)\, q \geq 0$，成员就会选择接受合作社的报价。求解得：

$$P_{1c} \geq R_f \tag{1}$$

只要合作社在博弈第二阶段给出的报价 P_{1c} 满足 $P_{1c} \geq R_f$，成员就会选择接受报价，不论第一阶段成员的出价 P_{1f} 是多少，此时，成员的支付为 $\lambda_f(P_{1c} - R_f)\, q$。

现在回过来分析在博弈第二阶段合作社的出价 P_{1c}，合作社清楚成员的选择策略，且合作社此时对成员的预期价格修正在 $[a, P_{1f}]$ 区间服从均匀分布。据此，合作社选择合适的报价 P_{1c} 以最大化自己的期望收益。由此分析可建立如下函数：

$$\underset{P_{1c}}{Max}\lambda_c(R_c - P_{1c})\, qp_{fa} + 0 * p_{fr} \tag{2}$$

其中，p_{fa} 与 p_{fr} 分别表示成员接受和拒绝合作社在博弈第二阶段报价的概率。由上文分析可知，

$$p_{fa} = p(P_{1c} \geq R_f) = \frac{(P_{1c} - a)}{(P_{1f} - a)}$$

$$p_{fr} = p(P_{1c} < R_f) = \frac{(P_{1f} - P_{1c})}{(P_{1f} - a)}$$

把以上两式代入（2）式中，得

$$\underset{P_{1c}}{Max}\lambda_c(R_c - P_{1c})\frac{(P_{1c} - a)}{(P_{1f} - a)}q \tag{3}$$

对（3）式求解，可得合作社的最佳选择为 $P_{1c} = (a + R_c)/2$，这就是合作社在博弈第二阶段给出的报价，若成员接受该报价，那么其支付为 $\lambda_f(a + R_c - 2R_f)\, q/2$，合作社的支付为 $\lambda_c(R_c - a)\, q/2$。

现在倒回来研究博弈第一阶段的情况，对于合作社而言，已知悉博弈进行到第二阶段自己的支付是 $\lambda_c(R_c - a)\, q/2$。因此，在第一阶段它接受成员出价的条件是获得的收益大于在博弈第二阶段的收益，即 $(R_c - P_{1f})\, q \geq \lambda_c(R_c - a)\, q/2$，整理得：$R_c \geq (2P_{1f} - a\lambda_c)/(2 - \lambda_c)$。

成员了解合作社在第二阶段及第一阶段的决策方式，成员在博弈第一阶段选择合适的报价 P_{1f} 以使自己的收益最大，结合以上分析得：

$$\underset{P_{1f}}{Max}\left[(P_{1f} - R_f)\, qp_{ca} + \frac{\lambda_f(a + R_c - 2R_f)\, q}{2}p_{cra}\right] \tag{4}$$

其中，p_{ca} 为合作社在博弈第一阶段接受成员报价的概率。由上文分析

可知，

$$p_{ca} = p\left[R_c \geqslant (2P_{1f} - a\lambda_c)/(2 - \lambda_c)\right]$$

$$= \left[2(b - P_{1f}) - \lambda_c(b - a)\right]/(2 - \lambda_c)(b - a) \tag{5}$$

p_{cra} 为合作社在博弈第一阶段拒绝成员报价而在第二阶段成员接受合作社报价的概率。由上文分析可知，$p_{cra} = p_{cr} * p_{fa}$，其中 $p_{cr} = p\left[R_c < (2P_{1f} - a\lambda_c)/(2 - \lambda_c)\right] = 2(P_{1f} - a)/(2 - \lambda_c)(b - a)$，

$$p_{fa} = p(P_{1c} \geqslant R_f) = (P_{1c} - a)/(P_{1f} - a)，\text{所以得，}$$

$$p_{cra} = 2(P_{1c} - a)/(2 - \lambda_c)(b - a) \tag{6}$$

把（5）式、（6）式代入（4）式得

$$\underset{P_{1f}}{Max} \left[\begin{array}{l} q(P_{1f} - R_f)\left[2(b - P_{1f}) - \lambda_c(b - a)\right]/(2 - \lambda_c)(b - a) + \\ \lambda_f q(a + R_c - 2R_f)(P_{1c} - a)/(2 - \lambda_c)(b - a) \end{array}\right] \tag{7}$$

对（7）式求 P_{1f} 的导数并令等式等于零，解得成员在博弈第一阶段给出的最优报价：

$$P_{1f} = \frac{\left[2(b + R_f) - \lambda_c(b - a)\right]}{4} \tag{8}$$

二　不同情形下成员与合作社的定价博弈

成员参与农民专业合作社，一般有三种选择：一是不向合作社出资，只与合作社进行产品交易，把生产的产品销售给合作社；二是成员向合作社出资，拥有合作社股份，享有剩余分配权，但与合作社没有产品交易往来；三是既向合作社出资，同时又与合作社进行产品交易，此种情况下成员既拥有合作社的收益分配权，同时又是合作社的内部交易伙伴。目前，由于相当部分合作社生产经营不稳定、发展前景不明朗，加上成员缺乏货币资金，所以成员在向合作社出资时，多是非货币财产出资，如土地经营权、林权、家禽或农作物等。非货币财产作价出资面临一个现实问题，就是它们的定价机制，这关系到成员的切身利益，也直接影响他们参与合作社的积极性。确定价格过程不是一蹴而就的，是成员与合作社讨价还价的博弈过程。在三种选择下，成员的心态是不同的，前两种情形下成员和合作社要么只有产品交易要么只进行投资，换句话说成员只有一种收益来源，此种情形下，他们的耐心会更强，希望表现出较强的耐心，以获取有利于自己的收益份额；而第三种选择，成员在博弈过程中的耐心程度可能会较弱，希望尽快结束博弈，以减少谈判成本。同时，对非货币财产作价

出资或产品交易的预期价格估计可能会有所提高，因为他们知道产品交易价格谈判尽管失败，只要投资行为成功，收益也会有一定保障，所以他们不会过度在乎一种交易行为的成败与否。由上分析，我们从如下三个方面展开讨论：成员出资入股情形下非货币财产作价出资定价博弈，成员仅与合作社进行产品交易情形下产品定价博弈及成员既出资又进行产品交易情形下非货币财产作价出资与产品定价博弈分析。

（一）只有出资情形下非货币财产作价出资的定价博弈

假设成员加入合作社需要出资，出资形式可以是货币，也可以是非货币财产作价出资，例如土地承包经营权、房屋权、林权等，实践中，大多数成员因受其风险偏好和家庭财力所限投入到合作社的是非货币财产作价出资。在本部分，以非货币财产作价出资为讨论对象，以确定其均衡价格为目标。遵循上文的基本模型分析及求解，得出合作社与成员就非货币出资两阶段讨价还价博弈均衡结果如下。

（1）在博弈第一阶段，成员就投入的非货币财产作价出资给出的报价为：

$$P_{1f} = \frac{[2(b + R_f) - \lambda_c(b - a)]}{4}$$

（2）当 $R_c \geqslant (2P_{1f} - a\lambda_c)/(2 - \lambda_c)$ 时，合作社会接受成员的报价，否则拒绝，博弈进入第二阶段。此时合作社对成员的价格预期修正为在 $[a, P_{1f}]$ 区间服从均匀分布。

（3）在博弈第二阶段，合作社给出的报价为：

$$P_{1c} = (a + R_c)/2$$

（4）若满足 $P_{1c} \geqslant R_f$，即合作社的出价大于成员对非货币财产作价出资的价格预期，成员会接受报价，否则，拒绝该报价。

（二）只有产品交易情形下产品的定价博弈

产品交易是指成员把生产的产品卖给合作社的行为，产品交易价格的高低关乎成员的收益，也影响合作社的成本，确定双方都能接受的价格对稳定成员与合作社之间的关系，提高成员与合作社交易的积极性都具有重要的现实意义。假设成员和合作社对交易产品预期未来某一段时间的价格分别为 V_f 和 V_c，且该信息皆为私人信息，彼此仅知道自己的价格预期，对对方的预期不知道，但彼此估计对方的价格预期在 $[m, n]$ 区间上服从均匀分布。成员与合作社讨价还价耐心程度分别用 ω_f 和 ω_c 表示。遵循上文基本模型假设及求解，得出合作社与成员两阶段博弈均衡结果如下：

（1）在博弈第一阶段，合作社给出的报价为：

$$P_{1f} = \frac{[2(n + V_f) - \omega_c(n - m)]}{4}$$

（2）当 $V_c \geq (2P_{1f} - m\omega_c)/(2 - \omega_c)$ 时，合作社会接受成员的报价，否则拒绝，博弈进入第二阶段。此时合作社对成员的价格预期修正为在 $[m, P_{1f}]$ 区间服从均匀分布。

（3）在博弈第二阶段，合作社给出的报价为：

$$P_{1c} = (m + V_c)/2$$

（4）若满足 $P_{1c} \geq V_f$，即合作社的出价大于成员对产品的价格预期，成员会接受报价，否则，拒绝该报价。

（三）既有出资又有产品交易情形下的定价博弈

1. 非货币财产作价出资的定价博弈

在既有出资又有产品交易情形下，成员对非货币财产作价出资的价格预期为 R_f'，且 $R_f' > R_f$，因为价格预期除受了外界客观因素影响，如市场供给、同类资源价格、所在区域特征等，也受成员主观心理影响，在既有出资又有产品交易情形下，成员认为自己的收益相对有所保障，会强化对非货币财产作价出资的价格预期，换句话说，成员在此种情形下对非货币财产作价出资价格预期大于只有出资或产品交易情形下的价格预期。合作社估计成员的价格预期在 $[s, b]$ 区间服从均匀分布，且 $s > a$，s 可以理解为成员对非货币财产作价出资的最低报价，成员在两种行为同时存在的情况下会加强对非货币财产作价出资的价格要求，他们会认为出资行为失败了没关系，产品交易可以为其带来一些收益，这也是成员表现出的有限理性特征，b 可理解为合作社给出的最高价格，合作社不会受成员心理变化而改变自己的策略。成员耐心程度变量 λ_f'，且知 $\lambda_f' < \lambda_f$，由前文分析可知，成员在博弈过程中，尽管其价格预期和最低价格要求都有所增加，但其谈判的耐心程度变得更弱，因为其认为出资行为不是其利润的唯一来源，在意程度有所弱化，所以在这种博弈中，其会表现出更加急于结束的心态，不想过多浪费资源，因为谈判越久耗费就越多。合作社的耐心程度没有变，依然是 λ_c。遵循上文模型假设及求解，得出合作社与成员两阶段博弈均衡结果如下。

（1）在博弈第一阶段，成员给出的报价为：

$$P_{1f} = \frac{[2(b + R_f{}') - \lambda_c(b - s)]}{4}$$

（2）当 $R_c \geqslant (2P_{1f} - s\lambda_c)/(2 - \lambda_c)$ 时，合作社会接受成员的报价，否则拒绝，博弈进入第二阶段。

（3）在博弈第二阶段，合作社给出的报价为：

$$P_{1c} = (s + R_c)/2$$

（4）若满足 $P_{1c} \geqslant R_f$ ，即合作社的出价大于成员对非货币财产作价出资的价格预期，成员会接受报价，否则，拒绝该报价。

2. 产品交易的定价博弈

按照前文的分析思路，成员预期 $V_f{}'$ ， $V_f{}' > V_f$ ，且在 $[h, n]$ 均匀分布，且 $h > m$ ，合作社预期 V_c ，在 $[h, n]$ 均匀分布。成员耐心程度变量为 $\omega_f{}'$ ，且知 $\omega_f{}' \leqslant \omega_f$ ，变量变化原因分析同上节。合作社的耐心程度没有变，依然是 λ_c 。其他假设与上文相同，遵循上文模型假设及求解，得出合作社与成员两阶段博弈均衡结果如下：

（1）在博弈第一阶段，成员给出的报价为：

$$P_{1f} = \frac{[2(n + V_f{}') - \omega_c(n - h)]}{4}$$

（2）当 $V_c \geqslant (2P_{1f} - h\omega_c)/(2 - \omega_c)$ 时，合作社会接受成员的报价，否则拒绝，博弈进入第二阶段。

（3）在博弈第二阶段，合作社给出的报价为：

$$P_{1c} = (h + V_c)/2$$

（4）若满足 $P_{1c} \geqslant V_f{}'$ ，即合作社的出价大于成员对交易产品的价格预期，成员会接受报价，否则，拒绝该报价。

三　农民专业合作社与成员定价博弈结果分析

（1）由博弈均衡结果易知，不论是非货币财产作价出资的讨价还价博弈，还是在农产品交易过程中的讨价还价博弈，合作社成员在博弈第一阶段的出价受其价格预期和合作社的谈判耐心程度影响，若成员对自己的非货币财产作价出资或产品价格预期较高，其给出的报价就越高，这与实际相吻合，当某一事物被看好时，自然会希望卖出一个较高的价格；合作社的谈判耐心程度越强，成员报出的价格就越低，合作社的谈判耐心程度体现在资金实力、技术水平、网络资源、未来发展前景、制度建设、盈利能力及核心人物的能力等方面上，当一个合作社掌握的资源越多，在与成员谈判时，其底气越足，自然会给成员的非货币财产作价出资或交易产品报出一个较低的评估价格，成员为获得成员资格和收益，会考虑合作社要求而报出一个较低的价格。成员对非货币财产作价出资或交易产品的报价在两种情形下是不同的。在既有出资又有产品交易双重行为情形下的报价要高于仅有出资或产品交易情形下的报价。

对非货币财产作价出资两种情形下成员的出价比较如下：

$$\Delta P_{1f} = \frac{[2(b + R_f{}') - \lambda_c(b - s)]}{4} - \frac{[2(b + R_f) - \lambda_c(b - a)]}{4} = $$

$$\frac{[2(R_f{}' - R_f) + \lambda_c(s - a)]}{4}$$

由上文分析 $R_f{}' > R_f$，$s > a$，所以知 $\Delta P_{1f} > 0$。

对产品交易两种情形下成员的出价比较如下：

$$\Delta P_{1f} = \frac{[2(n + V_f{}') - \omega_c(n - h)]}{4} - \frac{[2(n + V_f) - \omega_c(n - m)]}{4} = $$

$$\frac{2(V_f{}' - V_f) + \omega_c(h - m)}{4}$$

分析同上，易知 $\Delta P_{1f} > 0$。

（2）合作社在第二阶段报出的价格与其预期价格有关，若对成员的非货币财产作价出资或产品价格预期越大，其给出的报价就越高。但在两种情形下，合作社给出的报价是不同的，在既有货币出资又有交易情形下给出的报价高于仅有货币出资或仅有产品交易情形下的报价。两种情形下合作社给出报价比较如下：

非货币财产作价出资的报价比较：

$$\Delta P_{1c} = (s + R_c)/2 - (a + R_c)/2 = (s - a)/2$$

由 $s > a$，易知 $\Delta P_{1c} > 0$，故在成员既交易又货币出资情形下，合作社在博弈第二阶段对非货币财产作价出资的出价会高于仅投资情形下的报价。

产品交易的报价比较：

$$\Delta P_{1c} = (h + R_c)/2 - (m + R_c)/2 = (h - m)/2$$

由 $h > m$，易知 $\Delta P_{1c} > 0$，故在成员既交易又货币出资情形下，合作社在博弈第二阶段对产品出价会较高。

（3）以非货币财产作价出资为例探讨成员仅投资或交易情形下双方达成交易的条件和影响因素，由假设可知，$\lambda_f \leq 1$，且成员报出价格应该小于其预期市场价格 R_f，即 $P_{1f} = \dfrac{[2(b + R_f) - \lambda_c(b - a)]}{4} \leq R_f$，对该不等式求解得：

$$\frac{2(b - R_f)}{b - a} \leq \lambda_c \leq 1 \tag{9}$$

由均衡结果知，当 $R_c \geq (2P_{1f} - a\lambda_c)/(2 - \lambda_c)$ 时，合作社接受成员出价，且知 $R_c \leq b$，由此可知 $(2P_{1f} - a\lambda_c)/(2 - \lambda_c) \leq R_c \leq b$，对该不等式求解得：

$$0 \leq \lambda_c \leq \frac{2(b - R_f)}{b - a} \tag{10}$$

结合（9）式和（10）式可得如下结论：

①当 $0 \leq \lambda_c < \dfrac{2(b - R_f)}{b - a}$ 时，双方不可能达成交易。因为此时成员的出价大于其对非货币财产作价出资预期市场价格这一条件。

②当 $\lambda_c = \dfrac{2(b - R_f)}{b - a}$ 时，合作社和成员就非货币财产作价出资价格可能在第一阶段达成协议，当成员出价 $P_{1f} = R_f$，合作社选择接受，交易成交价格为 R_f。

③当 $\dfrac{2(b - R_f)}{b - a} < \lambda_c \leq 1$ 时，成员出价 P_{1f} 小于其预期市场价格 R_f，但此时 $R_c \geq b$，与假设矛盾，所以在博弈第一阶段双方不能达成交易，但是，若成员认可合作社在博弈第二阶段给出的报价 $P_{1c} = (a + R_c)/2$，则交易可在该阶段达成。

同理，我们给出了成员既货币出资又交易情形下，非货币财产作价出资谈判成交的条件。

①当 $0 \leq \lambda_c < \dfrac{2(b - R_f')}{b - s}$ 时，双方不可能达成交易。因为此时成员的出价大于其预期市场价格这一条件。

②当 $\lambda_c = \dfrac{2(b - R_f')}{b - s}$ 时，合作社和成员就非货币财产作价出资价格可能在第一阶段达成协议，当成员出价 $P_{1f} = R_f'$，合作社选择接受，交易

成交价格为 $R_f{'}$ 。

③当 $\dfrac{2(b - R_f{'})}{b - s} < \lambda_c \leqslant 1$ 时，成员出价 P_{1f} 小于其预期市场价格 $R_f{'}$ ，但此时 $R_c \geqslant b$ ，与假设矛盾，所以在博弈第一阶段双方不能达成交易，但是，若成员认可合作社在博弈第二阶段给出的报价 $P_{1c} = (s + R_c)/2$ ，则交易可在该阶段达成。

四　结论与启示

确定成员投入合作社的非货币财产作价出资及交易给合作社的产品价格是农民专业合作社发展过程中面临的重要现实问题，该问题能否解决关乎成员的切身利益，进而影响其参与合作社事务的积极性。所以寻求双方都能接受的均衡价格对维护合作社结构稳定及保障其可持续发展具有重要意义。针对这一问题，采用鲁宾斯轮流讨价还价思想，分析了合作社和成员关于非货币财产作价出资及产品交易的定价问题。通过逆向求解方法给出了博弈的均衡解，研究发现合作社及成员报出价格的高低受到双方的谈判能力及合作社预期盈利能力等因素影响；在既货币出资又交易情形下，成员及合作社的报价高于成员仅货币出资或仅产品交易情形下的报价。

基于上述研究，有如下启示：

（1）农民专业合作社应该展现其市场开拓能力，向成员显示自己的发展潜力，以提高自己在博弈中的谈判能力，进而降低成员在第一阶段的报价。研究结果显示合作社谈判能力影响成员在第一阶段的出价大小，合作社的谈判能力越强，成员的报价就越低。合作社通过向成员显示自己未来发展前景良好，能够为其带来更多收益等画面，并传递资金实力雄厚、规模实力大、财务制度健全等信息，以表达自己在博弈中强大的谈判能力与承诺，这对降低成员第一阶段的出价有着积极意义。

（2）成员应增强自己的实力，改善非货币财产作价出资或产品的价值。通过不断学习，完善自己管理经验和知识体系，通过培育增强自己土地生产能力等，通过细心管理促进自己林地的繁育能力等，通过标准化生产和引进技术提高自己生产产品质量，这些改善行为不仅会增加其市场价值，影响自己对非货币财产作价出资及产品预期价格的估计，进而影响自己在博弈第一阶段的报价，同时也会影响合作社对这些资源和产品的价格估计，进而影响其在博弈第二阶段的策略选择。非货币财产作价出资及产品价值越高，成员的价格估计越高，给出的报价就越高。

（3）成员应该向合作社既货币出资又与其进行产品交易。在双重行为同时存在的情况下，成员在谈判中的选择策略会有所变化，这种变化对成员有利，成员在谈判中变得更加主动，更从容，对资源及产品的期望价格提高，报价提高。这种情形下，不仅会提高成员的报价，也会促使合作社出价提高。这会增加成员非货币财产作价出资和产品交易的收益。

（4）提高市场关于非货币财产作价出资及产品交易透明度。非货币财产作价出资中，成员的土地承包经营权、房屋权、林权等价格在市场中的评估情况会影响双方的预期价格，所以完善市场交易制度、建立科学的评估体系，增加交易的透明度，对减少交易成本大有裨益。对于成员生产的产品价格则需要透明的市场交易信息，市场信息越透明，合作社与成员达成协议的可能性越大。所以，提高市场交易及信息透明度，对减少交易成本，增加达成协议概率具有重要作用。

第四节　产权结构与治理机制

目前，我国农民专业合作社正处于一个从不规范到规范、从松散型到紧密型、从服务型到实体型、从基层社到联合社的发展阶段。伴随着这一转变过程，农民专业合作社的治理问题逐渐凸显出来。随着外部发展条件的逐步改善，合理的产权结构，健全内部治理结构，完善治理结构，公平的利润分配将是促进农民专业合作社规范运行和持续发展的重要内容。

一　农民专业合作社的产权结构

农民专业合作社是众多农户为了追求共同利益的增进而采取的一种集团行动，与其他企业制度形式一样，当合作社的产权划分为所有权与控制权并赋予特定的经济主体时，便形成了合作社的基本产权结构。在这一新的制度下，农民作为合作社的股东，在享有最重要的收益权的同时，有选举权、被选举权、表决权、监督权等权利。农民专业合作社在家庭承包关系基础上重新界定了集体、农户、合作社之间的产权关系，解决了在家庭承包经营体制下产权不明晰所造成的产权易遭侵蚀的现象，不仅能满足清晰产权，保障资产所有者合法权益的要求，又能达到使分属不同所有者的资产，能在一定范围内实现联合经营，从而达到提高经济效益的目的。

从产权理论的维度来看，农民专业合作社运行中也似乎存在不少的问题，如合作社剩余索取权限制了合作社的效率和经理人的应变控制，因此他们不能市场化，也难以完全赎回；现有以及可能的成员通常不能提供足够的关于合作社绩效的市场价值的信息；内部决策系统或许使合作社能控制代理问题，但是合作社的理事会的非专业来源以及对外部管理介入的排斥又使得合作社控制大打折扣；合作社经营者难以平衡合作社内部不同成员的有限的计划视野；集体所有权的特质可能令组织成员丧失管理企业的兴趣和能力，同时，经营者却可以通过控制企业而满足自己的利益；不同个体或者团体尽量使他们的兴趣转向影响他们受益的决策，经营者难以决策到底应该听取谁的；等等。

合作社持久不变的"自治、平等、民主"之价值规定性造就了合作社特有的产权结构，合作社产权结构具有产权客体基本平等，控制权民主行使，利益分配以惠顾为基础，合作社社员权的不可转让等特征。这种特有的产权结构奠定了合作社内部权力的分化、配置和决策机制。多数国家合作社法将合作社内部权力分化为决策权、执行权和监督权，这种权力的分化造就了合作社控制权与经营权的分离，导致了公司治理上所称的"代理问题"。由于产权结构的不同，则组织的代理成本也会不同，完善的治理结构就是组织代理成本最小的治理结构，因此合作社需要良好的治理结构。

二　农民专业合作社的治理机制

相互制衡的合作社治理结构的实质是一种委托代理合约安排，但合约的不完备及信息的不对称，使这一安排不能完全解决代理问题，还须借助激励、监督约束机制及决策机制降低代理成本，减少道德风险。而治理机制的关键在于如何实现"能人治社与民主管理"的有机结合，所以本小节将从决策机制的层面来讨论我国农民专业合作社的内部治理机制。

按照我国《农民专业合作社法》的规定，合作社"社员地位平等，实行民主管理"。这是农民专业合作社应当且必须遵循的基本原则。国内外的经验也表明，民主管理原则是体现办社宗旨、促进合作社发展、维护组织社员权益的基本制度保障。但是在农民专业合作社的实践中大多存在"能人治社"的现象，这就不可避免地出现了"能人治社"与民主管理不协调的矛盾。面对这种矛盾，如何在实施民主决策机制建设的同时调动"能人"在合作社中的积极性是摆在合作社发展进程中的一个重要课题。

（一）"能人治社"的合理性分析

当专业合作社以市场价格从农户社员手中收购农产品后，如何在市场上获取最大利益是合作社追求的目标。合作社利益是合作社的集体物品，对内部社员来说是一个公共物品，只要是这个集团的社员，无论在集团利益的提高中有没有付出代价，都可以享受集团利益。换言之，付出代价的个人不能排除没有付出代价的个人获取集团利益。因此，合作社利益的公共物品性会让社员缺乏为之付出的积极性。解决的办法就是让部分社员对合作社利益这个公共物品的生产感兴趣。在专业合作社中，由于生产大户、经销大户、农产品加工企业等核心社员的利益受合作社公共物品水平的影响比较大，所以他们对增进合作社公共物品的积极性明显的要高于非核心社员。就生产大户而言，在合作社盈余主要按交易量返还的条件下，他所获得的合作社盈余分配量要比非核心社员大得多，自然他就会积极促进合作社剩余的增加。为了达到这个目的，他会采取积极行动，深度介入合作社的经营活动，当然也包括掌握部分合作社的控制权。就经销大户和农产品加工企业来说，他们有能力增加农产品的加工附加值和销售附加值，从而增加合作社的整体利益。

在民主选举中，核心社员由于在合作社创建和发展中提供了关键生产要素和专用我国农民专业合作社治理问题研究资产，承担了合作社创建的组织成本和经营风险，他们理所当然希望拥有合作社的经营控制权，所以他们会选择自己作为合作社的管理者。普通社员由于自身不具备管理者的素质，多数一般不会选自己当管理者。选别人的话也倾向于选择核心社员：一是核心社员相对更具备管理能力，二是核心社员对合作社进行了较多的投入，相对更可信。这样，无论是从能力的角度还是股份的角度以及选择的角度，核心社员都顺理成章地成为合作社的管理者。

现实中发展比较好的农民专业合作社，多是由农村经纪人、种养能手等能人大户领办的。如果在合作社的组织过程中关键生产要素不发挥作用，组织运作缺乏效率，以致合作社"从来不赢利"或者不能够赢利，其结果将是专业合作社的崩溃或者有名无实。农民专业合作社的天然优势在于通过控制原料产品的供给从而获得垄断利润。在我们的走访中也发现，实践中社员也愿意让"能人"管理合作社，有 78.7% 的合作社前五大出资者同时又是理、监事会社员。理、监事会社员作为合作社权变控制权的拥有者，与他们作为股东的剩余索取者身份的合一，使一般企业所面临的委托—代理问题得到了较好的解决，合作社经营者的激励问题也得以较好解决。相当多的普通社员只是合作社的使用者或惠顾者。他们加入农民专业合作社的原因在于合作社内的关键性生产要素的拥有者能帮助他们解决市场进入和价格改进问题，所以这些社员愿意让这些社员持大股，并且愿意选择他们作为合作社的理、监事会社员，让他们来管理合作社。

（二）"能人治社"与"民主管理"的有机结合

农民专业合作社本质上是社员控制的民主组织，从理论上讲，社员会主动参与政策的制定和决策，由社员选举（或聘请）管理人员并对社员负责，社员享有"一人一票"的平等权利。

在激烈的市场竞争中，严格意义上的"一人一票"，无法解决合作社资金匮乏的矛盾，也可能会使合作社决策无效和风险承担不平等。国际合作社联盟在1995年修订基本原则时，对基层社以外的其他层次合作社不再强调"一人一票"。因此，现实中更多的合作社开始突破传统，允许"一人多票"，但都固定了上限。实际上，决策机制问题不在于是否允许"一股一票"，而在于如何将"一股一票"限制在一定范围内。当前，农民专业合作社对资本的重视越来越明显，往往突破"一人一票"，实行按股投票和按人投票相结合，在利益分配上，实行按交易额分红和按股分红相结合，并更多地向股权倾斜。在一定程度上承认资金的权力从而承认社员间的不平等有利于促进集体行动的实现。如果农民专业合作社不再刻意限制资金的权利，可以有力地吸引大的资金所有者，社员间会出现相当程度的不平等，而存在一定程度不平等的小集团中，公共物品有可能被提供。虽然承认社员间的不平等以及允许一定程度的强制性与国际合作社联盟规定的原则不一致，值得注意的是，在较少限制资金权利的合作社中，公共物品被提供带来的好处也可以被若干普通社员分享。从这个角度看，集体行动只要能够实现，对所有人都是有好处的。

农村"能人""大户"懂经营、善管理，拥有广泛的人际关系，了解农村和农民，很有影响力和带动力，也更能了解合作社的作用和掌握合作社的运行机制，所以，应大张旗鼓地引导能人、大户领办合作社、管理合作社，充分发挥能人、大户的积极性和创造性。应该明确指出，在我国合作社目前几乎没有聘请职业经理的情况下，"核心社员"控制不失为一种专家治理的形式。我国规定出资额或交易额较大的社员可以享有附加表决权，但不得超过本社社员基本表决权总数的百分之二十。在农民专业合作社有些经营决策的表决上，不一定非得局限在这个比例的范围内，以突出专家决策的作用，但不要形成"大户"的绝对控制地位。

（三）合理权衡"能人的权威"与"民主"的关系

由于我国农民专业合作社尚处于规范发展的初级阶段，社员对于农民专业合作社的理解参差不齐，农民的小农意识依然根深蒂固，加之农民自身的文化素质比较低，如果涉及专业合作社的具体经营管理，都采用民主的办法来解决，会产生太多的内耗，浪费太多的时间和精力，也不一定能保证决策的科学性。因此，必须探索适合我国国情的农民专业合作社的民主管理方式，才能真正有利于专业合作社的发展。

农民专业合作社的民主管理制度应是在一定权威下的民主。一般来说，农民专业合作社的发起者和组织者会在很大程度上决定着合作社的发展方向、经营方针、运营管理等重大问题，这些"能人"会成为合作社的权威。合作社发展的初期需要有一个权威来增强凝聚力，推动专业合作社事务的进展。当然权威也是有限度的权威，只讲权威不讲民主，就会否定合作社的性质，那么专业合作社也会失去其存在的价值。讲权威并不是要否定社员的民主权利，专业合作社的最大特点就是其民主管理的制度，通过民主的制度集思广益，充分发挥每个社员的聪明和才智。权威的作用在于当民主陷入无端的内耗时，权威能够超越争执，以自己的威信赢得争执各方的认可以保证农民专业合作社的正确发展方向，保证农民专业合作社的有效运转。

坚持合作社民主管理过程中的权威，也是由合作社的内在管理机制决定的。规范的合作社的内在管理机制由决策机制和执行机制组成，是一种循环控制结构。一般来说，决策机制是指由全体社员（代表）通过一人一票或一人多票（附加票）的方式对合作社的重大事项做出决策，这是按照民主管理的原则进行的。执行机制是指社员（代表）大会选举出理事会执行其做出的决策，而理事会所管理的人员恰恰又是这些社员，而合作社的具体管理一定程度上也是科层式的管理，需要权威。这也就是说，对于合作社的管理人员来说，他既是社员，又是管理者，既要执行由社员经民主程序做出的决策，还要管理这些社员，这就需要民主与权威关系的平衡。

第五节　风险分担与利益分配机制

农民专业合作社的规范运行除了具有良好的治理结构和治理机制之外，对合作社成员而言参与合作社的价值还在于分享合作社的剩余。因此，这使得构建合理的合作社利益分配机制显得尤为重要。对合作社的可分配盈余而言，重要的问题是确定盈余分配的基础。由于成员在合作社存在多种要素投入，例如，有的成员同时向合作社提供产品和出资，有的成员只向合作社提供出资，有的成员只向合作社提供产品，有的则只从合作社购买投入品，这就使得多种分配基础存在可能。盈余的分配既可以通过交易价格调整的方式返还给成员，也可以依据成员的出资以分红的形式返还给成员。出于公平和保护生产者成员利益的考虑，《农民专业合作社法》第 37 条规定，"可分配盈余主要按照成员与本社交易量（额）比例返还，返还总额不得低于可分配剩余的 60%"。然而，当实践中普遍存在的盈余分配模式偏离合作社惠顾返还价值的现象时，如何构建公平合理的盈余分配机制，以促进农民专业合作社的健康发展值，这在理论层面上值得开展深入研究。

农民专业合作社是不同要素所有者为了共同的利益而结成的契约组织。在农民专业合作社的创建和发展中，资源禀赋的差异导致了成员的要素投入、参与目的、对合作社的贡献以及所承担的风险不同，进而形成异质性的成员结构：普通成员（一般农业生产者）和核心成员（大户农业生产者、农业投资者、农业企业、农产品销售商、农资供应商、技术推广服务机构、社区领袖、供销社等）。在成员异质性条件下，农民专业合作社通常会面临如下问题：一方面，核心成员为了获取控制权和保障收益而出资参与较多，普通成员由于资本短缺和厌恶风险而不出资或者象征性出资，合作社存在出资参与和风险分担不均衡的问题；另一方面，由于普通成员业务参与不足（不把产品交售给合作社或只交售部分产品，特别是产品好卖的时候），合作社不得不采取"一次让利"替代"二次返利"的措施（在合作社内部交易时以优惠的交易价格将惠顾返还提前兑现），合作社存在业务参与和风险分担在成员间不均衡的问题。鉴于此，只有充分考虑成员异质性以及风险分担机制，才能更好地理解农民专业合作社的盈余分配问题。本节正是基于合作社成员的异质性来构建和分析农民专业合作社的利益分配机制。

一 利益分配模型描述

假设所研究的农民专业合作社共有 n 个成员（包括核心成员与普通成员），其中第 i 个成员的初始投入股金为 k_i（$k_i \geq 0$），$i = 1, 2, \cdots, n$，核心成员往往出资较多而普通成员则往往出资较少甚至会有出资为零的情况发生（即有的成员不出资）。假设农民专业合作社中所有成员都生产和销售同类农产品，合作社的具体运作过程为：首先合作社成员 i 以单位成本 C_{11} 向合作社购买生产原材料 q_i，若合作社成员转向市场购买生产原材料，则其单位生产原材料的采购成本为 C_{12} 且 $C_{12} > C_{11}$（这是由于合作社给其成员带来了采购生产原材料的让利）；随后合作社成员在购买生产材料后各自安排组织生产且生产的农产品是无差异的，待生产结束后成员 i 将所生产的所有农产品 Q_i，$i = 1, 2, \cdots, n$，以统一的内部交易价格 w 出售给合作社，如果成员因机会主义行为而选择直接在市场上销售农产品则可获得单位农产品市场价格为 $\bar{w}$（此时 $\bar{w} > w$，否则合作社成员不会产生机会主义行为，会将所有农产品均出售给合作社）。随后经过合作社统一加工销售或品牌销售的单位农产品的平均市场销售价格为 p，合作社统一向市场销售产品的单位成本为 C_{21}，而成员直接在市场上销售单位农产品的成本为 C_{22}。依照《农民专业合作社法》的规定必须按交易额（量）返利，假设交易量返利占合作社可盈余分配剩余的比率，即农产品交易额（量）返利比率为 λ；农民专业合作社中提取公共积累积金的比率为 γ，主要包括公积金、公益金和风险金等。

假设成员所购买的单位生产原材料可以生产单位农产品（若不相等则可通过相应换算后来做类似分析）。合作社所面对的农产品随机市场需求为 D，其在区间 $[Q - \varepsilon, Q + \varepsilon]$ 上服从均匀分布，其分布函数为 $F(\cdot)$；如果合作社花费一定的成本 C_3 进行风险分担可降低合作社所销售农产品供需不匹配这一风险问题，风险分担后的需求在区间 $[Q - \tau\varepsilon, Q + \tau\varepsilon]$ 上服从均匀分布，其分布函数为 $G(\cdot)$，其中 $\tau \in [0, 1)$，且不失一般性，风险分担成本 C_3 与 $\tau(C_3)$ 成反比。

二 无风险分担的基本模型

参考曾明星和杨宗锦（2011）所构建的合作社利润分配基本模型的

理念，以成员既愿意参与合作社交易又愿意对合作社投资入股为标准，来确定合作社交易量返利比率（即交易量返利占合作社整体利润的比率），基于此来构建农民专业合作社的无风险分担模型。

农民专业合作社的健康发展需要各个成员的积极参与，然而成员参与合作社交易必须满足的基本条件为 $w > \bar{w} - C_{22}$①，即成员通过合作社销售产品的收益高于自己在市场销售产品的收益，此时成员才有意愿参与合作社的交易活动，反之成员没有意愿参与合作社的产品交易，进而选择非合作社的其他渠道来销售自己生产的农产品以获得更大的收益。为了便于分析，首先建立一个农民专业合作社交易额返利的基本模型：

农民专业合作社的总利润为：

$$\pi = (p - C_{21}) E_\varepsilon \min(Q, D) - wQ$$

$$= (p - C_{21} - w) Q - (p - C_{21}) \int_0^Q F(x)\, dx \qquad (1)$$

其中，$Q = \sum_{i=1}^n Q_i$ 为农民专业合作社中各成员的农产品产量之和。

单个合作社成员（第 i 个合作社成员）通过合作社销售其产品的利润为：

$$\pi_i = (w - C_{11}) Q_i + \frac{Q_i}{Q}\lambda\pi + \frac{k_i}{K}(1 - \lambda - \gamma)\pi, \quad i = 1, 2, \cdots, n \quad (2)$$

其中，$Q = \sum_{i=1}^n Q_i$，$K = \sum_{i=1}^n k_i$ 为农民专业合作社所有成员投入的初始股金总和。上式（2）中的第一项 $(w - C_{11}) Q_i$ 为农民专业合作社中第 i 个成员参与合作社后通过内部交易所获得的销售利润（其合作社的内部交易成本为0）；第二项 $\frac{\lambda\pi Q_i}{Q}$ 为合作社中第 i 个成员从合作社中获得的交易量（额）返利收入；第三项 $\frac{k_i}{K}(1 - \lambda - \gamma)\pi$ 为第 i 个成员从合作社中获得的资本股份收入。其中前两项之和为合作社中单个成员所获得的劳动收入，而第三项则为单个成员所获得的资本收入。

在实际的农产品交易活动中，当成员在合作社以外的农产品市场上销售其产品获得的净收益不会高于成员从合作社的内部获得的劳动收入时合

---

① 在此条件的约束下合作社的所有成员将各自生产的农产品出售给合作社。

作社成员才有参与合作社的意愿，即合作社成员有意愿参与合作社需满足以下条件：

$$(w - C_{11}) Q_i + \frac{Q_i}{Q}\lambda\pi \geq (\bar{w} - C_{22} - C_{11}) Q_i \tag{3}$$

整理（3）式可得

$$(w - C_{11}) + \lambda\frac{\pi}{Q} \geq \bar{w} - C_{22} - C_{11} \tag{4}$$

将（1）式代入（4）式整理可得

$$\lambda\left[(p - C_{21} - w) - (p - C_{21})\int_0^Q \frac{F(x)}{Q}dx \right] \geq \bar{w} - w - C_{22} \tag{5}$$

整理（5）式可得交易额返利率的下限为

$$\lambda \geq \frac{\bar{w} - C_{22} - w}{(p - C_{21})\left(1 - \int_0^Q \frac{F(x)}{Q}dx\right) - w} \tag{6}$$

当成员资本入股收益高于将资本存入银行的利息收入时，成员才有意愿向合作社注入资本，否则合作社成员会将资本投入其他行业以获取更大的资本回报或者直接退出合作社。假设银行的平均利率或同行业的平均投资为 r，则合作社成员有意愿参与合作社并对其出资需满足以下条件：

$$\frac{k_i}{K}(1 - \lambda - \gamma)\pi \geq rk_i \tag{7}$$

整理（7）式可得交易额返利率的上限为

$$\lambda \leq 1 - \frac{rK}{\pi} - \gamma \tag{8}$$

综合以上分析可知，当合作社中成员既有意愿参与合作社的产品交易又有意愿进行资本投入时，合作社的交易额返利率应满足如下条件：

$$\frac{\bar{w} - C_{22} - w}{(p - C_{21})\left(1 - \int_0^Q \frac{F(x)}{Q}dx\right) - w} \leq \lambda \leq 1 - \frac{rK}{\pi} - \gamma \tag{9}$$

在假定农产品的随机市场需求在区间 $[Q - \varepsilon, Q + \varepsilon]$ 上服从均匀分布的情形下，整理（9）式可得

$$\lambda_{\min} = \frac{\bar{w} - C_{22} - w}{(p - C_{21})\left(\frac{Q + 2\varepsilon}{4\varepsilon}\right) - w} \leq \lambda \leq 1 - \frac{rK}{\pi} - \gamma = \lambda_{\max} \tag{10}$$

三 有风险分担的盈余分配模型

当前绝大多数农民专业合作社的交易额返利率的比例低于法定的60%，直觉上来讲此惠顾返还价值的偏离是由于农民专业合作社的核心成员更加注重资本回报而造成的，而事实是由于当前合作社的部分成员尚未真正履行出资义务，即部分合作社成员出资过低甚至出现不出资的情形。因此，一旦出现供过于求等不可控的情形，设计扣留部分"一次让利"，利润作为成员投入资本的追加机制以保障农民专业合作社的各成员履行出资义务进而在出现风险时可共担风险。下面给出"一次让利"利润的表征，"一次让利"主要包括以下两部分利润：

（1）对成员 i 而言来自采购生产原材料的让利为 $(C_{12} - C_{11})^+ Q_i$；

（2）对成员 i 而言来自产品交易的让利为 $(w - \bar{w})^+ Q_i$。

综上分析，对成员 i 而言来自一次让利的总利润可表征为 $\Delta_i = [(C_{12} - C_{11})^+ + (w - \bar{w})^+] Q_i$，$i = 1, 2, \cdots, n$。通过一次让利可以增强合作社与成员之间的合作关系，但由于普通成员对合作社的初始资本投入相对较低或者为零，因此部分成员更关注参与合作社交易的短期收益，从而尽可能地避开合作社的经营风险。鉴于当前存在的这一现实问题，一方面为了体现追加合作社成员在资本投资方面的义务，另一方面为了体现惠顾返还原则以促进合作社的可持续发展，可以制定如下策略：合作社可在收购农产品时将一次让利利润扣留以作为成员的追加资本投入，待合作社二次返利时将扣留资金返回并给予成员一定的新收益。

由于当前农民专业合作社的剩余分配缺乏有效的风险分担机制，对此，除了追加普通成员的投资义务外，合作社还可设计风险分担机制，即首先通过投入一定的成本来防范农产品供需不匹配的风险，随后设计风险分担机制来分担因防范风险而产生的成本。在风险分担机制下农民专业合作社的总利润为：

$$\pi = (p - C_{21}) E_\varepsilon \min(Q, D) - wQ - C_3$$

$$= (p - C_{21} - w) Q - (p - C_{21}) \int_0^Q G(x)\, dx - C_3 \tag{11}$$

在风险分担机制下合作社中的所有成员共同分担风险成本，则合作社中单个成员通过合作社销售期产品的利润为：

$$\pi_i = (\bar{w} - C_{12}) Q_i + \frac{Q_i}{Q}\lambda\pi + \frac{k_i + \Delta_i}{K + \Delta}(1 - \lambda - \gamma)\pi - \frac{Q_i}{Q}C_3 +$$

$$[(C_{12} - C_{11})^+ + (w - \bar{w})^+] Q_i \qquad (12)$$

其中，$\Delta = \sum_{i=1}^{n} \Delta_i$ 合作社中对所有成员"一次让利"的利润总和。合作社成员 i 利润函数的第一项为扣留"一次让利"利润后成员 i 销售收入，第二项与基本模型相同为第 i 个成员获得的交易额返利收入，第三项 $\dfrac{k_i + \Delta_i}{K + \Delta}(1 - \lambda - \gamma) \pi$ 为第 i 个成员从合作社中获得的资本股份（包含合作社扣留的一次返利利润）收入，第四项 $\dfrac{Q_i}{Q} C_3$ 为第 i 个成员分担的合作社的风险分担成本，第五项 Δ_i 为合作社扣留的"一次让利"利润。重新整理（2）式可得合作社成员中第 i 个成员的利润函数为：

$$\pi_i = (w - C_{11}) Q_i + \frac{Q_i}{Q} \lambda \pi - \frac{k_i + \Delta_i}{K + \Delta} C_3 + \frac{k_i + \Delta_i}{K + \Delta}(1 - \lambda - \gamma) \pi \quad (13)$$

仿照无风险分担基本模型的分析，可得合作社成员 i 有意愿参与合作社需满足如下条件：

$$(w - C_{11}) Q_i + \frac{Q_i}{Q} \lambda \pi - \frac{k_i + \Delta_i}{K + \Delta} C_3 \geqslant (\bar{w} - C_{22} - C_{11}) Q_i \qquad (14)$$

由（11）式和（14）式整理可得，

$$\lambda \left[(p - C_{21} - w) - (p - C_{21}) \int_0^Q \frac{G(x)}{Q} dx - \frac{C_3}{Q} \right] \geqslant \bar{w} - w - C_{22} + \frac{C_3}{Q_i} \frac{k_i + \Delta_i}{K + \Delta}$$

$$(15)$$

整理（15）式可得风险分担机制下交易额返利率的下界为：

$$\lambda \geqslant \frac{\bar{w} - C_{22} - w + \dfrac{C_3}{Q_i} \dfrac{k_i + \Delta_i}{K + \Delta}}{(p - C_{21}) \left(1 - \displaystyle\int_0^Q \frac{G(x)}{Q} dx \right) - \dfrac{C_3}{Q} - w} \qquad (16)$$

在假定风险分担后的农产品的市场需求在区间 $[Q - \tau\varepsilon, \ Q + \tau\varepsilon]$ 上服从均匀分布的情形下，整理（16）式可得，

$$\frac{\bar{w} - C_{22} - w + \dfrac{C_3}{Q_i} \dfrac{k_i + \Delta_i}{K + \Delta}}{(p - C_{21}) \left(\dfrac{Q + 2\tau\varepsilon}{4\tau\varepsilon} \right) - \dfrac{C_3}{Q} - w} \leqslant \lambda \qquad (17)$$

类似于无风险分担基本模型的分析，在合作社实施风险分担以及假设

银行的平均利率为 r 的情形下，成员有意愿参与合作社进行出资需满足以下条件：

$$\frac{k_i + \Delta_i}{K + \Delta}(1 - \lambda - \gamma)\pi \geq r(k_i + \Delta_i) \tag{18}$$

整理（18）式可得风险分担机制下交易额返利率的上限为：

$$\lambda \leq 1 - \frac{r(K + \Delta)}{\pi} - \gamma \tag{19}$$

综合以上分析可知，在合作社实施风险分担机制下，当其成员既有意愿参与合作社的产品交易又有意愿进行资本出资时，合作社的交易额返利率应满足如下条件：

$$\bar{\lambda}_{min} = \frac{\bar{w} - C_{22} - w + \frac{C_3}{Q_i}\frac{k_i + \Delta_i}{K + \Delta}}{(p - C_{21})\left(\frac{Q + 2\tau\varepsilon}{4\tau\varepsilon}\right) - \frac{C_3}{Q} - w} \leq \lambda \leq 1 - \frac{r(K + \Delta)}{\pi} - \gamma = \bar{\lambda}_{max} \tag{20}$$

通过（10）式和（20）式对比分析可知，由于 $\Delta = \sum_{i=1}^{n}\Delta_i > 0$，易证 $\bar{\lambda}_{max} < \lambda_{max}$，这意味着与无风险分担的基本模型相比较，基于风险分担的盈余分配模型下降低了交易额返利比率的上限；类似分析可知 $\lambda_{min} < \bar{\lambda}_{min}$，这意味着基于风险分担的盈余分配模型下提高了交易额返利比率的下限。由以上分析可知基于风险分担的盈余分配机制缩小了交易额返利比率的可行区域。

四 盈余分配机制设计

农民专业合作社盈余分配机制的主要目标为：尽可能吸引成员加入合作社并进行农产品交易，培养合作社成员良好的合作精神；为集聚资金而积极吸引合作社成员出资入股，从而使合作社可以在激烈的市场竞争中得以可持续地健康发展。然而，合作社实际运营中存在的主要问题是部分成员的初始投资不足以及资本回报过高进而造成了农产品交易额返利比率过低，其主要原因在于合作社成员中的资本投入者承担了合作社所面临的风险。考虑这一现实问题并结合《农民专业合作社法》的有关要求，可以构建基于风险分担的合作社盈余分配机制，具体机制设计如下。

首先，扣留"一次让利"利润，以解决部分合作社成员初始资本投入不足的问题。合作社中的普通成员往往缺乏资金，同时由于农产品的生产周期长、资金回收慢等因素，普通成员往往更愿意与合作社交易时直接获得现金收益的同时还可以获得价格上的优惠。对此，合作社可以采取农产品生产原材料采购价格优惠的措施，即生产原材料的内部采购价格 C_{11} 要低于市场采购价格 C_{12} （ $C_{11} < C_{12}$ ）；以及农产品内部交易价格的优惠措施，即成员将所生产农产品出售给合作社的内部交易价格 w 高于出售给市场的交易价格 $\bar{w}$ （ $\bar{w} < w$ ）。合作社通过价格优惠可以增强成员对合作社的信任，但普通成员往往更关注短期的现金收益，资金到手后难以有动力对合作社进行投资。对此，合作社可扣留"一次让利"利润，对于成员 i 而言扣留 $\Delta_i = [(C_{12} - C_{11})^+ + (w - \bar{w})^+] Q_i$ 利润作为该成员的投入资金，此时成员 i 将农产品直接销售给市场和出售给合作社获得现金收益是相同的，故而不存在机会主义行为。通过扣留"一次让利"利润不仅解决了成员的资金投入不足问题，而且还会增强成员的所有者意识，使得成员更加关注合作社的发展。

其次，实施风险分担机制，设计以成员投入资本占合作社总投入资本的比例来分担风险的机制。在农民专业合作社的运营过程中之所以会出现资本回报过度的问题，主要在于出资者同时是风险承担者。为克服这一问题，一方面合作社可投入一定风险分担成本 C_3 以降低农产品供需不匹配的风险，成员以资本回报比例 $\dfrac{k_i + \Delta_i}{K + \Delta}$ 来承担风险分担成本，使得成员关注合作社未来的发展；另一方面，在扣留合作社成员"一次让利"利润后，成员均投入相应的资本这使得他们成为一个利益共同体共担风险，待销售完成后成员均可参与资本收益回报，成员 i 的资本回报比例为 $\dfrac{k_i + \Delta_i}{K + \Delta}$。除此之外，合作社在分配资本回报时还需要返回扣留成员的"一次让利"利润。在此风险分担机制下，不仅使得成员成为利益共同体共担风险，而且还可以享受丰厚的资本回报，这不仅吸引了成员积极参与合作社，而且密切了合作社与成员的利益关系。

最后，确定合理的交易额返利比率以及提取适当公积金比例，以保障合作社健康可持续发展。在合作社实施基于风险分担的盈余分配机制下缩小了交易额返利率的可行区域，确定的交易额的返利比率在 $\bar{\lambda}_{min}$ 与 $\bar{\lambda}_{max}$ 之间，这提升了交易额返利比率的下界（$\lambda_{min} < \bar{\lambda}_{min}$）进而即增强了成员参与合作社的积极性又使成员获得一定的物质收益；在提升了下界的同时还降低交易额返利比率的上界（$\bar{\lambda}_{max} < \lambda_{max}$），这主要是由于扣留了"一次让利"利润增强了资本回报比率。除了确定更为合理的交易额返利比率区间外，合作社还提取了适当比例 γ 的公积金，这一方面可以应对合作社经营过程中的流动资金短缺问题，另一方面可以增加合作社成员的资本权益，促进合作社的发展。

为了检验上述机制设计的合理性和可操作性，可以用一个实例来进行分析。涪陵区卷洞食用菌股份合作社于 2007 年 12 月依法登记，现有入社成员 115 户，成员出资 713 万元（其中 46 户现金出资 506 万元，69 户以土地承包经营权等出资 207 万元），2013 年销售优质食用菌 1150 吨，产值超过 1150 万元，实现销售利润 300 万元，其中提取公积金与公益基金 30 万元（即公积金提取比例 $\gamma = 10\%$）。银行的平均利率或同行业的平均投资收益率为 6%。根据当地的实际情况，食用菌 2013 年的市场需求波动幅度不会超过 225 吨，社员因机会主义行为将食用菌直接出售给市场平均每吨可获得 0.3 万元的收益。根据前面构建的无风险分担的基本模型以及相关分析，该合作社的交易额返利比率的上界为 $\lambda_{max} = 0.7374$，交易额返还利比率的下界为 $\lambda_{min} = 0.2222$，交易额返利比率的范围为 $0.2222 < \lambda < 0.7574$（即介于 22.22% 与 75.74% 之间），这与法律规定的最低交易额返利率不低于 60% 的规定有出入，因此，该合作社 2013 年的盈余分配是有问题的。依据我们所构建的基于风险分担的盈余分配机制，该合作社可以做如下调整：首先，为解决部分成员初始货币资本投入不足的问题，可扣留"一次让利"利润 $\Delta = 115$ 万元；其次，可提取公积金与公益基金 39 万元（即公共积累提取比例 $\gamma = 13\%$），通过增加公共积累的提取比率来促进合作社的资产积累；再次，投入一定的风险管理成本 $C_3 = 11.5$ 万元，以降低产品供需不匹配的风险；最后，将扣留的"一次让利"利润 Δ 参与资本回报收益。通过以上调整，该合作社的交易额返还利率的范围为 $0.6132 < \lambda < 0.7044$（即介于 61.32% 与 70.44% 之间），盈余分配机制逐步趋向合理。

当然，通过暂扣"一次让利"并转变为成员出资来增强成员黏性，实际上是要求普通成员推迟满足感来获得较长期的收益。这种做法迫使成员必须做出类似于定期、活期储蓄的选择，这在成员同质性较强、资格封闭式的情形下可操作性较强。但是，在成员多元异质，并且资格开发的情况下，其在实践中是否可行尚有待进一步观察。事实上，在成员异质性条件下，有一部分成员（准确地说是联系成员或边缘成员）可能一开始就不愿意将自己与合作社锁定在一起，他们满足于价格改进，而不奢望惠顾返还，更不祈求分享控制权。因此，对于农民专业合作社的盈余分配机制设计，搞"一刀切"方式是难以奏效的。

五　结论与启示

上述所设计的盈余分配机制对农民专业合作社合理制定剩余分配政策有如下启示：第一，调整成员的义务，为追加部分成员的投资义务，扣留合作社成员的"一次让利"利润作为参与合作社的资本，待年终决算时再将扣留资本的分红收益返还给各个成员，以此来解决合作社成员资本参与不足的问题；第二，考虑到成员异质性问题，合作社盈余分配的比例应该与各成员投入的比例成正比，资本分红与各成员所投入资本成正比（包括暂扣的"一次让利"）；第三，设计合作社的风险分担机制，依据出资的多少来承担相应的风险，如此安排更有利于合作社后续风险的分担。基于以上两点可依据此盈余分配机制来确定合理的交易额返利比率，进而促进合作社未来的健康发展。通过此种制度安排，一方面会让未出资或者出资较少的部分成员也通过暂扣的"一次让利"获得了合作社的资本收益，这对于合作社中较小的农业生产者成员给予更多的利益保护，这更能体现盈余分配"追求公平"的价值；另一方面通过按照投入比例来分配合作社的风险成本，这样的分配安排更有利于全体成员目标的一致化，进而为合作社的健康发展提供有力支撑。

第八章

农民专业合作社运行规范与可持续发展能力评价

第一节　农民专业合作社的运行规范评价

随着我国农民专业合作社的快速发展，合作社运行过程中的诸多问题也开始日益显露出来。为解决所存在的突出问题，急需建立一套农民专业合作社规范运行评价体系，以期保障当前农民专业合作社的规范运行。科学、有效、合理的合作社运行评价体系，应依据《农民专业合作社法》，以及当前国内外对于农民专业合作社研究常规的实践做法来设置指标，并对各个运行指标赋予相对合理的权重。对此本节将构建农民专业合作社规范运行评价指标体系，并运用 DHP（具体指德尔菲法与层次分析法）来确定各个指标的权重。

一　运行规范评价指标体系的构建

（一）构建原则

在农民专业合作社的实际运行中，为了建立能更有效评价合作社运行规范的指标体系，然而在衡量其具体绩效时应遵循如下基本原则：
（1）系统性原则。构建的合作社运行规范的指标体系，不仅要能系统反映合作社的基本内涵及具体要求，而且也要和其具体特征以及所要评价的最终目标相一致。规范运行指标体系中的各个指标要保持其自身的独立性，具体而言，指的是各指标在含义和具体内容上要区别于其他指标，使他们能够相互区别开来，这也就意味着各指标之间不能出现重叠。除此之外，指标体系中的各个具体指标还必须是相互衔接而有联系的。（2）可行性原则。农民专业合作社运行规范指标体系的选择要对实践应用有指导意义，也要具有实际的可操作性。对于那些具有替代性的指标，也就是说具有同等的代表性，应选择那些数据收集方便、来源相对可靠的指标纳入指标体系。（3）兼顾性原则。指的是指标的选取要兼顾到农民专业合作社中不同利益主体的评价结果综合取值，避免片面性。（4）科学性原则。指标体系构建的科学性指的是一方面要求指标设计一定要同农民专业合作社示范带动效应的概念相一致，要有规范的计算方法和含义；另一方面要求指标体系的依据应该是已成型的理论或发展模式且应该能够反映研究目标。（5）可比性的原则。评价指标设计的前提是同一指标体系的空间范围、时间范围必须要一致，更为重要的是价格、费用等具体指标要在统一的可比环境下进行。除此之外，对于指标的选取应尽量选国内外通用的且已经得到普遍认可的那些指标。

（二）指标要素的确定

作为一种特殊的组织形式，农民专业合作社承载着政府和农民对于提高农民合作组织化程度重任，政府寄希望于农户通过加入合作社实现农民增收、农业增效。然而回归到我国农民专业合作社的现实经营状况，不可否认，我国农民专业合作社还处于探索发展阶段，研究合作社如何制定运行规范的标准，可以带动更多农民致富，而且这也是今后农民专业合作社发展的重要研究方向。

依据之前分析的合作社运行规范的指标选择原则，并结合农民专业合作社运行规范的评价指标体系的目标，给出了合作社运行规范的主要考察指标，这主要包含五个方面的要素，分别为设立规范、产权结构规范、治理结构规范、生产经营服务规范、财务管理规范五个一级指标。相应的各一级指标所包含的二级指标具体为：设立规范包括设立申请规范、章程制度规范、组织机构规范、名称住所规范、成员条件规范、设立大会规范、登记注册规范、开业、公告规范八个二级指标；产权结构规范包括成员资格的规范性、成员出资的规范性、产权关系的紧密性三个二级指标；治理结构规范包括成员大会规范、成员代表大会规范、理事长或理事规范、成员结构规范、成员投票规范、成员入退社规范、监督机制规范、遵循合作社的规章制度八个二级指标；生产经营服务规范包括主要生产资料的统一购买、建立生产记录制度、产品质量可追溯制度、实现市场化对接四个二级指标；财务管理规范包括设置会计账簿、编制会计报表、财务公开制度、盈余分配规范四个二级指标。根据所分析的具体指标，所构建的农民专业合作社运行规范的评价指标如表8.1。

表 8.1 农民专业合作社运行规范的评价指标

一级指标	二级指标
设立规范 B_1	设立申请规范 B_{11}
	成员条件规范 B_{12}
	章程制度规范 B_{13}
	组织结构规范 B_{14}
	名称住所规范 B_{15}
	设立大会规范 B_{16}
	登记注册规范 B_{17}
	开业、公告规范 B_{18}
产权结构规范 B_2	成员资格的规范性 B_{21}
	成员出资的规范性 B_{22}
	产权关系的规范性 B_{23}
治理结构规范 B_3	成员大会规范 B_{31}
	成员代表大会规范 B_{32}
	理事长或理事规范 B_{33}
	成员结构规范 B_{34}
	成员投票规范 B_{35}
	成员入退社规范 B_{36}
	监督机制规范 B_{37}
	遵循合作社规章制度 B_{38}
生产经营服务规范 B_4	主要生产资料的统一购买 B_{41}
	建立生产记录制度 B_{42}
	产品质量可追溯制度 B_{43}
	实现市场化对接 B_{44}
财务管理规范 B_5	设置会计账簿 B_{51}
	编制会计报表 B_{52}
	财务公开制度 B_{53}
	盈余分配规范 B_{54}

二　运行规范评价指标权重的测定

（一）相关权重测定方法的说明

本研究首先采用德尔菲法，也就是专家评价法，通过匿名的方式经过多轮次调查专家对问卷所提出问题的看法，其后必须经过反复征询、归纳以及认真修改，从而最终形成一致的预测结果。随后采取一种定性和定量相结合的决策方法——层次分析法，若想运用好此方法，决策者必须将复杂问题分解为若干层次、若干因素，并在各因素之间进行简单的比较和计算，进而得出不同方案的具体权重，作为最佳方案选择的依据。在具体运用层次分析法时，需依照如下步骤执行：

（1）明确所要研究的具体问题。要解决经济、管理及社会科学等相关领域的问题时，首先，要对研究问题有一个总体上的认识，具体而言，需要清楚问题的包含范围、解决该问题的目的以及所要实现的具体目标，需要了解所研究问题包含的各种因素，需要确定各因素之间的关联关系以及隶属关系。

（2）建立层次结构模型。基于前面对问题的深入分析，将复杂的问题由同一目标结构性地划分为不同层次，其中最高层是目标层，其次是准则层，最低层是方案层或者措施层。随后将同种性质的因素进行归纳分组，用框图形式说明层次的递阶结构与因素的从属关系。

（3）构造判断矩阵。层次分析法为了将两两定性结果比较进而做出定量化描述，通常使用 1—9 级标度来量化表征。假设同一层次上共有 n 个指标。通过两两比较它们相对上一层次某指标的相对重要性。即可构造两两比较判断矩阵 $A = (a_{ij}) n*n$，式中 a_{ij} 表示同层次指标 i 与指标 j 的重要程度的比较值。该矩阵是互反矩阵。矩阵元素一般满足 $a_{ij} = 1/a_{ji}$，$a_{ij} > 0$。比较时取 1–9 尺度对两两因素之间的重要性进行比较，各标尺含义如表 8.2，这里是在对各合作社调查及对国内外影响合作社运行规范因素的相关研究的基础上，对农民专业合作社运行规范的各项指标进行的赋值。

表 8.2　　　　　　　　　　　标度及其含义

标度	含义
1	表示两个元素相比，具有同样的重要性

标度	含义
3	表示两个元素相比，一个元素比另外一个元素相对重要
4	表示两个元素相比，一个元素比另外一个元素明显重要
7	表示两个元素相比，一个元素比另外一个元素强烈重要
9	表示两个元素相比，一个元素比另一个元素极端重要
2，4，6，8	表示上述相邻判断的中值

注：倒数 若元素 i 与元素 j 的重要性之比为 a_{ij}，则元素 j 与元素 i 的重要性之比为 $a_{ij}=1/a_{ji}$，$a_{ij}>0$。

（4）计算总排序权向量并做一致性检验。计算最下层对最上层总排序的权向量，并利用总排序一致性比率进行检验。若通过（即 CR<0.1），则可按照总排序权向量表示的结果进行决策，否则需要重新考虑模型或重新构造那些一致性比率较大的比较矩阵。

为了将农民专业合作社运行规范指标的定性评价转化成定量评价，本研究先采用专家德菲尔法和意见征询相结合的方式，确定合作社运行规范二级指标的重要性得分，然后依据重要性得分，采用层次分析法，确定运行规范各个指数的权重以及单项指标的权重。

（二）指标权重的测定过程

对农民专业合作社运行规范评价指标体系中的一级指标，即设立规范、产权结构规范、治理结构规范、生产经营服务规范、财务管理规范5个一级指标进行比较，得到比较矩阵，则一级判别矩阵如表8.3所示。通过一致性检验，因此比较矩阵有效。

表8.3   **一级判别矩阵 B**

B	B_1	B_2	B_3	B_4	B_5	W_i
B_1	1	2	1	3	4	0.1716
B_2	1/2	1	1/2	2	3	0.1106
B_3	1	2	1	3	2	0.0791
B_4	1/3	1/2	1/3	1	2	0.3723
B_5	1/4	1/3	1/2	1/2	1	0.2664

类同以上计算分析同理可计算出各二级指标在相应准则中的权重，详见表8.4至表8.8。

表 8.4　　　　　　　　　　　　　二级判别矩阵 **B1**

B_1	B_{11}	B_{12}	B_{13}	B_{14}	B_{15}	B_{16}	B_{17}	B_{18}	W_i
B_{11}	1	2	3	3	4	2	2	3	0.2511
B_{12}	1/2	1	2	2	3	2	3	4	0.2511
B_{13}	1/3	1/2	1	3	2	2	3	3	0.1679
B_{14}	1/3	1/2	1/3	1	2	3	4	5	0.0353
B_{15}	1/4	1/3	1/2	1/2	1	2	3	4	0.0984
B_{16}	1/2	1/2	1/2	1/3	1/2	1	2	3	0.0935
B_{17}	1/2	1/3	1/3	1/4	1/3	1/2	1	4	0.0420
B_{18}	1/3	1/4	1/3	1/5	1/4	1/3	1/4	1	0.0606

表 8.5　　　　　　　　　　　　　二级判别矩阵 **B2**

B_2	B_{21}	B_{22}	B_{23}	W_i
B_{21}	1	4	2	0.1220
B_{22}	1/4	1	1/2	0.5584
B_{23}	1/2	2	1	0.3196

表 8.6　　　　　　　　　　　　　二级判别矩阵 **B3**

B_3	B_{31}	B_{32}	B_{33}	B_{34}	B_{35}	B_{36}	B_{37}	B_{38}	W_i
B_{31}	1	2	4	3	4	2	5	4	0.2448
B_{32}	1/2	1	3	2	5	2	3	3	0.2380
B_{33}	1/4	1/3	1	3	2	2	4	3	0.1600
B_{34}	1/3	1/2	1/5	1	4	3	4	5	0.0378
B_{35}	1/4	1/3	1/2	1/2	1	2	3	4	0.1022
B_{36}	1/2	1/2	1/4	1/3	1/2	1	2	3	0.1022
B_{37}	1/5	1/2	1/4	1/4	1/3	1/2	1	4	0.0496
B_{38}	1/4	1/3	1/3	1/5	1/4	1/3	1/4	1	0.0653

表 8.7　　　　　　　　　　　　　二级判别矩阵 **B4**

B_4	B_{41}	B_{42}	B_{43}	B_{44}	W_i
B_{41}	1	2	1	3	0.1358
B_{42}	1/2	1	1/3	1	0.1142

B_4	B_{41}	B_{42}	B_{43}	B_{44}	W_i
B_{43}	1	3	1	3	0.4704
B_{44}	1/3	1	1/3	1	0.2797

表 8.8　　　　　　　　　　　二级判别矩阵 B5

B_5	B_{51}	B_{52}	B_{53}	B_{54}	W_i
B_{51}	1	2	1	3	0.1358
B_{52}	1/2	1	1/3	1	0.1142
B_{53}	1	3	1	3	0.2797
B_{54}	1/3	1	1/3	1	0.4704

（三）讨论与分析

一致性检验及层次总排序。由于判断矩阵是专家讨论会计算出来的，那么不可避免地会受到主观因素的影响，对此，需要进行一致性检验。我们使用众多专家学者惯常采用的一致性比例 CR 为检验指标，若 CR<0.1，则表明判断矩阵的一致性可以接受。

表 8.9 是六个判断矩阵的一致性检验结果。表中显示，一级判断矩阵 B、二级判别矩阵 B_1、B_2、B_3、B_4 以及 B_5 的 CR 分别为 0.0559、0.0201、0.0176、0.0250、0.0116、0.0574，均小于 0.1，因此，六个判断矩阵均具有满意一致性，可接受。

表 8.9　　　　　　　　　　判断矩阵的一致性检验

判断矩阵	CR
B	0.0559
B_1	0.0201
B_2	0.0176
B_3	0.0250
B_4	0.0116
B_5	0.0574

当一级指标、二级指标的权重系数求出后，即可得到各指标的组合权重，如表 8.10 所示。由指标值分别与层次分析法得到的对应指标权重相

乘得出综合性评价指标值。

表 8.10　　　　　　　农民专业合作社运行规范评价指标的权重

一级指标	二级指标
设立规范 B_1 0.2412	设立申请规范 B_{11} 0.2251
	章程制度规范 B_{12} 0.2511
	组织机构规范 B_{13} 0.1679
	名称住所规范 B_{14} 0.0353
	成员条件规范 B_{15} 0.0984
	设立大会规范 B_{16} 0.0935
	登记注册规范 B_{17} 0.0420
	开业、公告规范 B_{18} 0.0606
产权结构规范 B_2 0.0998	成员资格的规范性 B_{21} 0.1220
	成员出资的规范性 B_{22} 0.5584
	产权关系的紧密性 B_{23} 0.3196
治理结构规范 B_3 0.2412	成员大会规范 B_{31} 0.2448
	成员代表大会规范 B_{32} 0.2380
	理事长或理事规范 B_{33} 0.1600
	成员结构规范 B_{34} 0.0378
	成员投票规范 B_{35} 0.1022
	成员入退社规范 B_{36} 0.1022
	监督机制规范 B_{37} 0.0496
	遵循合作社的规范制度 B_{38} 0.0653
生产经营服务规范 B_4 0.2436	主要生产资料的统一购买 B_{41} 0.1358
	建立生产记录制度 B_{42} 0.1142
	产品质量可追溯制度 B_{43} 0.4704
	实现市场化对接 B_{44} 0.2797
财务管理规范 B_5 0.1742	设置会计账簿 B_{51} 0.0362
	编制会计报表 B_{52} 0.1142
	财务公开制度 B_{53} 0.2797
	盈余分配规范 B_{54} 0.4704

第二节　农民专业合作社可持续发展及其能力评价

一　农民专业合作社可持续发展的概念与内涵

（一）农民专业合作社可持续发展的概念

正如组织或企业可持续发展并没有明确的概念一样，农民专业合作社可持续发展的概念，目前在相关的研究中也没有统一的定义。尽管有部分文献从各个角度分析了农民专业合作社可持续发展的对策、制约因素等内容，但本质上来说，这些文献着重强调的是现阶段农民专业合作社发展中出现的问题，通过寻求解决问题的方案，即认为可以农民专业合作社的实现可持续发展。然而，正如企业发展和企业可持续发展这两个既有联系又存在一定区别的概念一样，可持续发展着重强调的还是"可持续"这个概念，它意味着发展必须随着时间和空间的变化和转移而不断地呈现出新的内涵和特征，因此可以借鉴企业可持续发展的概念，来分析农民专业合作社可持续发展的概念。

事实上，纵观中国农村改革 30 多年来农民专业合作社的发展历程和对其进行的相关理论研究来看，无论是对于农民专业合作社的概念，还是农民专业合作社的本质规定性和功能定位，都和工商企业具有一定的相似性，正因为如此，对农民专业合作社可持续发展概念的界定，可以借鉴企业的可持续发展概念，结合农民专业合作社的特点来进行定义。

通过前面的文献综述可以知道，企业的可持续发展概念主要有以下五种观点：①企业与各方面的协调共同发展，即企业应同外部环境和利益相关者共同发展。②企业的持续成长，即企业应该通过创新不断进步。③企业的目标是远期利益最大化，即企业不应该注重短期的利润最大化，而应该是合理利用资源，既满足当前的企业生存需要，又能够持续地发展。④企业的发展应该超越产品的生命周期，通过不断地开发新的产品，转移企业原有的主要发展内容，形成持续地产品开发的能力。⑤企业应该对资源进行合理运用，减少对环境的影响，同时保证资源能够满足未来需求。在这五种观点中，第一种观点认为企业应该是与利益相关者共同发展的，亦即企业自身应该是嵌入到社会整体中的，而不是孤立的个体；第二种观点认为企业自身应该具有可持续成长的特性，亦即企业应该逐渐扩大规模、增强自身的竞争力；第三种观点认为企业的本质虽然是追求利润，但企业不应该将短期的利润最大化作为目标而过度地使用资源和过度膨胀，应尽可能地追求远期利益的最大化；第四种观点则认为企业的主营业务必须有所创新，而不能局限于最初始的业务范围；第五种观点则认为企业应该注重社会责任，寻求与环境的和谐发展。

由于农民专业合作社与一般的企业形式具有相似性，且农户在成立合作社的目的中，首要的目标是通过合作增加自身在市场上的竞争力，能够在与农副产品分销企业的合作竞争中争取更多的利益，从这个角度而言，企业可持续发展的第二种观点比较适合农民专业合作社。进一步，由于我国是农业大国，农业在社会中占有较大的影响力，因此对于农民专业合作社来说，其自身的存在和发展是嵌入到社会网络中的，而且其利益相关者比一般的企业更加广泛，从这个角度而言，企业可持续发展的第一种观点也比较适合农民专业合作社。相比之下，农民专业合作社的目标不单是能够获取利润，同时还需要能够快速寻找到农副产品的销售渠道；农民专业合作社的专业性，使其不可能像制造型企业那样有产品的生命周期之说；农民专业合作社本质还是进行农业生产，对社会环境的影响相对较小，因此后三种观点与农民专业合作社的相关性较小。

然而，也不能简单地将上述两个观点作为农民专业合作社可持续发展的观点，这是因为农民专业合作社还具有自身的特点，这与一般企业是不相同的，例如农民专业合作社与政府之间的关系就是一般的企业所不具备的。这是因为尽管一般的企业也要受到政府的宏观调控和各种政策的影响，但在市场经济体制下，政府不会过度干预企业的行为和决策，相比之下，虽然政府不直接参与农民专业合作社的经营管理，但政府财政、税收、金融等政策对农民合作社的创立和发展至关重要，也就是说，政府影响力的大小不同就可以用来区别农民专业合作社和一般企业的不同之处。此外，尽管不同的农民专业合作社采取的运行机制和商业模式不同，但其存在和发展的目标始终是保障加入到合作社的农民的利益，为现代化农业的发展做出贡献，这是农民专业合作社和一般企业的最大区别。因此，借鉴企业可持续发展的概念，并结合农民专业合作社的自身特点，可以将农民专业合作社可持续发展的概念定义如下。

农民专业合作社的可持续发展指的是，作为一个特殊的社会主体和组织形式，农民专业合作社在越来越规范的制度和不断完善的经营机制与商业模式基础之上，能够为农村经济的发展发挥积极作用，能够为农民收入的提高贡献自己的力量，能够有效保障农民的切身利益。在合作社的发展中农民受益了，他们反过来能够为合作社做出更大的贡献，从而使合作社能够长久地生存下去。

（二）农民专业合作社可持续发展的内涵

根据前文对于农民专业合作社可持续发展的概念，可以认为农民专业合作社可持续发展的内涵如下：

1. 目标的战略性

可持续发展是一种发展战略，农民专业合作社可持续发展的问题必须首先是以自身发展目标为基础的。对于农民专业合作社来说，其最为主要的目标应该是能够为现代农村经济的发展发挥推动作用，能够为提高广大农民的收入做出贡献，保障农民的切身利益，从这方面来讲，农民专业合作社具有一般服务型组织的特性。然而，农民专业合作社又具有一定的企业性质，则获取更高的利润、使得合作社自身能够逐渐变得强大，也应该是合作社的目标。因此，农民专业合作社的可持续发展，必须从战略层面上综合考虑，兼顾这两方面的目标，在不同的发展阶段合理地调整两个看似冲突的目标之间的倾向性。

2. 发展的永续性

可持续发展强调的是发展的永续而非一般意义上的存活，因此农民专业合作社在度过了最初的求生阶段之后，就必须考虑作为一个组织形式的发展壮大。必须注意的是，尽管农民专业合作社的主要目标是为农村经济的发展贡献力量、为农民增收提供各种服务，但农民专业合作社的发展壮大也需要考虑规模问题，重要的不是盲目扩大规模，而是充分发挥专业性，不断提高自身的竞争力。

3. 组织的创新性

农民专业合作社作为一种组织形式，同样必须不断地创新，包括作为组织形式的制度创新和完善、组织结构的优化和完善、传统经营方式的转变、创新商业模式的构建等一系列因素的创新。只有在不同的发展阶段，不断地完善自身以适应发展的需要，才能够真正意义上做到可持续发展。

4. 环境的适应性

农民专业合作社的发展离不开社会网络和利益相关者的影响，因此农民专业合作社的可持续发展必须表现为能够很好地适应外部环境的影响。

除此之外，由于农业的特殊性，农副产品的市场规律也会影响农民专业合作社的发展，因此，对于农民专业合作社而言，不但要能够适应利益相关者的影响所带来的环境变化，还要充分考虑市场规律带来的环境变化。

二　农民专业合作社可持续发展的影响因素及作用机制

对于农民专业合作社可持续发展的影响因素，可以从外部因素和内部因素两个方面进行分析。

（一）外部因素

影响农民专业合作社可持续发展的外部因素主要是指政治、经济、文化环境、法律环境和生产环境等要素，这些要素本身并非是直接针对农民专业合作社的发展的，在不同的时期，会产生不同的政治、经济、文化环境、法律环境和生产环境要素。由于农民专业合作社并不是脱离这些外部环境而孤立发展的，因此，根据网络嵌入性理论，农民专业合作社的可持续发展必须考虑这些外部因素的影响。

1. 政治环境因素

政治环境因素指的是国家和政府的宏观政策对于农民专业合作社可持续发展。由于我国本身是一个农业大国，国家对于农业的发展都相当重视，近十年来的党中央一号文件更是持续聚焦三农问题，更提及要大力扶持和推广农民专业合作社的发展。一方面，农民专业合作社是我国在改革开放之后所产生的一种新的经济组织形式，对于促进农村经济发展和农民增收均有极大的作用；另一方面，农民专业合作社属于农民的合作，本身也是社会主义集体经济的一种体现形式，从这个角度来看，目前我国的政治环境有利于农民专业合作社发展。同时，可以相信，国家和政府对于农业和农村经济的宏观调控依然会持续较长时间，这对于农民专业合作社的可持续发展，起到了很大的推动作用。

2. 经济环境因素

经济环境因素是指我国的社会主义市场经济体制对于农民专业合作社的可持续发展。社会主义市场经济要求有健康的市场竞争，而作为单个的农户而言，不管其规模有多大，都在农产品供应链中不占有强势地位，因此农民专业合作社的成立就是为了通过合作来提高农户在市场上的竞争力。然而，市场竞争也会对农民专业合作社的可持续发展带来负面影响，这是因为农民专业合作社可以看作是一种特殊的企业形式，而企业的可持续发展中，股份制改革是一个必然的过程，较大的股份持有在极少数人手中，使得企业的决策层能够快速地响应市场的变化并增强竞争力，但农民专业合作社却不能按照这样的过程转型。即使农民专业合作社也实行股份制改革，也不能和一般的企业相同，这是由农民专业合作社的质性规定的，即参与合作的农户并不是按照持有股份的多少来决定其在合作社中的表决权，这样使得农民专业合作社在资源配置和针对市场变化的反应会受到影响。从这个角度而言，经济环境对于农民专业合作社的可持续发展影响较大，在充分发挥资本对农民专业合作社的正向作用的同时，又需要对其加以限制，需要协调农产品生产和营销的专业大农户与小农户之间的利益关系，需要协调专业农户作为合作社的所有者和服务的使用者与雇佣农业工人之间的利益关系，从而不断完善合作社的治理结构，这不仅是一个实践上需要解决的重要问题，而且在理论层面也是急需解决的关键问题。[①]

3. 文化环境因素

文化环境因素指的是区域或地方文化对于农民专业合作社可持续发展的影响。一般而言，农民专业合作社在具有以下两类文化土壤的地区相对更容易兴起和发展。一是具有比较深厚的合作组织传统的地区，这类地区拥有深厚的合作组织的相关知识，并在长期的合作经济发展中积累了丰富的经验，能够有效地创建和发展农民专业合作社。二是区域亚文化较为特别，与社会主文化类型不同的地区，这些地区的商品经济成分和内在凝聚力较强，容易创建农民专业合作社。从这个角度来讲，在具有较为深厚的合作组织传统的地区所建立起来的农民专业合作社，其可持续发展必然会较为顺利；相反，若农民专业合作社的建立本身就比较困难，那么其可持续发展的道路就较为艰难。

4. 法律环境因素

法律环境因素指的是国家或地方的法律法规对于农民专业合作社可持续发展的影响。《农民专业合作社法》对于农民专业合作社的设立和登记、成员构成要求、组织机构要求、财务管理、合并、分立、解散和清算、扶持政策和法律责任都进行了详细的规定，这对于农民专业合作社的建立和经营起到了很大的推动和保护作用。随着党和国家政府出台的与合

---

① 张晓山：《有关中国农村合作经济组织发展的几个问题》，《农村经济》2005 年第 1 期。

作社相关法律的不断完善，可以为农民专业合作社的可持续健康发展会提供更多保障。

5. 生产环境因素

生产环境因素实际上指的是农民专业合作社所生产的产品以及专业化生产对于农民专业合作社可持续发展的影响。一般来说，如果单个农户在市场竞争中始终处于弱势地位、难以承担市场风险，并且该地区的农产品商品率高且农业剩余较多，就容易出现农民专业合作社；此外，如果某个地域的农产品具有较明显季节性，或是农产品生命周期较短，以及该地农业生产规模经济较显著、专业化程度较高、资产专有性较高，也容易产生农民专业合作社。这从一个方面说明，农民专业合作社最初的兴起是以某一类适宜当地种植的农产品为基础的，如果产品本身具有高质量等级和竞争力，则农民专业合作社能够实现可持续发展，否则可能会受到较大冲击。同时，如果同种产品几乎无差别，则丰收年景的市场竞争较大，则无疑将严重影响到农民专业合作社的可持续发展。

(二) 内部因素

影响农民专业合作社可持续发展的内部因素主要有六大类，分别是：人力因素、内部制度因素、物质因素、成员关系因素、商誉因素和利益相关者因素。尽管外部因素对于农民专业合作社的可持续发展有利有弊，但同外部因素相比，内部因素直接关系到农民专业合作社的成长，每个类型的内部因素，均有可能直接成为农民专业合作社可持续发展的制约因素，因此农民专业合作社应该更加关注内部因素。

1. 人力因素

人力因素主要指的是农民专业合作社的理事长的领导力、管理者的经验、农业专业大户的示范性作用、社员的基本技能等方面因素。具体体现如下：

理事长在农民专业合作社内具有非常重要的作用，尤为重要的是理事长的领导力，将会直接决定农民专业合作社是否能够可持续发展。尽管在不同类型的农民专业合作社中，理事长的身份有所不同，例如有的合作社理事长本身就是农产品生产（销售）大户，有的具有较大的生产种植规模，有的拥有完善的农产品销售体系和强大的农产品销售网络；有的理事长是农业大中院校毕业的高才生或是专业的农技人员，具备农产品种植、嫁接、施肥、撒药、包装等一系列专业技能；而"公司+农户"型合作社的理事长，则是龙头企业的领导者，具有丰富的企业管理和运营的经验，等等。但是理事长所具备的这些能力都能够使其经营管理好农民专业合作社，能够促进农民参加专业合作社的积极性，达到共同致富的目的。因此，理事长自身的领导力、所接受的文化程度、担任理事长职务的时间长度以及理事长自身的身份和所拥有的专业技能，都对于农民专业合作社的可持续发展有着较大的影响。

除了理事长之外，为了保证合作社的正常运营，与企业相似，同样需要各部门的管理者有丰富的管理经验，因此这些管理者所接受的文化程度和在合作社工作的时间长度也就成为维持农民专业合作社可持续发展的影响因素。

此外，专业大户在生产方面的示范作用以及社员所拥有的基本技能也对农民专业合作社可持续发展有着较大的影响。其中，由于专业大户并不一定是理事长，因此专业大户可以认为是农民专业合作社在生产或销售方面的带动者，其在生产或销售方面的经验将很好地带动其他社员的生产和销售活动；与之类似的，社员的基本技能是很重要的影响因素，这是因为在合作社中，专业大户的数量一般来说较少，更多的社员只是普通的农户，因此尽管其作用小于专业大户的作用，但社员的基本技能也会影响到合作社的整体效益。总体而言，专业大户的示范作用和社员的基本技能有机地结合在一起，能够有效地促进农民专业合作社的可持续发展。

2. 内部制度因素

内部制度因素指的是农民专业合作社中社员权利和义务、运行机制、民主管理、财务制度、分发财务记录、利益分配机制等因素。具体体现如下：

对于加入农民专业合作社而言，只有清楚地规定了社员能够享受的权利和应尽的义务，才能保证社员的生产或销售活动有序进行，才能够保障社员的个人利益。因此，明晰社员的权利和义务是促进农民专业合作社可持续发展的基础。

农民专业合作社的运行机制是保证合作社健康运营的关键因素，目前对于农民专业合作社的运行主要有两个方面：一个方面是提倡"能人治社"，因为农民专业合作社的能人和大户更懂得对合作社的经营，并有很好的管理能力，拥有非常广泛的人际关系，对农村和农民的情况比较了解，具有很好的带动能力和影响力，掌握合作社的运行机制，所以，通过引导这些对合作社很了解的能人和大户领办和管理合作社，充分发挥能人和大户所具备的积极性和创造性，可以有效促进合作社的发展；另一个方面是"民主管理"，即农民专业合作社的管理由所有的社员通过民主选举管理者的方式来对合作社的日常运营进行管理，保证合作社向"民办、民管、民受益"的方向发展。表面看起来，这两个方面存在一定的矛盾，且"能人治社"容易产生特权，而"民主管理"又容易导致管理效率的低下，各有优缺点。但如果能够建立"能人治社"和"民主管理"有机结合并相互协调的运行机制，将有效地保证农民专业合作社的可持续发展。

此外，利益分配机制的完善也是农民专业合作社能够可持续发展的关键因素，这要求农民专业合作社必须首先建立财务核算机制，即农民专业合作社必须按照建立好的财务会计与核算制度进行会计核算；进一步，农民专业合作社要建立非常有效的风险调节机制，形成合理的盈余分配机制，并构建合理的激励和约束机制，使得合作社具有自我发展的能力。合作社的社员一般通过股份或交易量（额）给予约束，而合作社里面的高层管理人员和有经验的营销人员则可以采取与业绩挂钩的薪酬体系，以体现他们对合作社的价值和贡献。只有完善了利益分配机制，才能保证每个社员都能够得到合理的利益分配，从而确保社员能够继续为合作社做出贡献，进而保证农民专业合作社的可持续发展。

3. 物质因素

物质因素指的是农民专业合作社自身所拥有的资金、土地规模、技术水平、服务能力和办公场所与办公条件等因素。具体体现如下：

农民专业合作社所拥有的资金、土地、技术、服务能力和办公场所等物质资源将直接影响到合作社的发展，尤其是资金、土地和技术这三个因素占据了重要的地位。资金是合作社建立和日常运营所必不可少的因素，土地是保证农产品生产规模的基础条件，而技术则是保证农产品质量和合作社影响力和竞争力的关键要素。一般来说，发展较好的合作社，往往都具备较强的经济实力，同时具有充分的流动资金，以及能够为社员提供服务的固定资产等。而那些发展较为困难的合作社，则往往受到资源和技术的限制，缺乏新的生产要素介入，导致农民专业合作社组建的基本条件规范性差，在发展中从事合作经营较为困难。

4. 成员关系因素

成员关系因素指的是由农民专业合作社中的成员所具有的异质性而导致社员对理事长的信任度、社员参与合作社的意愿、成员相互之间的合作意愿、成员与管理者的沟通等因素对于农民专业合作社可持续发展的影响。

成员对理事长的信任度，将直接影响到成员参与合作社的意愿和成员之间相互合作的意愿，是保证合作的关键。一般来说，成员会通过观察理事长的个人能力、人品素质、声誉和影响力，以及成员和理事长之间的关系、理事长日常对于成员的关心程度来判断自身对理事长的信任度。成员对理事长的信任度越高，越能够充分发挥合作的精神共同发展，也能够提高成员参与合作社的意愿与成员之间相互合作的意愿，从而促进农民专业合作社的可持续发展。

除此之外，成员自身对于合作社的认识程度和认可程度也将影响到其参与合作社的意愿，成员之间的相互关系也将影响到成员之间的合作意愿，成员和管理者之间的有效沟通也能保证合作社日常事务的正常运行，这些因素都对于合作社的健康发展有着较大的影响。而如果理事长能够有效地调节成员异质性带来的影响，则可以确保合作社的可持续发展。

5. 商誉因素

商誉因素指的是农民专业合作社自身的注册商标、所生产农产品的质量和品牌、质量认证水平以及市场知名度等因素，具体体现如下：

商誉是衡量合作社产品的市场知名度的重要指标，是实现经济利益的保证。如果合作社具有自身的注册商标、所生产的农产品有独立的品牌、具有质量标准和认证、并具有较高的市场知名度，就能够保证合作社进入高端市场，同时增加自身的影响力和市场竞争力，在于农产品供应链中的下游企业进行合作博弈时能够获得更大的利益，能够尽量确保广大成员的经济利益，同时保证合作社的整体经济利益能够得到提高，从而实现农民专业合作社的可持续发展。

6. 利益相关者因素

利益相关者因素指的是与农民专业合作社有密切关系的政府和相关部门、供应链上下游企业、村社组织与其他相关部门等之间的关系。具体体现如下：

由于农民专业合作社并非孤立存在，而是嵌入到社会网络中的，与利益相关者之间有较为复杂的关系，利益相关者的决策都会影响到合作社的发展。因此，合作社必须通过改善与利益相关者的关系，使得利益相关者对合作社的发展产生积极的影响。

而对合作社影响最大的利益相关者是政府，一方面，政府的支持、地方政府及相关部门的重视程度能够给合作社的发展带来较为宽松的环境，同时政府部门还会给予合作社办社指导、技术培训、政策宣传和支持等，这些都能够促进合作社的发展。另一方面，政府对于合作社较为关注，往往又会出现政策干预的情况，这对于合作社的发展又产生了负面的影响。因此，农民专业合作社必须处理好与政府之间的关系，才能够确保自身的可持续发展。

除此之外，由于农民专业合作社在农产品供应链中与上下游企业都有密切的联系，例如上游的农产品种子供应商，下游的农产品分销商，等等。这些企业与合作社之间属于合作博弈的关系，因此合作社必须同这些企业建立良好的合作关系，才能够确保自身的可持续发展。

最后，农民专业合作社一般来说都是依托于所在的村社，尽管农民专业合作社的发展是农村经济发展的重要组成部分，但农村中还存在其他组织和相关部门，这些组织和部门与合作社之间更具有紧密的联系，因此处理好相互之间的关系，才能够确保农民专业合作社的可持续发展。

三　农民专业合作社可持续发展能力的评价

（一）评价的意义

农民专业合作社可持续发展的评价，实质上是通过前面所说的影响农民专业合作社的各种因素，来判断哪些因素能够对农民专业合作社可持续发展起到正面的影响，哪些因素会产生负面的影响，更为重要的是，每个影响因素对于农民专业合作社可持续发展的影响力究竟有多大，从而来判断一个现有的农民专业合作社是否具有可持续发展性，或者说一个农民专业合作社的可持续发展能力究竟有多大，从这个角度而言，农民专业合作社可持续能力发展的评价，有着至关重要的作用，其具体的意义如下：

1. 完善现有理论研究

目前国内对于农民专业合作社发展方面的理论研究，主要还是集中在农民专业合作社的质性规定和制度边界、制度变迁与成长机制、制度安排与运行机制、制度环境与制约因素、绩效评价等。这些研究内容大都是围绕农民专业合作社的本质和阶段性的发展问题进行分析，即使是分析了农民专业合作社发展的制约因素并提出了相应的对策，也无法有效地帮助农民专业合作社判断自身的发展能力。因此，对农民专业合作社可持续能力发展的评价，能够有效完善现有理论研究。

2. 深化对农民专业合作社的认识

农民专业合作社可持续发展能力评价指标体系的建立，使得评价农民合作社的各项指标得以具体的量化，合作社成员特别是合作社的管理人员能够将自身所处的合作社与本指标体系加以对照，以便其能够清晰了解自身的不足，从而采取相应的应对措施。另一方面，管理者还可以通过对农民专业合作社可持续发展能力的评估，来充分了解合作社未来发展可能的形式，从而及时地调整阶段性的战略目标，更好地实现农民专业合作社的成长。

3. 为政府制定发展农民专业合作社的措施提供参考

农民专业合作社的发展离不开政府的扶持，然而政府又不能过多地干涉合作社的经营，这对于政府进行扶持政策的制定带来了较大的困难。而根据农民专业合作社可持续发展能力指标体系，政府能够清楚了解农民专业合作社在发展过程中的需求，制定相关的措施，为农民专业合作社的发展提供有力的帮助。

（二）评价指标体系的构成要素

农民专业合作社可持续发展的影响因素可以分为外部因素和内部因素两种，但由于外部因素比较宏观、合作社自身具有不可控性，因此虽然外部因素对于农民专业合作社的可持续发展也有影响，但一方面不如内部因素的影响大，另一方面也无法进行衡量和考核，所以外部因素不作为农民专业合作社可持续发展能力评价指标体系的构成要素。相应的，由于内部因素较易进行观测和衡量，因此农民专业合作社可持续发展能力评价指标体系的构成要素即为影响农民专业合作社可持续发展的内部因素，即由人力因素、内部制度因素、物质因素、成员关系因素、商誉因素和利益相关者因素六个方面组成农民专业合作社可持续发展能力评价指标体系的一级指标。

（三）评价指标体系的建立

1. 评价指标的确定和指标体系的建立

根据以上的分析，在人力因素、内部制度因素、物质因素、成员关系因素、商誉因素和利益相关者因素六个方面组成的农民专业合作社可持续发展能力评价指标体系的一级指标基础之上，根据每个影响因素中的细节，进一步将指标进行细化，具体如表 8.11 所示。

表 8.11　　　　　农民专业合作社可持续发展能力评价指标

一级指标	二级指标	三级指标
人力因素 C_1	理事长 C_{11}	理事长文化程度 C_{111}
		理事长技术技能 C_{112}
		理事长非农工作经历 C_{113}
	管理者 C_{12}	管理者的设置 C_{121}
		管理者的文化程度 C_{122}
	专业大户 C_{13}	专业大户的技术技能 C_{131}
	成员 C_{14}	成员的技术技能 C_{141}
制度因素 C_2	成员的权利和义务 C_{21}	成员的权利制度 C_{211}
		成员的义务制度 C_{212}
	机构设置 C_{22}	组织机构设置情况 C_{221}
	利益分配机制 C_{23}	利益分配机制 C_{231}
	会议制度 C_{24}	理事会、监事会、成员会召开情况 C_{241}
	财务制度 C_{25}	完善和公开的财务制度 C_{251}
物质因素 C_3	注册资金 C_{31}	注册资金水平 C_{311}
	办公场所 C_{32}	固定的办公场所 C_{321}
	服务设施和服务能力 C_{33}	服务设施 C_{331}
		服务能力 C_{332}
	生产技术 C_{34}	生产示范基地 C_{341}
		开展技术培训频次 C_{342}
	土地资源 C_{35}	生产基本规模 C_{351}
成员关系因素 C_4	成员对理事长的信任 C_{41}	成员对理事长的信任度 C_{411}
	成员参与程度 C_{42}	成员对合作社事务的参与程度 C_{421}
	成员互助 C_{43}	成员相互合作的程度 C_{431}

续表

一级指标	二级指标	三级指标
商誉因素 C_5	注册商标 C_{51}	合作社有注册商标 C_{511}
	产品品牌和质量标准 C_{52}	独立的产品品牌 C_{521}
		产品质量标准 C_{522}
	产品认证 C_{53}	"三品一标"认证情况 C_{531}
	市场知名度 C_{54}	合作社的知名程度 C_{541}
利益相关者因素 C_6	政府扶持 C_{61}	是否有政府扶持 C_{611}
	与村社组织关系 C_{62}	与村社组织的关系 C_{621}
	与相关部门关系 C_{63}	与相关部门的关系 C_{631}
	与上下游市场主体的关系 C_{64}	与上游供应商的关系 C_{641}
		与下游分销商的关系 C_{642}

2. 相关指标权重的确定

依旧采用层次分析法来构建指标体系和权重，分层次构造成对比矩阵，并填写判断矩阵重要性程度，其标度含义见表7.2。我们是在对各合作社理事长的调查及对国内外合作社成长影响因素的相关研究的基础上，对农民专业合作社影响因素的各项指标进行赋值。

然后运用层次分析法 yaahp 软件对农民专业合作社可持续发展能力评价指标体系中的一级指标，即物质资本资源、人力资本资源以及组织资本资源等6个一级指标进行比较，得到比较矩阵，则一级判别矩阵如表8.13所示。通过一致性检验，因此比较矩阵有效。

表 8.12　　　　　　　　　　　　　一级判别矩阵

C	C_1	C_2	C_3	C_4	C_5	C_6	Wi
C_1	1	2	3	3	4	2	0.1981
C_2	1/2	1	2	2	3	2	0.1782
C_3	1/3	1/2	1	3	2	2	0.1675
C_4	1/3	1/2	1/3	1	2	3	0.1585
C_5	1/4	1/3	1/2	1/2	1	2	0.1475
C_6	1/2	1/2	1/2	1/3	1/2	1	0.1502

注：$\lambda_{max} = 3.004$，$CI = \dfrac{\lambda_{max} - n}{n - 1} = 0.002$，$CR = 0.0043 < 1$

根据以上的步骤同理计算出各二级指标在相应准则中的权重，见表8.13至表8.19。

表8.13　　　　　　　　　　人力因素二级判别矩阵

C	C_{11}	C_{12}	C_{13}	C_{14}	Wi
C_{11}	1	2	1	3	0.2860
C_{12}	1/2	1	1/3	1	0.2119
C_{13}	1	3	1	3	0.3006
C_{14}	1/3	1	1/3	1	0.2015

注：$\lambda_{max} = 4.005$，$CI = \dfrac{\lambda_{max} - n}{n - 1} = 0.002$，$CR = 0.0019 < 1$

表8.14　　　　　　　　　　制度因素二级判别矩阵

C	C_{21}	C_{22}	C_{23}	C_{24}	C_{25}	Wi
C_{21}	1	2	3	3	2	0.2510
C_{22}	1/2	1	3	3	2	0.2226
C_{23}	1/3	1/3	1	2	1	0.1751
C_{24}	1/3	1/3	1/2	1	1/2	0.1616
C_{25}	1/2	1/2	1	2	1	0.1897

注：$\lambda_{max} = 5.016$，$CI = \dfrac{\lambda_{max} - n}{n - 1} = 0.004$，$CR = 0.0036 < 1$

表8.15　　　　　　　　　　物质因素二级判别矩阵

C	C_{31}	C_{32}	C_{33}	C_{34}	C_{35}	Wi
C_{31}	1	2	3	3	2	0.2510
C_{32}	1/2	1	3	3	2	0.2226
C_{33}	1/3	1/3	1	2	1	0.1751
C_{34}	1/3	1/3	1/2	1	1/2	0.1616
C_{35}	1/2	1/2	1	2	1	0.1897

注：$\lambda_{max} = 5.016$，$CI = \dfrac{\lambda_{max} - n}{n - 1} = 0.004$，$CR = 0.0036 < 1$

表8.16　　　　　　　　　　成员关系因素二级判别矩阵

C	C_{41}	C_{42}	C_{43}	Wi
C_{41}	1	4	2	0.4351

续表

C	C_{41}	C_{42}	C_{43}	Wi
C_{42}	1/4	1	1/2	0.2494
C_{43}	1/2	2	1	0.3256

注：$\lambda_{max} = 3.0044$，$CI = \dfrac{\lambda_{max} - n}{n - 1} = 0.002$，$CR = 0.0043 < 1$

表 8.17 商誉因素二级判别矩阵

C	C_{51}	C_{52}	C_{53}	C_{54}	Wi
C_{51}	1	2	1	3	0.2860
C_{52}	1/2	1	1/3	1	0.2119
C_{53}	1	3	1	3	0.3006
C_{54}	1/3	1	1/3	1	0.2015

注：$\lambda_{max} = 4.005$，$CI = \dfrac{\lambda_{max} - n}{n - 1} = 0.002$，$CR = 0.0019 < 1$

表 8.18 利益相关者因素二级判别矩阵

C	C_{61}	C_{62}	C_{63}	C_{64}	Wi
C_{61}	1	2	1	3	0.2860
C_{62}	1/2	1	1/3	1	0.2119
C_{63}	1	3	1	3	0.3006
C_{64}	1/3	1	1/3	1	0.2015

注：$\lambda_{max} = 4.005$，　$CI = \dfrac{\lambda_{max} - n}{n - 1} = 0.002$，　$CR = 0.0019 < 1$

　　在此基础上，进一步计算出各三级指标在相应准则中的权重，见表
8.19 至表 8.25。

表 8.19 理事长因素三级判别矩阵

C	C_{111}	C_{112}	C_{113}	Wi
C_{111}	1	4	2	0.4351
C_{112}	1/4	1	1/2	0.2494
C_{113}	1/2	2	1	0.3256

注：$\lambda_{max} = 3.0044$，　$CI = \dfrac{\lambda_{max} - n}{n - 1} = 0.002$，　$CR = 0.0043 < 1$

表 8. 20　　　　　　　　　　　管理者因素三级判别矩阵

C	C_{121}	C_{122}	Wi
C_{121}	1	2	0.6667
C_{122}	1/2	1	0.3333

注：$\lambda_{max} = 3.0044$，　$CI = \dfrac{\lambda_{max} - n}{n - 1} = 0.002$，　$CR = 0.0043 < 1$

表 8. 21　　　　　　　　　成员的权利和义务因素三级判别矩阵

C	C_{211}	C_{212}	Wi
C_{211}	1	2	0.6667
C_{212}	1/2	1	0.3333

注：$\lambda_{max} = 3.0044$，　$CI = \dfrac{\lambda_{max} - n}{n - 1} = 0.002$，　$CR = 0.0043 < 1$

表 8. 22　　　　　　　　服务设施和服务能力因素三级判别矩阵

C	C_{331}	C_{332}	Wi
C_{331}	1	2	0.6667
C_{332}	1/2	1	0.3333

注：$\lambda_{max} = 3.0044$，　$CI = \dfrac{\lambda_{max} - n}{n - 1} = 0.002$，　$CR = 0.0043 < 1$

表 8. 23　　　　　　　　　　　技术因素三级判别矩阵

C	C_{341}	C_{342}	Wi
C_{341}	1	2	0.6667
C_{342}	1/2	1	0.3333

注：$\lambda_{max} = 3.0044$，　$CI = \dfrac{\lambda_{max} - n}{n - 1} = 0.002$，　$CR = 0.0043 < 1$

表 8. 24　　　　　　　　产品品牌和质量因素三级判别矩阵

C	C_{521}	C_{522}	Wi
C_{521}	1	2	0.6667
C_{522}	1/2	1	0.3333

注：$\lambda_{max} = 3.0044$，　$CI = \dfrac{\lambda_{max} - n}{n - 1} = 0.002$，　$CR = 0.0043 < 1$

表 8. 25　　　　　　　　与上下游市场主体关系因素三级判别矩阵

C	C_{641}	C_{642}	Wi
C_{641}	1	2	0.6667
C_{642}	1/2	1	0.3333

注：$\lambda_{max} = 3.0044$，　$CI = \dfrac{\lambda_{max} - n}{n - 1} = 0.002$，　$CR = 0.0043 < 1$

以上各判别矩阵均通过一致性检验。因此，比较矩阵有效。

当一级指标、二级指标和三级指标的权重系数求出后，即可得到各指标的组合权重，如表 8. 26 所示。由指标值分别与层次分析法得到的对应指标权重相乘得出综合性评价指标值。

表 8. 26　　　　　　农民专业合作社可持续发展能力评价指标权重

一级指标	二级指标	三级指标
人力因素 0. 1981	理事长 0. 0567	理事长文化程度 0. 0247
		理事长的技能 0. 0116
		理事长非农工作经历 0. 0185
	管理者 0. 0420	管理人员的配置 0. 0280
		管理人员的文化程度 0. 0140
	大户农业生产者 0. 0595	大户农业生产者的技能 0. 0595
	一般农业生产者 0. 0399	一般农业生产者的技能 0. 0399
制度因素 0. 1782	成员的权利和义务 0. 0447	成员权利制度 0. 0298
		成员义务制度 0. 0149
	机构设置 0. 0397	机构设置及运行 0. 0397
	利益分配机制 0. 0312	利益分配制度及执行 0. 0312
	会议制度 0. 0288	理事会、监事会、成员会 召开情况 0. 0288
	财务制度 0. 0338	财务设置和公开情况 0. 0338

续表

一级指标	二级指标	三级指标
物质因素 0.1675	成员出资 0.0420	成员出资水平 0.0420
	办公场所 0.0373	固定的办公场所 0.0373
	服务设施和服务能力 0.0293	服务设施 0.0195
		服务能力 0.0098
	技术 0.0271	生产示范基地 0.0181
		开展技术培训频次 0.0090
	土地资源 0.0318	土地经营规模 0.0318
成员关系 因素 0.1585	成员对理事长的信任 0.0690	成员对理事长的信任度 0.0690
	成员参与 0.0395	成员对合作社事务的参与程度 0.0395
	成员间的合作 0.0516	成员间合作的意愿和程度 0.0516
商誉因素 0.1475	注册商标 0.0422	注册商标情况 0.0422
	产品品牌和质量标准 0.0313	独立的产品品牌 0.0209
		产品质量标准 0.0104
	产品认证 0.0443	"三品一标"认证情况 0.0443
	市场知名度 0.0297	合作社的知名程度 0.0297
利益相关者 因素 0.1502	政府扶持 0.0430	政府各类支持情况 0.0430
	与村社组织关系 0.0318	与村社组织的关系 0.0318
	与相关部门关系 0.0452	与相关部门的关系 0.0452
	与上下游主体的关系 0.0302	与上游供应商的关系 0.0201
		与下游分销商的关系 0.0101

同时，给出专家评价表，如表 8.27 所示。

表 8.27　　　　　　　　专家评价表　　　　　　　单位：分

一级 指标	二级指标	三级指标	81—100	61—80	41—60	21—40
人力 因素	理事长	理事长文化程度				
		理事长的技能				
		理事长非农工作经历				
	管理人员	管理人员的配置				
		管理人员的文化程度				
	大户农业生产者	大户农业生产者的技能				
	一般农业生产者	一般农业生产者的技能				

续表

一级指标	二级指标	三级指标	81—100	61—80	41—60	21—40
制度因素	成员的权利和义务	成员权利制度				
		成员义务制度				
	机构设置	机构设置及运行				
	利益分配机制	利益分配制度及执行				
	会议制度	理事会、监事会、成员会召开情况				
	财务制度	财务设置和公开情况				
物质因素	成员出资	成员资金水平				
	办公场所	固定的办公场所				
	服务设施和服务能力	服务设施				
		服务能力				
	技术	生产示范基地				
		开展技术培训频次				
	土地资源	土地经营规模				
成员关系因素	成员对理事长的信任	成员对理事长的信任度				
	成员参加合作社的意愿	成员参加合作社的意愿程度				
	成员间的合作	成员间合作的意愿和程度				
商誉因素	注册商标	商标注册情况				
	产品品牌和质量标准	独立的产品品牌				
		产品质量标准				
	产品认证	"三品一标"认证情况				
	市场知名度	合作社的知名程度				
利益相关者因素	与政府关系	政府各类支持情况				
	与村社组织关系	与村社组织的关系				
	与相关部门关系	与相关部门的关系				
	与上下游主体的关系	与上游供应商的关系				
		与下游分销商的关系				

　　注：各观测点的实际得分：首先参考各地评价示范合作社的标准，然后，再综合考虑农民专业合作社自身的特点，依靠专家的主观评价来加以确定。

3. 农民专业合作社可持续发展能力评价标准及说明

首先，参照全国各地评价示范农民专业合作社的既有标准，再结合我国对申报农民专业合作社项目的各项具体条件要求，初步拟定了农民专业合作社可持续发展能力的具体评价标准，如表 8.28 所示。

表 8.28　　　　　　　　　　专家评价表

	81—100（分）	61—80（分）	41—60（分）	21—40（分）
理事长文化程度	大专及以上学历	高中学历	初中学历	小学及以下
理事长的技能	具有专业技术以及管理技能	具有专业技术	一般农民	其他
理事长非农工作经历	具有丰富的非农工作经历	具有一定的非农工作经历	具有较少的非农工作经历	没有非农工作经历
管理人员配置	必须有三种人员：专职的财务人员、专门销售人员以及专业技术人员	仅有专门财务人员、销售人员以及技术人员中的两种人员	仅有专门财务人员、销售人员以及技术人员中的一种人员	三者都没有
管理人员文化程度	高中以上学历占到一半以上	初中学历占到一半以上	一半以上是小学学历	其他
大户农业生产者的技能	较高	中等	较低	无
一般农业生产者的技能	较高	中等	较低	无
成员权利制度	完整而详细的权利制度规定	有权利制度规定，但不详细	有权利制度规定，不详细也不完整	无权利制度规定
成员义务制度	完整而详细的义务制度规定	有义务制度规定，但不详细	有义务制度规定，不详细也不完整	无义务制度规定
机构设置及运行	拥有理事会、监事会，并按要求行使职责	有理事会、监事会，但未按照要求履行职责	没有监事会，只有理事会	基本都没有
利益分配制度及执行	拥有利益分配制度，并按照完善的制度分配各自利益	有利益分配制度，但不完全依照制度分配利益	没有固定的分配制度，与此同时利益分配也不固定	基本没有
理事会、监事会成员会召开情况	定期召开，且每次都有进行会议记录	不定期召开，大部分都有记录	偶尔召开，会议记录不完整	没有召开，也没有记录
财务设置和公开情况	财务制度完善且公开	财务制度公开但不完善	财务制度不公开也不完善	没有财务制度
成员出资规模	500 万以上（含 500 万）	50—500 万（含 50 万）	10—50 万（含 10 万）	10 万以下

续表

	81—100（分）	61—80（分）	41—60（分）	21—40（分）
固定的办公场所	有固定的办公场所，而且还分部门设立办公室，并配有专门的会议室	有固定的办公场所，尚未有按照部门设立办公室	无自有产权的办公场所，但租用了办公场所	无固定的办公场所，且也无租用办公场所
服务设施	有完善配套服务设施，且成员能够充分利用这些设施	有配套设施，但设施利用得不充分	无相关配套设施，但正在积极筹建中	无相关配套，并且也没有相关设施
服务能力	较强	一般	较弱	无
生产技术水平	高	较高	一般	较差
开展技术培训频次	每年 5 次以上	每年 3—5 次	每年 1—2 次	无技术培训
土地经营规模	500 亩以上	200—500 亩	100—200 亩	100 亩以下
成员对理事长的信任度	高	一般	较差	不信任
成员参与合作社事务程度	高	一般	较差	不愿意
成员间合作的意愿和程度	高	一般	较差	不愿意
注册商标情况	有注册商标，且影响力较大	有注册商标，影响力一般	无注册商标，但在申请	无注册商标，也不会申请
独立的产品品牌	拥有独立品牌，且能给合作社带来较好的利益	有一两个产品有品牌	无产品品牌，但正在积极创建产品品牌	无产品品牌，并且也无创建品牌的意愿
产品质量标准	执行相关质量标准	无质量标准，市场反响尚可	无质量标准，市场反响一般	无质量标准，市场反响差
"三品一标"认证情况	所有产品均通过认证	部分产品通过认证	无认证，但在积极申请	无认证也不打算申请
合作社的知名程度	高	较高	一般	无
政府各类支持情况	能够得到政府的各项支持，包括用地、税收等方面	个别方面能够得到政府的支持	未得到支持，但正在积极申请得到支持	未得到政府支持，也没有积极去争取支持

续表

	81—100（分）	61—80（分）	41—60（分）	21—40（分）
与村社组织的关系	得到村社组织大力支持，关系很好	有村社组织的支持，关系一般	尚在建立与村社组织的关系	无村社组织支持
与其他相关部门的关系	好	较好	一般	无
与上游供应商的关系	有稳定而长期合作的供应商，关系很好	有稳定而短期合作的供应商，关系较好	有固定供应商，关系一般	无固定供应商
与下游分销商的关系	有稳定而长期合作的销售渠道，关系很好	有稳定而短期合作的销售渠道，关系较好	有固定销售渠道，关系一般	无固定销售渠道

表 8.29　农民专业合作社可持续发展能力评价指标评价结果等级表

评价描述	优秀	良好	中等	差
得分	85—100	75—84	60—74	60 分以下

根据以上计算出的各评价指标的具体指标值，并结合德尔菲法，即专家打分法，可以计算出农民专业合作社可持续发展能力评价指标具体的评价等级，依据表 7.29 的描述，可以将合作社的可持续发展分为四个等级：

第一个等级是优秀，合作社可持续发展能力评价的最终得分在 85—100 分这个区间，这表明该合作社发展得非常好，并且有很强的生命力，该合作社的发展会增强农村经济的繁荣，也会增收合作社成员收入。

第二个等级是良好，合作社可持续发展能力评价的最终得分在 75—84 分这个区间，这表明该合作社处于发展良好的阶段，有较强的生命力，虽然合作社发展尚可，但依然存在着一些问题，若不及时破解这些问题，则可能会影响农民专业合作社的可持续发展，最终也会不利于农户的增收。

第三个等级是中等，合作社可持续发展能力评价的最终得分在 60—74 分这个区间，这表明该合作社处于中等发展水平，缺乏可持续的生命力，该合作社可能有实体存在，也在从事产品的生产，但是该合作社是否能为成员服务令人质疑，如果不能很好地为成员提供服务，农民专业合作社也就改变了它的性质，持续性的发展也将不可能发生。

　　第四个等级是差，合作社可持续发展能力评价的最终得分在 60 分以下这个区间，这表明该合作社的发展水平已经很差，或许该合作社只是一个空壳子，那么可持续性就无从谈起，也就是说不存在可持续性发展问题。

第九章

农民专业合作社运行与发展的监管政策

第一节　监管政策梳理

在"强者牵头，弱者参与"的格局下，以政府补助、项目支持等为主要内容的激励型发展政策催生了大批合作社。面对数量增长与规范化水平提升、政府扶持与合作社自我发展等一系列问题，合理确定监管机制对农民专业合作社的可持续发展具有重要影响。

作为一种能够有效提升农民组织化程度的社会经济组织，合理的监管才能促使其在遵循市场规律的前提下发挥应有之功能。早期由于合作社在农村改革后仅处于萌芽状态，加之对合作经济认识尚浅，政府无从监管。直至 1999 年，《关于当前调整农业产业结构若干意见的通知》才将"发展农民合作经济组织"列入"促进农业生产结构调整的政策措施"之中。2002 年，农业部颁发《农民专业合作经济组织试点工作方案》，同年修订的《农业法》首次确立农民专业合作经济组织的法律地位，明确了其发展原则、财产所有权、经营自主权等内容。与此同时，各地均在探索扶持政策、财政支持、税收优惠、登记注册等措施，例如北京、内蒙古、江苏等省（自治区）级政府都颁发了《农民专业合作社示范章程》，对合作社逐步纳入监管视域。

自 2004 年以来，政府加强了对合作社的重视力度，在每年的中央一号文件中，推动合作社的发展成为必不可少的内容。2007 年《农民专业合作社法》的实施，促使政府监管思路日渐清晰，监管体系逐步建立，主要表现在：第一，明确了农民专业合作社的法律含义和基本原则；第二，赋予了农民专业合作社法人地位；第三，规范了农民专业合作社的民主决策制度；第四，明确了农民专业合作社的盈余分配制度；第五，确定了农民专业合作社的成员类型和构成比例。第六，规定了对合作社的财务管理、扶持政策等。为了确认合作社的法人资格，规范合作社登记行为，农业部制定了《农民专业合作社登记管理条例》；为规范合作社的会计工作，保护合作社及其成员的合法权益，财政部制定了《农民专业合作社财务会计制度（试行）》。各地为了支持、引导合作社的健康发展，规范其组织和行为，维护成员合法权益，还出台了地方性法规，例如《江苏省农民专业合作社条例》《重庆市实施中华人民共和国农民专业合作社法办法》等。

经过多年的探索和积累，我国基本构成"正式立法——国务院行政法规——中央部委行政规章——地方性法规"等四个层次的关于合作社政府监管体系：从政府角色来看，政府对合作社的制度特征、角色定位、扶持及监督等的认识逐渐清晰，将自身角色定位为扶持、服务和引导；就监管内容而言，覆盖了合作社的管理活动、商业活动、资本活动、技术活动、会计活动和安全活动。① 然而，从政策实施的实践来看，对农民专业合作社发展的监管具有以下几个鲜明的特征。

一　"先发展，再规范"的路径主张

《农民专业合作社法》法律颁布实施以后，各地并没有要求加强执法力度，反而对实践中的过度能动性作出了让步。各地政府积极给合作社的创办提供条件，却忽视对其规范化发展进行规制，合作社运行呈现出"先发展、再规范"的状态。现行规制体系透露"立足促进发展""程序简便易行"的特征，例如《农民专业合作社登记管理条例》按照"适度规范，在规范中促进发展，在发展中规范"的指导思想确立各项登记制度；同时考虑合作社的内部组织结构简单，在确保登记工作需要的前提下，尽可能简化登记程序。对合作社具有直接影响的利益主体——监管部门、强势领办主体与弱势参与农户——其博弈结果引发"发展"与"规范"的失衡。对于监管部门来说，实现合作社的"发展"目标更具有吸引力，"发展"指标更容易衡量，例如合作社数量、出资规模、入社农户数量、带动农户数量和销售收入等数量指标；相比之下，"规范"的质量

① 任梅：《我国农民专业合作社政府规制特色分析——政府强力扶持与审慎推动相结合》，《农村经营管理》2012 年第 5 期。

标准较为复杂，评价体系难以建立，且信息不易获取。对于大户农业生产者、农业投资者、农业企业、农产品销售商、农资供应商、技术推广服务机构、社区领袖、供销社等相对强势领办主体来说，在不规范的合作社中，更容易控制决策权、维护收益权，保持对合作社所带来的持续性收益，甚至对政府补助、税费减免等政策性收益的追求成为其大力发展合作社的目标之一。① 对于相对弱势的一般农业生产者来说，规范化的监管才能使其长期收益，但由于权利意识尚未觉醒，监督的潜在利益不明显，普遍存在"搭便车"行为，难以形成对"规范"采取实际的推动力。因而，"先发展、再规范"的制度路径具有强劲的生存土壤。

二　"强效率、弱公平"的价值导向

农民专业合作社天然地具有追求经济效率与社会公平的双重价值：通过合作进而有效参与市场竞争，通过联合维护自身利益进而保持社会公平。"效率"与"公平"之间的协调成为合作社发展无法回避的矛盾。虽然《农民专业合作社法》明确"以服务成员为宗旨，谋求全体成员的共同利益"等公平原则，但政府规制的"强效率、弱公平"价值导向非常明显。例如，政府对合作社的各种财政支持、税收优惠明显存在重视"效率"的倾向。实践中，财政资金"重硬件、轻软件"、强调"扶优扶强"等问题背后的价值选择均是"强效率、弱公平"的具体体现。农民专业合作社快速发展的数据表明，扶持政策的收效良好，政府作为理性"经济人"的选择是明智的。作为面向市场从事经济活动的组织而言，效率是农民专业合作社生存和发展的基础，也是提供公平的前提和基础。然而，农民专业合作社是建立在"平等"基础上的，对获得和保持平等的关心是农民专业合作社的内在要求。规制合作社的"公平"导向虽然明确，但实际收效却相去甚远。例如，在北京郊区 11 个区县的 4792 个合作社中，有 58% 的合作社存在"重大问题决策的理事长代理制"现象，即管理者并没有执行重大决策的成员大会表决的规定，而是采取事后说明或成员分红大会总结时顺便说明的方式，对于民主管理、农民权益保护非常不利。②

---

① 潘劲：《中国农民专业合作社：数据背后的解读》，《中国农村观察》2011 年第 6 期。
② 李志荣：《北京郊区农民专业合作社规范化建设的问题研究与机制建议》，《人力资源管理》2011 年第 10 期。

三　"九龙治水，政出多门"的规制格局

目前，农民专业合作社在工商管理部门办理登记注册，农业行政主管部门是农民专业合作社法定的部门，日常运行中接触较多的部门有供销合作社、财政、税务、扶贫、林业等部门，水利、商务、科技等部门也或多或少要打交道。上述各个部门都从各自的角度对农民专业合作社进行指导、扶持和监督，以致形成"九龙治水、政出多门"的格局。不仅如此，一些非经济性的部门以及块上的权力源头也很"关注"农民专业合作社的发展。例如，党的组织希望将支部建在农民专业合作社，共青团组织也希望从农民专业合作社中发现团组织工作新的着力点，妇联组织也希望将妇女工作融入农民专业合作社发展之中。

第二节　监管不到位的后果

一　市场准入松散，数量快速增长与发展水平不高并存

农民专业合作社准入制度，对保障市场秩序稳定具有促进作用。市场准入首先关注合作社的设立，核心在于成员与出资，但目前注册合作社的成本很低，甚至不需要成员出资。实践中，申请人强拉亲戚、朋友"入社"，完全与合作社没有生产经营关系；甚至某些农户不知自己已经成为合作社成员。为吸引更多农民入社，《农民专业合作社法》降低设立门槛，没有最低资本金的限制，只要求在章程中明确成员的出资额。由于对资本金不作要求，免去了验资环节，导致资本金、出资方面存在监管盲区，成员出资与实际不符的现象越发突出。

另一个与市场准入密切相关的是合作社章程问题。可以说，章程既是合作社成立的必要条件，又是其内部运作的基本准则，在合作社内部应当具有最高效力，不仅是法律在合作社内部的延伸，而且是成员合意的最终结果。《农民专业合作社法》规定了章程应当载明的事项，且由全体设立人制定并一致通过，所有加入该合作社的成员都必须承认并遵守。2007 年 6 月，农业部颁布《农民专业合作社示范章程》，虽然仅起示范参照作用，不具有法律约束力，但对于具体章程的制定和完善具有积极意义。由于照抄

照搬示范章程，绝大多数农民专业合作社的章程不能充分反映其实际情况。章程是合作社自治特征的重要体现，如果章程规定的成员权利少于法定内容，事实上侵害了农民权益。例如《农民专业合作社法》规定了成员享有五项权利，即表决权、选举权和被选举权、民主管理权、接受服务权、分享盈余权、查阅权以及其他权利，而有的合作社的章程明显缺乏民主管理权、分享盈余权、查阅权的相关规定，导致成员法定权利的缺损。

在市场准入松散的条件下，一方面，在多种力量的共同作用下，全国各地农民合作社发展势头强劲，数量井喷式增长；另一方面，现有合作社普遍规模小、结构松散、竞争力弱、带动力不强，部分合作社农民主体性不充分、股权结构不合理、决策机制不健全、分配机制不完善，多数合作社经营不稳定、生存困难、发展能力有限。

二　农户主体性不强，"精英俘获"现象突出

从农民专业合作社制度建构的策略和目的来看，政府遵循的是弱势群体的逻辑，把合作社界定为"以服务成员为宗旨"的互助性共同体，其初衷是通过提高农业生产者的组织化程度来改变农业生产者作为弱者的市场竞争地位。[①] 然而，合作社的市场开拓行为间接地引起了市场资源在不同行业间的配置和流动，甚至直接作用到社会其他投资领域；同时随着市场对农产品的需求变化，合作社经营者为了适应市场环境，逐渐吸收了一些社会资本向农业领域流动，出现了农业投资者、农业企业、农产品销售商、农资供应商、技术推广服务机构、社区领袖、供销社等等，从而使成员性质即合作社的组建主体具有多元性。从实践来看，中小农业生产者牵头创建的专业合作非常少见，热心组织创办农民专业合作社的农户多数是那些具有一定经济规模、农产品生产的市场化商品化程度较高的大户农业生产者和长期从事农产品销售的农产品销售商。同时，一些政府涉农部门（如基层农业服务组织）和涉农企业，出于自身的利益，也参与创办专业合作社。

对绝大多数中小农业生产者而言，由于缺乏自然资源、资本资源、人力资源和社会资源，他们在合作社里主要充当惠顾者的角色，少部分成员

---

① 樊红敏.：《新型农民专业合作经济组织内卷化及其制度逻辑——基于对河南省 A 县和 B 市的调查》，《中国农村观察》2011 年第 6 期。

也可能会向合作社投资；而其他参与主体由于愿意面对风险，也能够承担合作社的组织成本，充当了合作社创建的主导力量，他们大多是合作社的所有者、控制者，或者利益相关者。

三　日常运行异化，"名实不符"现象严重

治理关系是合作社的关键问题。合作社几乎都设立了成员大会、理事会、监事会，成员大会是合作社的最高权力机构，但由于成员大会不经常召开，理事会成为合作社的决策中心。合作社的成立及运转主要依靠大户农业生产者、农业投资者、农业企业、农产品销售商、农资供应商、技术推广服务机构、社区领袖、供销社等主体，集中化的产权结构使得决策权通常掌握在这些核心成员手中，普通农业生产者往往在经营管理上没有发言权，扮演着从属者的角色，客观上造成搭便车的心理。[①] 长此以往，一些合作社被异化为某一个或几个核心成员控制，造成治理安排与预期目标相差甚远的结果。

治理结构实际上是一种基于合作社所有权与经营管理权分立基础上的委托代理关系，是一种受托责任关系，信息不对称及受托人的趋利性会加大对委托人——成员的利益损害的风险，因此，审计是为确保受托责任履行的一种控制机制。就规定来看，《农民专业合作社法》确定的审计监督几乎形同虚设：第一，审计范围过于狭窄，合作社受托者的全部经济责任都应为审计监管范围，若只针对财务会计情况进行审计监管，不能全面检测受托者履行忠实义务的情况，致使委托者——成员不能客观评估受托者的经济责任；第二，关于社会审计制度缺乏可操作性，由于没有对委托者、审计人及被审计人的权利义务关系进行界定，从而造成执行起来的混乱。第三，没有对政府特别审计监督制度进行设置，造成合作社整体监管系统缺乏核心，凸显出现行监管制度的重大缺陷。

在日常运行中，另外一个关键问题在于利益分配制度。当前很多合作社并没有完全按规定分配，成员从合作社中得益不多。而且在当前经济全球化、激烈竞争的市场环境下，《农民专业合作社法》确定的分配方式多少有些单一，不利于吸引资本、技术、管理等稀缺生产要素。目前，农民

---

① 汪雷、胡联：《论农民专业合作社规范发展的制约因素及其对策》，《铜陵学院学报》2009 年第 6 期。

合作社资本缺乏几乎是一个普遍问题，只是通过交纳"身份股"和有限的政府资助无法满足合作社的资本需求。①

由于日常运行异化，"名实不符"现象令人瞩目，不仅农民专业合作社的实际运行制度与法律规定之间存在明显差异，而且不同农民专业合作社之间实际运行制度的差异也很明显②。实践中，很多农民专业合作社一方面维持标准的、合法的、正式的结构，在正式结构上彼此趋于相似；另一方面其技术性活动又根据实践情况的需要不断调整，在各自实际的实践做法上表现出十足的多样性。

四　作用发挥有限，"内卷化"现象普遍

从发展农民专业合作社的初衷来看，希望其在创新农业经营体制、健全农业社会化服务体系、带动农民增收致富、完善农村商品流通体系等方面发挥重要作用。然而，对于农民专业合作社而言，如何有效集聚生产要素是其在市场经济环境中面临的一个重要且常见的现实问题。按照市场竞争的逻辑，农民专业合作社必须坚持以市场需求为导向，同时通过内部合作有效集聚资本、技术、管理等要素，才能确保在市场竞争中的生存和发展能力。现实情况是，很多农民专业合作社由于没有坚持以市场导向，很难聚集各类生产要素，实力非常弱，根本无力生存，更谈不上为成员提供服务。

由于作用发挥有限，农民专业合作社的"内卷化"现象普遍：虽然具有了法人主体地位和组织化的形式，却没有发挥出"服务成员"和"引领农民参与国内外市场竞争"的功能③。

第三节　监管政策的优化

一　明确发展导向

农民专业合作社能够协助政府转变职能，从而成为政府可以信赖和有

---

①　米新丽：《论农民专业合作社的盈余分配制度》，《法律科学》2008 年第 6 期。

②　熊万胜：《合作社：作为制度化进程的意外后果》，《社会学研究》2009 年第 5 期。

③　樊红敏：《新型农民专业合作经济组织内卷化及其制度逻辑——基于对河南省 A 县和 B 市的调查》，《中国农村观察》2011 年第 6 期。

效的合作伙伴。然而，各地政府对合作社发展介入颇深，虽然有利于促进合作社快速发展，但同时引发合作社各种弊病，例如难以保证独立性、影响竞争力、破坏市场秩序等，甚至政府规制使得合作社的边界有泛化的倾向。为防止农村市场出现的无序，对农民专业合作社进行监管亦是必然选择。合作社的未来发展核心转化为如何寻求合作社自治与政府监管之间的平衡。适度的政府监管不仅有利于合作社的正常运转，而且能够促进农村市场持续稳定发展。透过合作社的发展历程来看，民主管理始终是合作社制度的核心。合作社可持续发展的根本动力，既非来自资本，也非来自政府，而是源于成员主体性的充分发挥。因此，政府通过监管来维护农民的合法权益，培养其作为主体成员的民主意识至关重要。

作为维护农民主体地位的延伸，"重公平、促效率"监管价值与"边规范、边发展"的监管路径成为必要。"重公平、促效率"强调合作社要维护公平，并在此基础上提高经济效益。效率追求应当置于市场中，由市场规律解决；而公平需求才是政府关注的重点。公平决定了合作社的质的规定性，而效率决定合作社的发展动力。"边规范、边发展"注重将"规范化"要求作为合作社健康发展的必然前提。我国已经跨越单纯追求合作社数量的发展阶段，通过规范化提升发展质量的任务日益紧迫。政府通过对合作社组织、行为的规范化进行监管，其目的是实现农民专业合作社的可持续发展。

二　完善准入制度

农民专业合作社市场准入是农村市场监管的预防性、前置性制度架构，是确保农村市场安全的首要关卡。鉴于我国过于松散的准入制度，监管部门应当制定实质性审查标准，提高农民专业合作社市场准入的严格性，具体包括：判断申请人是否具有真实加入合作社、进行生产经营活动的意愿；核查合作社的实际出资、规模大小及运作情况，防止虚假出资；对合作社软硬件条件进行核实，包括章程及相关资料文件、资产、硬件设施及场地等。总之，严格市场准入制度，能够防止愈演愈烈的合作社虚报瞒报现象，从而保障农村市场的安全和稳定。

三　强化审计监管

在合作社的"委托—代理"关系中，由于委托人、代理人的信息不对称及代理人的利己趋利行为的存在，委托者不能了解受托者是否履行忠实义务，造成了道德风险。为克服信息不对称的缺陷，信息披露制度应运而生，可以有效规避道德风险的发生，农民专业合作社要及时、准确、全面地向成员公开合作社的组织业务、生产经营决策、财产使用和管理状况等。让所有的成员都能及时了解合作社经营管理方面的信息，减少损害普通成员权益的可能性，实现全体成员对合作社的民主控制和监督。合作社信息披露制度的构建是普通成员知情权的客观要求。同时，信息披露制度也是政府监管的前提，对市场信息的传递、有效信息的分享具有重大意义。审计监管是一种有效、适度及低成本的方式，促进合作社健康运行。第一，为解决内部成员"一股独大"的非民主决策陋习，而且使对合作社监管形成合力，在监事会下设立内部审计机构，代表监事会进行审计监管；第二，为真实完整地评判被审计人的忠实义务，社会审计范围应贯穿被审计人履行忠实义务行为的全过程。第三，特别审计监管是对社会审计监管制度的有益补充，在监管部门认为有必要时或者成员申请启动，可以针对合作社如何合理、有效使用扶持资金进行监管。

四　创设退出机制

有效规范的确立是建立在赏罚的基础上的，即遵守规定会得到奖赏，违反规定会遭到惩罚，只有这样，规范才能真正发挥作用，成为"有效规范"。① 只有合作社依法被吊销营业执照或者被撤销的时候，才会退出市场竞争的舞台。目前，只听到又发展了多少个农民专业合作社，而没有听闻某个农民专业合作社因成立不合法、管理不规范、成员权益得不到保障等被解散的情况。经验表明，只有注重规范运行，农民专业合作社才能步入良性发展的轨道。因此，促进农民专业合作社的规范运行，需要引入良性的竞争机制，适时建立解散退出机制，配套设置科学、完善的绩效考核指标体系，对合作社绩效主要可以从组织运行、运营活动、成员收益、发展创新和社会影响等方面进行评价和测量，及时淘汰不合法、不规范、没有生命力的农民专业合作社，规避、消除合作社发展中的不健康因素和可能的风险。

---

　　① ［美］科尔曼：《社会理论的基础》，社会科学文献出版社 1999 年版，第 284 页。

五 增强扶持监管

近年来，随着对于农业现代化、农民增收、新农村建设等问题的关注，有关部门相继出台了一系列配套政策，不断加大对农民专业合作社的扶持力度。在中央财政的带动下，地方各级政府陆续出台政策，明确政府的财政扶持，并不断增加投入，涉及农民专业合作社示范社建设项目、农业产业化项目、农业综合开发项目、农超对接项目、农社对接项目等。各级政府对于农民专业合作社的物资资源投入力度越来越大，涉及面越来越广，然而，绝大多数资源投入又都是选择性再分配。其结果是，在规模偏好性和示范偏好性的驱动下，仅仅少数能人领办的农民专业合作社得到了公共财政的支持。① 完善对政府扶持项目的监管至关重要，只有激励与监管并重，才能使政府的扶持政策发挥正效应。

---

① 熊万胜：《合作社：作为制度化进程的意外后果》，《社会学研究》2009 年第 5 期。

参 考 文 献

一 英文部分

(一) 著作

Ansoff, I. Corporate Strategy [M]. MeGraw-Hill, NewYork, 1965.

Chester. I. Barnard, Organization and Management [M]. Cambridge, Massachusetts: Harvard University Press, 1948.

Cook, M. L. , Chaddad, F. R. & Iliopoulos, C. Advances in Cooperative Theory since 1990: A Review of Agricultural Economics Literature [A]. In Hendrikse, G. W. J. (Eds), Restructuring Agricultural Cooperatives [C]. Haveka: Erasmus University Press, 2004: 65-90

Frederiek, W. C. Business and Soeiety, Coporate Strategy, Public Policy, Ethies, (6thed.) [M]. MeGraw-HillBook co, 1988.

Freeman, R. E. Strategic Management: A Stakeholder Approach [M]. Boston, MA: Pitman, 1984.

Grunert, K.G. , Larsen, H.H.& Madsen, T.K.et al. Marketing Orientation in Food and Agriculture [M]. NL: Kluwer Academic Publishers, 1996.

Penrose E. The Theory of the Growth of the Firm [J]. New York, Free Press, 1959.

Polanyi, K. The Great Transformation: The Political and Economic Origins of Our Time [M]. Boston, MA: Beacon Press, 1944.

Röpke, J. Strategic Management of Self - help Organizations [M]. Marburg: Marburg Consult. Ruttan, V. W, 1992.

Spencer, L. M, Spencer S. M. Competence at Work: Models for Superior Performance [M]. American John Wiley Sons Inc, 1993.

Zukin, S. & DiMaggio, P. Structures of Capital: The Social Organization of Economy [M]. Cambridge, MA: Cambridge University Press, 1990.

(二) 论文

Andersson, U. , Forsgren, M. & Holm, U. The strategic impact of external networks: subsidiary performance and competence in the multinational corporation [J]. Strategic Management Journal, 2002, 23: 976-996.

Ariyaratne, C. B. , Featherstone, A. M. , Langemeier, M. R. Bartone, D. G. : An Analysis of Efficiency of Midwestern Agricultural Cooperatives, Submitted for Consideration as a WAEA Selected Paper, 1997, 4 (20), 1-13.

Ariyaratne,C.B.; Featherstone, A.M., Langemeier, M. R. and Bartone, D.G.: Measuring X-Efficiency and Scale Efficiency for a Sample of Agricultural Cooperatives [J]. Agricultural Resource Economics Review, 2000, 29 (2): 198-207.

Banker, R. D. , Charnes, A. , Cooper, W. W. : Some models for estimating technical and scale inefficiency in data envelopment analysis [J]. Management Science, 1984, 30 (9): 1078-1092.

Barber, B. All economics are "embedded": The career of concept, and beyond [J]. Social Research, 1995, 62: 387-413.

Barney, J. , Firm Resources and Sustained Competitive. Advantage [J]. Journal of Management, 1991, 17: 99-120.

Baum, J. A. C. & Oliver, C. Institutional embeddedness and the dynamic of organizational Populations [J]. American Sociological Review, 1992, 57: 540-559.

Belussi, F. , In search of a useful theory of spatial clustering: agglomeration versus active clustering [A]. in B. Asheim, P. Cooke, and R. Martin (eds), Clusters in Regional Development [C]. Routledge, London, 2006: 69-89.

Bijman J, Iliopoulos C, Poppe K J, et al. Support for Farmers´ Cooperatives [M]. EU synthesis and comparative analysis report Transnational Cooperatives, 2012.

Blair M. M. Corportate "ownership" [J]. Brookings Review, 1995, 4:

16-19.

Boehlje, M. , Akridge, J. & Downey, D. Restructuring agribusiness for the 21st century [J]. Agribusiness: An International Journal, 1995, 11 (6): 493-500.

Borgen, S. O. Rethinking incentives problems in cooperative organizations [R]. Norwegian: Norwegian Agricultural Economics Research Institute, 2003: 78-79

Boyle, G. E. : The Economic Efficiency of Irish Dairy Marketing Cooperatives [J]. Agribusiness, 2004, 20 (2): 143-153.

Burt S. Structural Holes: the Social Structure of Competition [M]. Cambridge, Harvard University Press, Massachusetts and London, 1992.

Charkham, J. Corpate governance: lessons from abroad [J]. European Business Joumal, 1992, 4 (2): 8-16.

Charnes, A. , Cooper W. W. , Rhodes E. : Measuring the efficiency of decision making Units [J]. European Journal of Operational Research, 1978, 4 (3), 429-444.

Clarke, T. The Stakeholder Corporation: A Business philosophy for the Information Age [J]. Long Range Planning, 1998, 31 (2): 182-194.

Cohen, W. M. and Levinthal, D. A. , Absorptive Capacity: A New Perspective on Learning and Innovation [J]. Administrative Science Quarterly, 1990, 35 (1): 128-152.

Coleman, J. S. Social capital in the creation of human capital [J]. American Journal of Sociology, 1988, 94: 95-120.

Cook, M. L. & Tong, L. Definitional and classification issues in analyzing cooperative organizational forms [A]. In Cook, M. , Torgenson, R. & Sporleder, T. et al. (Eds) Cooperatives: their importance in the future food and agriculture system [C]. NCFC and FAMC, USDA, 1997: 113-118.

Cook, M. L. The Future of U. S. Agricultural Cooperatives: A Neo-Institutional Approach [J]. American Journal of Agricultural Economics. 1995, 77 (10): 1153-1159.

Cotterill, R. W. The performance of agricultural marketing cooperatives in differentiated product markets [J]. Journal of Cooperatives, 1997, 12:

23-34.

Delery, J. E. and Doty, D. H. : Modes of Theorizing in Strategic Human Resource Management: Tests of Universalistic, Contingency, and Configurational Performance Predictions [J]. Academy of Management Journal, 1996, 39 (4): 802-833.

Donaldson, T. & Dunfee, T. W. Integratine Social contracts theory: A communitarian conception of economic ethies [J]. Economic and philosophy, 1995, 11 (1): 85-112.

Donaldson, T. & Preston, L. E. The stakeholder thory of the corporation: Concepts. evidece, and implications [J]. Academy of Management Review, 1995, 20 (1): 65-91.

Dyer J. H. & Singh H. , The Relational View: Cooperative Strategy and Sources of. Interorganizational Competitive Advantage [J]. 1998, 23 (4): 660-679.

Dyer, J. H. & Nobeoka, K. Creating and managing a high performance knowledge-sharing network: The Toyota case [J]. Strategic management Journal, 2000, 21: 345-367.

Dyer, J. H. & Singh, H. The relational view: Cooperative strategy and sources of interorganizational competitive advantage [J]. Academy of Management Review, 1998, 23 (4): 660-679.

Farrell, H. and Knight J. , Trust, Institutions and Institutional Change: Industrial Districts and the Social Capital Hypothesis [J]. Politics and Society, 2003, 31 (4): 537-556.

Farrell, M. : The Measurement of Productive Efficiency [J]. Journal of the Royal Statistical Society, Series A, 1957, 120 (3): 253-281.

Fensterseifer, J. E, Rastoin, J. L. , Wine Cluster Strategic Resources, Firm Value Creation and Competitive Advantage [C], Proceedings of the 6th Association for Wine Business Research International Conference, Auckland, 2010.

Fulton, M. The future of Canadian agricultural cooperatives: A property rights approach [J]. American Journal of Agricultural Economics, 1995, 77 (5): 1144-1152.

Galdeano-Gómez, E.: Productivity Effects of Environmental Performance: Evidence from TFP Analysis on Marketing Cooperatives [J]. Applied Economics, 2008, 40 (14): 1873-1888.

Galdeano-Gómez, E. ; Céspedes-Lorente, J. and Rodríguez-Rodríguez, M. : Productivity and Environmental Performance in Marketing Cooperatives: An Analysis of the Spanish Horticultural Sector [J]. Journal of Agricultural Economics, 2006, 57 (3): 479-500.

Granovetter, M. Economic action and social structure: The Problem of embeddedness [J]. American Journal of Sociology, 1985, 91 (3): 481-510.

Granovetter, M. The strength of weak ties [J]. American Journal of Sociology, 1973, 78 (6): 1360-1380.

Gulati, R. Alliances and networks [J]. Strategic Management Journal. 1998, 19 (4): 293-317.

Gulati, R. Network location and learning: The influence of network resources and firm capabilities on alliance formation [J]. Strategic Management Journal, 1999, 20: 397-420.

Gulati, R. , Gargiulo. , M. , Where Do Interorganizational Networks Come from? [J]. American Journal of Sociology, 1999, 104 (5): 1439-1493.

Hagedoorn, J. Understanding the cross-level embeddedness of interfirm partnership formation [J]. Academy of Management Review, 2006, 31 (3): 670-680.

Hailu, G. ; Goddard, E. W. and Jeffrey, S. R. : Measuring Efficiency in Fruit and Vegetable Marketing Co-operatives with Heterogeneous Technologies in Canada, selected paper prepared for presentation at the American Agricultural Economics Association Annual Meeting, Providence, Rhode Island, July, 2005.

Hailu, G.; Jeffrey, S. R. and Goddard, E. W.: Efficiency, Economic Performance and Financial Leverage of Agribusiness Marketing Co-operatives in Canada, in Novkovic, S.and Sena, V. (eds.): Cooperative Firms in Global Markets: Incidence, Viability and Economic Performance, Emerald Group Publishing Limited, 2007.

Helmberger, P. G. & Hoos, S. Cooperative enterprise and organization theory [J]. Journal of Farm Economics, 1962 (44): 275-90.

Hendrikse, G. W. J. & Veerman, C. P. Marketing cooperatives and financial structure: a transaction costs economics analysis [J]. Agricultural Economics, 2001, 26 (3): 205-216.

Hind, A. M. Cooperatives - underperformers by nature? An exploratory analysis of cooperative and non-cooperative companies in the agribusiness sector [J]. Journal of Agricultural Economics, 1994, 45 (2): 213-219.

Jia X, Huang J. Contractual arrangements between farmer cooperatives and buyers in China [J]. Food policy, 2011 (5): 656-666.

Johnston R. , Clusters: A Review of their Basis and Development in Australia [J]. Innovation: Management, Policy and Practice, 2004, 6 (3): 380-391.

Katz, J. P. Managerial behaviour and strategy choices in agribusiness cooperatives [J]. Agribusiness, 1997, 13 (5): 483-495.

Ketels, C. , Cluster Policy: A guide to the state of the debate [A]. in: Knowledge and Economy [C]. Springer Publishing, 2013.

Kim. T. Y. , Framing Interorganizational Network Change: A Network Inertia Perspective [J]. Academy of Management Review, 2006, 31 (3): 704-720.

Kong Rae Lee, The Role of User Firms in the Innovation of Machine Tools: the Japanese Case [R]. Research Policy 25. 1996: 491-507.

Krasachat, W. and Chimkul, K. : Performance Measurement of Agricultural Cooperatives in Thailand: An Accounting-based Data Envelopment Analysis, in Lee, J. -D. and Heshmati, A. (eds.): Productivity, Efficiency and Economic Growth in the Asia - Pacific Region, Berlin and Heidelberg: Springer-Verlag, 2009.

Kyriakopoulos, K. & van Bekkum, O. F. Market orientation of European agricultural cooperatives: strategic and structural issues [A].IX European Congress of Agricultural Economists, Warsaw, Poland, August 24-28, 1999.

Lavie, D. The competitive advantage of interconnected firms: An extension of the resource-based view [J]. The Academy of Management Review, 2006, 31 (3): 638-658.

Lazerson, M. H. and Lorenzoni, G. , The firms that feed industrial districts: a return to the Italian source [J]. Industrial and Corporate Change, 1999, 8 (2): 235-266.

LeVay, C. Agricultural co-operative theory: a review [J]. Journal of Agricultural Economics, 1983, 34 (1): 1-44.

Li, Peter Ping. Towards a geocentric framework of organizational form: A holistic, dynamic and paradoxical approach [J]. Organization Studies, 1998, volume 19, No. 5: 829-861.

Mauguet, R. & Declerck, F. Structures, strategies, and performance of EC agricultural cooperatives [J]. Agribusiness, 1996, 12 (3): 265-275.

McClelland D C, Testing for Competence Rather than for Intelligence [J]. American Psychologist. 1973, 28: 1-14.

MeEvily, B. & Zaheer, A. Bridging ties: A source of firm heterogeneity in competitive capabilities [J]. Strategic Management Journal, 1999, 20: 1133-1156.

Meyer, A. D. , Tsui, A. S. , and Hinings, C. R. : Configurational Approaches to Organizational Analysis [J]. The Academy of Management Journal, 1993, 36 (6): 1175-1186.

Miller, D. : The Architecture of Simplicity [J]. The Academy of Management Review, 1993, 18 (1): 116-138.

Mitehell, A. & Wood, D. Toward a theory of stadeholder identifieation and saliente: Defining the Principle of who and what really counts [J]. Academy of Mangement Review, 1997, 22 (4): 853-886.

Munson C L, Rosenblatt M J, Rosenblatt Z. The use and abuse of power in supply chains [J]. IEEE Engineering Management Review, 2000, 2: 81-91.

Narula, R. , Understanding absorptive capacities in an "innovation systems" context: consequences for economic and employment growth [C]. DRUID Working Papers 04-02, DRUID, Copenhagen Business School, 2004.

Nilsson, J. & Björklund, T. Can cooperatives cope with the competition? a market orientation in the agrifood sector [R]. Report no. 149, Department of Economics, Swedish University of Agricultural Sciences, 2003.

Nilsson, J. New generation farmer co-ops [J]. Review of International Co-operation, 1997, 90 (1): 32-38.

Nilsson, J.: Financing Agricultural Co-operatives under Changing Member Attributes and Market Conditions, In Adapting Farmers' Cooperatives to Changes of Policies and Market Powers in the EU, Brussels: CEP-FAR. 1998.

Peteraf, M. A. , The Cornerstones of Competitive Advantage: A Resource Based View [J]. Stra tegic Management Journal, 1993, 14 (3) : 179-191.

Peterson, H. C. & Anderson, B. L. Cooperative strategy: theory and practice [J]. Agribusiness, 1996, 12 (4): 371-383.

Porter, P. K. & Scully, G. W. Economic efficiency in cooperatives [J]. Journal of Law and Economics, 1987 (30): 489-512.

Roelandt, T. , and P. den Hertog, Boosting Innovation: The Cluster Approach [M]. OECD- Proceedings: Paris, 1999.

Rosenfeld et al. , Social Support Networks and School Outcomes: The Centrality of the Teacher [j]. Child & Adolescent Social Work Journal. 2000, 17 (3): 205-226.

Rosenfeld, S. , Does cooperation enhance competitiveness? Assessing the impacts of inter-firm collaboration [J]. Research Policy, 1996, 25 (2): 247-263.

Rowley, T. , Behrens, D. & Krackhardt, D. Redundant governance structures: An analysis of structural and relational embeddedness in the steel and semiconductor industries [J]. Strategic Management Journal, 2000, 21: 369-386.

Sautter, E. T. & Leisen, B. (1999). Managing stakeholders: A tourism Planning model. Annals of Tourism Researeh, 26 (2), 312-313.

Saxenian, Transnational Entrepreneurs and Regional Industrialization: The Silicon Valley-Hsinchu Connection [C]. Paper presented in the "Social Structure and Social Change: International Perspectives on Business Firms and Economic Life Conference", Academia Sinica, Taipei, 1997.

Singh, S. , Fleming, E. , Coelli, T.: Efficiency and Productivity Analysis of Cooperative Dairy Plants in Haryana and Punjab States of Indi-

a. Working Paper Series in Agricultural and Resource Economics, 2000.

Singhavara, M., Leerattanakorn, N., Cheumoungpan, A.: An analysis of efficiency in operation and optimal development for agricultural cooperative in chiangmai province. Business and Information, July, 2012.

Skvoretz, J., Complexity theory and models for social networks [J]. Complexity, 2002, 8 (1): 47-55.

Søgaard, V. Farmers, cooperatives, new food products [A]. MAPP Monographs, Denmark: The Aarhus School of Business, 1994.

Torgerson, R. E., Reynolds, B.J.& Gray, T.W. Evolution of cooperative thought, theory and purpose [J].Journal of Cooperatives,1998 (13): 1-20.

Trechter, D. D. Impact of diversification on agricultural cooperatives in Wisconsin [J]. Agribusiness, 1996, 12 (4): 385-394.

Tsai, W. Knowledge transfer in intraorganizational networks: effects of network position and absorptive capacity on business unit innovation and performance [J]. Academy of Management journal, 2001, 44: 996-1004.

Tu, Q., M. A. Vonderembse, T. S. Ragu-Nathan and T. W. Sharkey. Absorptive Capacity: Enhancing the Assimilation of Time-Based Manufacturing Practices [J]. Journal of Operations Management, 2006, 24 (5): 692-710.

Uzzi, B. Social structure and competition in interfirm networks: the paradox of embeddedness [J]. Administrative Science Quarterly, 1997, 42: 35-67.

Uzzi, B. The source and consequences of embeddedness for the economic performance of organizations: The network effect [J]. American Sociological Review, 1996, 61 (4): 674-698.

Van Dijk, G.Implementing the Sixth Reason for Cooperation: New Generation Cooperatives in the Agribusiness, In Nilsson J.and Van Dijk, G. (Eds). Strategies and structures in the agro-food industries, Van Gorcum: Assen, 1997.

Wasserman, S.and Faust K., Social Network Analysis [M]. Cambridge: Cambridge University Press, 1994.

Wheeler, D. & Maria, S. Inelding the stakeholders: the business case. Cong Rang Planning, 1998, 31 (2): 201-210.

White, H. Where Do Markets Come from [J]. American Journal of Sociology, 1981, 87: 517-547.

Zaheer, A. & Bell, G. G. Benefiting from network position-firm capabilities, structural holes, and performance [J]. Strategic Management Journal, 2005, 26 (9): 809-825.

Zajac Edward J., Olsen Cyrus P. From transaction cost to transaction value analysis: Implications for the study of inter-organizational strategies [J]. Journal of Management Studies, 1993, 30 (1): 131-145.

二 中文部分

（一）著作

波特：《竞争优势》，华夏出版社 1998 年版。

德姆塞茨：《关于产权的理论》，上海人民出版社 1994 年版。

郝云宏、曲亮等：《企业经营绩效评价——基于利益相关者理论的研究》，经济管理出版社 2008 年版。

何兴：《现代企业可持续发展战略》，中国科技文化出版社 2004 年版。

黄祖庆：《逆向物流管理》，浙江大学出版社 2010 年版。

孔祥智：《中国农民专业合作社运行机制与社会效应研究》，中国农业出版社 2012 年版。

刘莉、罗定提：《供应链协调契约设计及实证研究》，中国经济出版社 2009 年版。

马彦丽：《我国农民专业合作社的制度解析》，中国社会科学出版社 2007 年版。

徐旭初、黄胜忠：《走向新合作：浙江省农民专业合作社发展研究》，科学出版社 2009 年版。

王缉慈：《创新的空间——产业集群与空间发展》，北京大学出版社 2001 年版。

徐旭初：《中国农民专业合作经济组织的制度分析》，经济科学出版社 2005 年版。

杨瑞龙、周业安：《企业的利益相关者理论及其应用》，经济科学出版社 2000 年版。

张维迎：《博弈论与信息经济学》，上海人民出版社 2006 年版。

张晓山、苑鹏：《合作经济理论与中国农民合作社的实践》，首都经济贸易大学出版社 2009 年版。

赵红：《基于利益相关者理论的企业绩效评价指标体系研究》，经济科学出版社 2004 年版。

（二）论文

白桂清：《我国家族制企业产权制度创新研究》，硕士学位论文，东北师范大学，2009 年。

蔡宁、吴结兵、殷鸣：《产业集群复杂网络的结构与功能分析》，《经济地理》2006 年第 3 期。

蔡荣、韩洪云：《合作社内部交易的价格风险配置及其影响因素分析——基于山东省苹果种植户的问卷调查》，《财贸研究》2012 年第 1 期。

曹丽莉：《产业集群网络结构的比较研究》，《中国工业经济》2008 年第 8 期。

曹文娟：《我国农民合作社法律制度研究》，博士论文，中央民族大学，2011 年。

陈国权、毛益民：《腐败裂变式扩散：一种社会交换分析》，《浙江大学学报》（人文社会科学版）2013 年第 1 期。

陈宏辉：《企业利益相关者理论与实证》，博士学位论文，浙江大学，2013 年。

陈耀、汤学俊：《企业可持续成长及其生成机理》，《管理世界》2006 年第 12 期。

程转男：《农民专业合作社可持续发展能力评价研究 ——以安徽省为例》，硕士学位论文，安徽农业大学，2011 年。

崔宝玉、李晓明：《异质性合作社内源型资本供给约束的实证分析——基于浙江临海丰翼合作社的典型案例》，《财贸经济》2008 年第 4 期。

邓宏图、崔宝敏：《制度变迁中土地产权的性质与合约选择：一个有关合作经济的案例分析》，《管理世界》2008 年第 6 期。

邓俊淼：《农民专业合作组织推动农行融资模式研究》，《农村经济》2010 年第 9 期。

邓曦东：《基于利益相关者理论的企业可持续发展战略研究——以中国长江三峡工程开发总公司为例》，博士学位论文，华中科技大学，2008年。

邓哲峰、徐鹏、王勇：《基于第四方物流参与的融通仓运作模式研究》，《科技与经济》2009年第6期。

丁际刚：《浅论中小企业可持续发展与政府角色之关系——兼论财政政策的局限性》，《理论月刊》2001年第10期。

杜吟棠：《论农业中的现代企业制度》，《管理世界》1998年第5期。

樊红敏：《新型农民专业合作经济组织内卷化及其制度逻辑——基于对河南省A县和B市的调查》，《中国农村观察》2011年第6期。

扶玉芝、黄祖辉：《营销合作社分类型效率考察：理论框架与实证分析》，《中国农村观察》2012年第5期。

扶玉芝：《农业合作社效率研究》，博士学位论文，浙江大学，2012年。

傅晨：《"新一代合作社"：合作社制度创新的源泉》，《中国农村经济》2003年第6期。

管清军：《农村资金互助合作组织可持续发展的法律保障研究》，硕士学位论文，西南政法大学，2011年。

郭晓鸣、廖祖君：《公司领办型合作社的形成机理与制度特征——以四川省邛崃市金利猪业合作社为例》，《中国农村观察》2010年第5期。

国鲁来：《农民专业合作社："名归"之后更应该"实至"》，《中国合作经济》2008年第2期。

何安华、邵锋、孔祥智：《资源禀赋差异与合作利益分配——辽宁省HS农民专业合作社案例分析》，《江淮论坛》2012年第1期。

赫松伟：《农民专业合作社带头人胜任力研究》，硕士学位论文，江西农业大学，2012年。

胡定寰、杨伟民、张瑜：《"农超对接"与农民专业合作社发展》，《农村经营管理》2009年第8期。

胡定寰：《几种成熟的农超对接模式》，《农产品加工（创新版）》2011年第12期。

胡明霞、胡耘通、黄胜忠：《农民专业合作社规范运行的监管机制探析》，《农村经济》2015年第6期。

胡新华、黄胜忠：《集群网络嵌入与农民专业合作社能力提升研究》，《重庆社会科学》2014年第8期。

胡杨成：《基于BSC的非营利组织绩效模糊综合评价》，《华东理工大学学报》（社会科学版）2005年第4期。

花永剑：《农超对接的合作模式探讨》，《北方经济》2010年第17期。

黄江圳、董俊武：《中小企业网络、资源与成长问题研究》，《外国经济与管理》2002年第6期。

黄胜忠、伏红勇：《成员异质性、风险分担与农民专业合作社的盈余分配》，《农业经济问题》2014年第8期。

黄胜忠、贾金荣：《农民专业合作社的认定与规范发展——基于浙江省的实证》，《西北农林科技大学学报》（社会科学版）2008年第1期。

黄胜忠、金士平、金啸胜：《农民专业合作社发展与现代农业建设——以台州市路桥金穗粮食全程机械化生产合作社为例》，《农业经济》2008年第1期。

黄胜忠、林坚、徐旭初：《农民专业合作社的治理机制及其绩效的实证研究》，《中国农村经济》2008年第3期。

黄胜忠、刘洋洋：《促进农民专业合作社发展的财政支持政策》，《农村经济》2013年第12期。

黄胜忠、王磊、徐广业：《农民专业合作社与超市对接的利益博弈分析——基于利益相关者视角》，《南京农业大学学报》（社会科学版）2014年第5期。

黄胜忠、徐鹏：《农民专业合作社的成员选择与激励机制分析》，《农林经济管理学报》2014年第4期。

黄胜忠、徐旭初：《成员异质性与农民专业合作社的组织机构分析》，《南京农业大学学报》（社会科学版）2008年第3期。

黄胜忠、徐旭初：《农民专业合作社的运行机制分析》，《商业研究》2009年第10期。

黄胜忠、张海洋：《农民专业合作社理事长胜任特征及其绩效的实证分析》，《经济与管理》2014年第5期。

黄胜忠：《村落社区里的农民分化》，《农村经济》2008年第5期。

黄胜忠：《基于利益相关者视角的农民合作社形成逻辑、边界与本质分析》，《中国农村观察》2014年第2期。

黄胜忠：《农业合作社环境适应性分析》，《开放时代》2009 年第 4 期。

黄胜忠：《农业合作社理论述评》，《商业研究》2009 年第 3 期。

黄胜忠：《以地入股农民专业合作社的运行机制及产权分析》，《中国农村观察》2013 年第 3 期。

黄胜忠：《转型时期农民专业合作社的成长机制研究》，《经济问题》2008 年第 1 期。

黄胜忠：《转型时期农民专业合作社的组织行为分析：基于成员异质性的视角》，博士学位论文，浙江大学，2007。

黄中伟：《基于网络结构的产业集群创新机制和绩效分析》，《宁波大学学报》（人文科学版）2004 年第 3 期。

黄祖辉、扶玉枝、徐旭初：《农民专业合作社的效率及其影响因素分析》，《中国农村经济》2011 年第 7 期。

黄祖辉、徐旭初、冯冠胜：《农民专业合作组织发展的影响因素分析——对浙江省农民专业合作组织发展现状的探讨》，《中国农村经济》2002 年第 3 期。

黄祖辉：《中国农民合作组织发展的若干理论与实践问题》，《中国农村经济》2008 年第 110 期。

霍丽丽：《基于胜任力模型的重庆市农民专业合作社带头人培训体系研究》，硕士学位论文，重庆大学，2011 年。

计慧：《发展合作社，人才是关键》，《中国合作经济》2009 年第 5 期。

贾生华、陈宏辉、田传浩：《基于利益相关者理论的企业绩效评价——一个分析框架和应用研究》，《科研管理》2003 年第 4 期。

贾生华、陈宏辉：《利益相关者的界定方法评述》，《外国经济与管理》2002 年第 5 期。

姜增伟：《农超对接：反哺农业的一种好形式》，《求是》2009 年第 23 期。

金占明、逯金重：《以平衡计分卡为基础的战略绩效评价系统研究——BSC 改进模型研究》，《商业研究》2006 年第 7 期。

鞠立瑜、傅新红、杨锦秀、庄天慧：《农民专业合作社社长的内部社会资本状况分析——基于四川省 116 位社长的调查》，《农业技术经济》

2012 年第 4 期。

孔祥智、张小林、庞晓鹏、马九杰：《陕、宁、川农民合作经济组织的作用及制约因素调查》，《经济理论与经济管理》2005 年第 6 期。

孔祥智、钟真、谭智心：《论发展农民专业合作社与农产品质量安全问题——以奶业为例》，《天津商业大学学报》2010 年第 4 期。

李春海、张文、彭牧青：《农业产业集群的研究现状及其导向：组织创新视角》，《中国农村经济》2011 年第 3 期。

李汉林、渠敬东、夏传玲、陈华珊：《组织和制度变迁的社会过程——一种拟议的综合分析》，《中国社会科学》2005 年第 1 期。

李圣军：《"农超对接"：农产品进城新模式》，《农村经营管理》2009 年第 8 期。

李世杰：《产业集群的组织分析》，博士学位论文，东北大学，2006 年。

李莹、杨伟民、张侃等：《农民专业合作社参与"农超对接"的影响因素分析》，《农业技术经济》2011 年第 5 期。

李莹：《我国"农超对接"理论与实践研究》，博士学位论文，沈阳农业大学，2011 年。

李莹：《"农超对接"深入开展所面临挑战及对策措施》，《安徽农业科学》2012 第 7 期。

李宇凯：《资源型企业可持续成长能力评价研究——以紫金矿业集团股份有限公司为例》，博士学位论文，中国地质大学，2010 年。

李志刚、汤书昆：《用层次分析法改进的平衡计分卡及其应用》，《价值工程》2004 年第 7 期。

李志荣：《北京郊区农民专业合作社规范化建设的问题研究与机制建议》，《人力资源管理》2011 年第 10 期。

李中东、支军：《农产品质量安全的技术控制研究》，《管理世界》2008 年第 2 期。

林坚、黄胜忠：《成员异质性与农民专业合作社的所有权分析》，《农业经济问题》2007 年第 10 期。

林坚、王宁：《公平与效率：合作社组织的思想宗旨及其度安排》，《农业经济问题》2002 年第 9 期。

刘爱敏：《中小企业财务管理的问题及对策》，《中国集体经济》2011

第 19 期。

刘帮成、姜太平：《影响企业可持续发展因素分析》，《软科学》2000 年第 3 期。

刘滨、陈池波、杜辉：《农民专业合作社绩效度量的实证分析——来自江西省 22 个样本合作社的数据》，《农业经济问题》2009 年第 2 期。

刘兵、胡定寰：《我国"农超对接"实践总结与再思考》，《农村经济》2013 年第 2 期。

刘欢欢、李彤、赵慧峰等：《蔬菜直接配送——农超对接模式的双方合作利益博弈分析》，《江苏农业科学》2012 年第 3 期。

刘俊：《农民专业合作社资本形成制度的设计与法律完善》，《求索》2008 年第 11 期。

刘磊、乔忠、刘畅：《农超对接模式中的合作博弈问题研究》，《管理工程学报》2012 年第 4 期。

刘力钢：《企业可持续发展论》，经济管理出版社 2001 年版。

刘明：《中小企业可持续发展的公共服务保障机制研究》，《商业时代》2013 年第 7 期。

刘涛、范会芳：《农民合作社的发展趋势与路径创新》，《河南工程学院学报》（社会科学版）2013 年第 1 期。

刘婷：《农民专业合作社分布特征及带动能力分析——以河南省为例》，《湖北农业科学》2012 年第 16 期。

刘伟林、徐冰：《有效打破农民专业合作社融资瓶颈》，《中国金融》2009 年第 14 期。

刘文凯、胡同泽：《农民专业合作社带头人胜任力模型构建研究》，《广东农业科学》2011 年第 1 期。

刘新荣：《企业社会责任与我国民营企业可持续发展》，《经济管理》2007 年第 8 期。

刘艳：《农民专业合作社社员权益保护研究》，硕士学位论文，内蒙古大学，2011 年。

刘玉春、修长柏：《破解农民专业合作社融资难的路径研究》，《前沿》2012 年第 13 期。

卢福财、胡平波：《全球价值网络下中国企业低端锁定的博弈分析》，《中国工业经济》2008 年第 10 期。

罗齐、朱道立、陈伯铭：《第三物流服务创新：融通仓及其运作模式初探》，《中国流通经济》2002年第2期。

马丁丑、刘发跃、杨林娟、王文略：《欠发达地区农民专业合作社信贷融资与成长发育的实证分析》，《中国农村经济》2011年第7期。

马秋玲：《企业可持续发展能力评价研究》，硕士学位论文，西安建筑科技大学，2007年。

马彦丽：《论中国农民专业合作社的识别和判定》，《中国农村观察》2013年第3期。

马玉波：《黑龙江省农民专业合作社示范带动效应研究》，博士学位论文，东北农业大学，2012年。

米新丽：《论农民专业合作社的盈余分配制度——兼评我国〈农民专业合作社法〉相关规定》，《法律科学》（西北政法大学学报）2008年第6期。

倪细云、王礼力：《农民专业合作社融资能力：测度模型与实证分析》，《求索》2012年第4期。

潘劲：《中国农民专业合作社：数据背后的解读》，《中国农村观察》2011年第6期。

潘石：《产权创新：中国私营资本企业可持续发展的基础与关键》，《天津社会科学》2003年第6期。

浦徐进、朱秋鹰、蒋力：《"农超对接"供应链的纵向合作研究——通道费、收入分享和Pareto改进》，《西北农林科技大学学报》（社会科学版）2012年第6期。

秦纪媛：《基于AHP模型的农超对接绩效评价研究》，硕士学位论文，东北农业大学，2012年。

任大鹏、于欣慧：《论合作社惠顾返还原则的价值——对"一次让利"替代二次返利的质疑》，《农业经济问题》2013年第2期。

任大鹏、郭海霞：《多主体干预下的合作社发展态势》，《农村经营管理》2009年第3期。

任大鹏、郭海霞：《合作社制度的理想主义与现实主义——基于集体行动理论视角的思考》，《农业经济问题》2008年第3期。

任梅：《我国农民专业合作社政府规制特色分析——政府强力扶持与审慎推动相结合》，《农村经营管理》2012年第5期。

邵科、徐旭初：《合作社社员参与：概念、角色与行为特征》，《经济学家》2013 年第 1 期。

邵科：《农民专业合作社社员参与行为研究》，博士学位论文，浙江大学，2012 年。

施晟、卫龙宝、伍骏骞：《"农超对接"进程中农产品供应链的合作绩效与剩余分配——基于"农户+合作社+超市"模式的分析》，《中国农村观察》2012 年第 4 期。

宋瑞：《我国生态旅游发展利益相关者视角分析》，《杭州师范学院学报》（社会科学版）2005 年第 5 期。

孙计东：《社会主义新农村建设进程中的农民专业合作社建设问题研究》，硕士学位论文，山东师范大学，2009 年。

孙亚范、余海鹏：《农民专业合作社成员合作意愿及影响因素分析》，《中国农村经济》2012 年第 6 期。

孙亚范：《农民专业合作社利益机制、成员合作行为与组织绩效研究》，博士论文，南京农业大学，2011 年。

孙亚范：《农民专业合作社运行机制与产权结构：江苏 205 个样本》，《改革》2011 年第 12 期。

孙艳华、周力、应瑞瑶：《农民专业合作社增收绩效研究——基于江苏省养鸡农户调查数据的分析》，《南京农业大学学报》（社会科学版）2007 年第 2 期。

汤学俊：《企业可持续成长研究》，博士学位论文，南京航空航天大学，2006 年。

田艳丽、修长柏：《牧民专业合作社利益分配机制的构建——生命周期视角》，《农业经济问题》2012 年第 9 期。

仝志辉、温铁军：《资本和部门下乡与小农户经济的组织化道路——兼对专业合作社道路提出质疑》，《开放时代》2009 年第 4 期。

涂川、冯耕中、高杰：《物流企业参与下的动产质押融资》，《预测》2004 年第 5 期。

汪雷、胡联：《论农民专业合作社规范发展的制约因素及其对策》，《铜陵学院学报》2009 年第 6 期。

王宝菊：《新农村建设中诸城农民专业合作社经营模式研究》，硕士学位论文，中国海洋大学，2010 年。

王会东：《畜牧专业合作社成员权益的保护》，《现代畜牧兽医》2010

年第 1 期。

王建琼、侯婷婷：《社会责任对企业可持续发展影响的实证分析》，《科技进步与对策》2009 年第 18 期。

王军：《公司领办的合作社中公司与农户的关系研究》，《中国农村观察》2009 年第 4 期。

王立平、张娜、黄志斌：《农民专业合作经济组织绩效评价研究》，《农村经济》2008 年第 3 期。

王文献、董思杰：《农民专业合作社融资难问题的形成及原因分析》，《农村经济》2008 年第 12 期。

王晓灵：《企业可持续发展能力识别与评价》，硕士学位论文，青岛大学，2005 年。

王竹泉、杜媛：《利益相关者视角的企业形成逻辑与企业边界分析》，《中国工业经济》2012 年第 3 期。

温铁军：《部门和资本"下乡"与农民专业合作经济组织的发展》，《经济理论与经济管理》2009 年第 7 期。

文雷：《中国农民专业合作社治理机制与绩效》，博士学位论文，西北农林科技大学，2013 年。

吴中超、杜金沛：《企业持续成长动因与机理：自持续竞争力观察》，《改革》2011 第 7 期。

武雯：《浦东新区农民专业合作社的发展现状及对策建议》，《上海农业科技》2010 年第 6 期。

夏冬泓、杨杰：《合作社收益及其归属新探》，《农业经济问题》2010 年第 4 期。

夏英：《我国农民专业合作经济组织发展中的政府行为与相关政策法规》，《农村经营管理》2008 年第 10 期。

向志强、许学军：《企业可持续发展与股权激励》，《生产研究》2002 年第 6 期。

熊会兵、肖文韬：《"农超对接"实施条件与模式分析》，《农业经济问题》2011 年第 2 期。

熊万胜：《合作社：作为制度化进程的意外后果》，《社会学研究》2009 年第 5 期。

徐广业、黄胜忠、王磊：《农超对接供应链的效益分析》，《中国流通经济》2014 年第 1 期。

徐旭初、吴彬：《治理机制对农民专业合作社绩效的影响——基于浙江省 526 家农民专业合作社的实证分析》，《中国农村经济》2010 年第 5 期。

徐旭初：《农民专业合作经济组织的制度分析》，博士学位论文，浙江大学，2005 年。

徐旭初：《农民专业合作社发展辨析：一个基于国内文献的讨论》，《中国农村观察》2012 年第 5 期。

徐旭初：《农民专业合作社绩效评价体系及其验证》，《农业技术经济》2009 年第 7 期。

杨灿君：《合作社中的信任建构及其对合作社发展的影响——基于浙江省 Y 市农民专业合作社的实证研究》，《南京农业大学学报》（社会科学版）2010 年第 4 期。

杨瑞龙、周业安：《论利益相关者合作逻辑下的企业共同治理机制》，《中国工业经济》1998 年第 1 期。

杨湘怡：《企业中层管理者胜任力模型研究》，博士学位论文，复旦大学，2007 年。

伊藤顺一、包宗顺、苏群：《农民专业合作社的经济效果分析——以南京市西瓜合作社为例》，《中国农村观察》2011 年第 5 期。

应瑞瑶：《论农业合作社的演进趋势与现代合作社的制度内核》，《南京社会科学》2004 年第 1 期。

于战平：《基于产业共同体需求的农民专业合作社内部融资问题研究》，《区域金融研究》2012 年第 6 期。

苑鹏：《部分西方发达国家政府与合作社关系的历史演变及其对中国的启示》，《中国农村经济》2009 年第 8 期。

苑鹏：《对公司领办的农民专业合作社的探讨——以北京圣泽林梨专业合作社为例》，《管理世界》2008 年第 7 期。

苑鹏：《农民专业合作社的财政扶持政策研究》，《经济研究参考》2009 年第 41 期。

苑鹏：《农民专业合作社联合社发展的探析——以北京市密云县奶牛合作联社为例》，《中国农村经济》2008 年第 8 期。

苑鹏：《试论合作社的本质属性及中国农民专业合作经济组织发展的基本条件》，《农村经营管理》2006 年第 8 期。

苑鹏：《中国农村市场化进程中的农民合作组织研究》，《中国社会科学》2001 年第 6 期。

苑鹏：《中国特色的农民合作社制度的变异现象研究》，《中国农村观察》2013 年第 3 期。

曾明星、杨宗锦：《农民专业合作社利益分配模型研究》，《华东经济管理》2011 年第 3 期。

翟学伟：《社会流动与关系信任——也论关系强度与农民工的求职策略》，《社会学研究》2003 年第 1 期。

张波：《我国非营利组织税收优惠法律制度完善的研究》，《湖南工程学院学报》（社会科学版）2012 年第 3 期。

张继：《农民专业合作社社员权益之法律保护探析》，《吉首大学学报》（社会科学版）2011 年第 2 期。

张梅：《我国农村专业合作经济组织的效率研究》，博士学位论文，东北农业大学，2008 年。

张世晴、李书华：《现代零售价值链提升现代农业发展——论"农超对接"的机遇》，《南京理工大学学报》（社会科学版）2010 年第 4 期。

张喜辉：《我国非政府组织的可持续发展制度研究》，硕士学位论文，湖南大学，2009 年。

张晓山：《促进以农产品生产专业户为主体的合作社的发展——以浙江省农民专业合作社的发展为例》，《中国农村经济》2004 年第 10 期。

张晓山：《农民专业合作社的发展趋势探析》，《管理世界》2009 年第 5 期。

张晓山：《有关中国农村合作经济组织发展的几个问题》，《农村经济》2005 年第 1 期。

张怡：《我国"农超对接"模式研究》，《时代金融》2011 年第 12 期。

张祖群、方巧、杨新军：《基于文化景观的利益主体经济互动——荆州的旅游人类学实证研究》，《桂林旅游高等专科学校学报》2004 年第 1 期。

赵国杰、郭春丽：《农民专业合作社生命周期分析与政府角色转换初探》，《农业经济问题》2009 年第 1 期。

赵佳荣：《农民专业合作社"三重绩效"评价模式研究》，《农业技术经济》2010 年第 2 期。

赵建欣、王俊阁：《农民专业合作组织农产品质量控制机制分析——

基于浙江临海合作社的调查》，《农业经济》2010 年第 3 期。

赵建欣、张忠根：《农户安全农产品生产决策影响因素分析》，《统计研究》2007 年第 11 期。

赵建欣：《农户安全蔬菜供给决策机制研究》，博士学位论文，浙江大学，2008 年。

郑丹、王伟：《我国农民专业合作社发展现状、问题及政策建议》，《中国科技论坛》2011 年第 2 期。

郑丹：《农民专业合作社盈余分配状况探究》，《中国农村经济》2011 年第 4 期。

郑鹏、李崇光：《"农超对接"中合作社的盈余分配及规制——基于中西部五省市参加"农超对接"合作社的调查数据》，《农业经济问题》2012 年第 9 期。

郑尚能：《农民专业合作社发展中的金融服务缺位探析》，《金融理论与实践》2009 年第 9 期。

钟陆文：《论企业可持续发展的理论内涵》，《佛山科学技术学院学报》（社会科学版）2003 年第 1 期。

周春芳：《我国农民专业合作社规范发展中的矛盾及其思考》，《农村经济》2009 年第 10 期。

周杰、黄胜忠：《基于交易价值视角的农民专业合作社联合模式分析》，《西北农林科技大学学报》（社会科学版）2014 年第 6 期。

周杰、Peter Ping LI：《供应链联盟学习的双元模式：交易价值视角》，《情报杂志》2010 年第 3 期。

周应恒、王爱芝：《我国农民专业合作社股份化成因分析——基于企业家人力资本稀缺性视角》，《经济体制改革》2011 年第 5 期。

周勇：《加强企业文化建设　促进企业可持续发展》，《农村经济》2004 年第 2 期。

朱丹：《中国农民专业合作社发展的新形式——"农超对接"》，硕士学位论文，中央民族大学，2011 年。

朱军伟：《基于合作博弈的农超对接参与主体利益分配研究》，《安徽农业科学》2013 年第 2 期。

庄亚明、李金生、何建敏：《企业成长的内生能力模型与实证研究》，《科研管理》2008 年第 5 期。

后　记

本书是笔者主持的国家社科基金项目"农民专业合作社的规范运行与可持续发展"（12XJY019）的最终成果。

课题组的其他几位成员也参与了本书的撰写工作，其中，伏红勇博士参与了第二章第三节、第七章第五节、第八章第一节的写作；王磊博士参与了第二章第四节、第六章第三节，第八章第二节的写作；徐鹏博士参与了第七章第一节和第三节的写作；徐广业博士参与了第六章的第二节和第五节的写作；胡明霞博士和胡耘通博士参与了第九章的写作；周杰副教授参与了第六章第四节的写作。这几节内容的形成过程大致是这样的：内容和提纲由笔者提出，其他成员分别撰写初稿，笔者再对初稿进行修改完善，很多观点和内容同时也是团队成员在研究中共同形成的。

笔者于2008年写作出版了专著《转型时期农民专业合作社的组织行为研究：基于成员异质性的视角》，在2009年与徐旭初教授合作出版了专著《走向新合作：浙江省农民专业合作社发展研究》，2013年出版了专著《农民专业合作社的经营管理机制研究》。考虑到研究的延续性和完整性，本书对这三本著作的有关内容进行了吸收和创新。

感谢林坚教授、赵万一教授、孔祥智教授、徐旭初教授对我一直以来的关心和支持。在本书的写作过程中，经常求教于几位教授，他们的指导令我受益匪浅。

感谢中国社会科学出版社的任明编辑的热心支持和帮助，他让本书得以顺利出版并减少错误。

感谢我指导的研究生张海洋、丘营营、黄鹤等同学，他们帮助笔者收集了很多资料，也做了不少文字工作。

当然，我要深切地感谢妻子胡明霞和女儿黄雅萱。他们是我从事科学研究、追求合作社事业的精神动力和坚强后盾。

　　笔者虽然从事农民专业合作社研究已有 15 年，但仍然时刻感到自己知识的浅薄和能力的不足。有关农民专业合作社规范运行与可持续发展的研究是一项富有挑战性的工作，本书权当抛砖引玉，以就教于各方。

黄胜忠

2018 年 5 月于西南政法大学致礼楼